大夏

大夏书系 — 教育思想录

平生就想办一所好学校

中国著名校长办学思想录（二）

朱永新 主编

新教育研究院 编著

华东师范大学出版社

·上海·

图书在版编目（CIP）数据

平生就想办一所好学校：中国著名校长办学思想录. 二 / 新教育研究院编著；朱永新主编.
一上海：华东师范大学出版社，2024
ISBN 978-7-5760-4870-4

I.①平 ... Ⅱ.①新 ... ②朱 ... Ⅲ.①校长—学校管理—文集 Ⅳ.① G471.2-53

中国国家版本馆 CIP 数据核字（2024）第 063701 号

大夏书系 | 教育思想录

平生就想办一所好学校——中国著名校长办学思想录（二）

主　　编　　朱永新
编　　著　　新教育研究院
策划编辑　　李永梅
责任编辑　　潘琼阁
责任校对　　杨　坤
装帧设计　　奇文云海 · 设计顾问

出版发行　　华东师范大学出版社
社　　址　　上海市中山北路 3663 号　邮编 200062
网　　址　　www.ecnupress.com.cn
电　　话　　021-60821666　行政传真 021-62572105
客服电话　　021-62865537
邮购电话　　021-62869887
地　　址　　上海市中山北路 3663 号华东师范大学校内先锋路口
网　　店　　http://hdsdcbs.tmall.com/

印 刷 者　　北京密兴印刷有限公司
开　　本　　700×1000　16 开
印　　张　　21
字　　数　　308 千字
版　　次　　2024 年 5 月第一版
印　　次　　2024 年 5 月第一次
印　　数　　6 100
书　　号　　ISBN 978-7-5760-4870-4
定　　价　　78.00 元

出 版 人　　王　焰
（如发现本版图书有印订质量问题，请寄回本社市场部调换或电话 021-62865537 联系）

目　录

序　让思想的光芒照亮教育的路程　　　朱永新／1

做简单的教育，享幸福的人生　　　陈立华／5

要做简单的教育，我认为就是要抓住教育的本质：健康、道德、习惯、能力。当孩子拥有了强健的体魄，拥有了获取幸福的能力，塑造出了美好的品德，养成了良好的行为习惯，那么无论孩子未来的路是崎岖还是坦途，都能够自信地走向幸福的人生。

我的教育激情持续燃烧难以熄灭　　　李金初／17

教育是什么？教育就是对人生的影响。今天给儿童提供教育，就是为他们准备明天的人生。教育为人生服务，人生才是教育的中心，应该构建并实施以人生为中心的教育。

做温暖学生记忆的教育　　　李明新／33

"五养"教育、四季课程、三型管理的办学实践，催生了北京小学独特的校园文化，培育出一支"师德为先、爱生如子、专业立教、廉洁从教"的教师队伍。做温暖学生记忆的教育，在北京小学，已经不是校长的理想，而是真真切切的教育实践。

红梅花儿开，朵朵放光彩　　刘希娅／45

在"不迎合功利取向、不倡导课外补课、不增加学生负担、不落下一个学生，强调孩子立场体验、强调课堂实践探索、强调主动积极学习、强调全面个性发展"的"四不四强"育人导向中，营建积极向上、奋发进取、责任担当的学习文化，激励、唤醒每一个孩子的学习内驱力和自主性。

教育是"做的哲学"　　马　宏／59

教育是宁静致远的事业。坚持和坚守着与学生脉搏一起律动，与教育脉搏一起律动，与时代脉搏一起律动，我和我的巴蜀小学同仁们，在回应立德树人根本任务的征途上，用执着于育人之美的"真心做、做到真、做至美"，真正诠释着"教育是做的哲学"，共同守候着生命的静好。

一张蓝图绘到底　　邵喜珍／73

着眼于"成绩优异"与"精神成长"的统一、"社会效益"与"生命发展"的和谐，才可以保证"当前提升"与"持续发展"的教育，才会实现"一切都好"的教育理想。"学生好"的指标，不仅有关注学生身体、学业等的"宽度"，有关注思想品德、胸怀志向的"高度"，还应有关注学生现在与未来的"长度"。

静静的教育　　沈　杰／85

作为静静的教育人，我希望培养的学生能振奋青年之精魄，不负时光之馈赠，朝向前贤的光亮，成为光的延续，点亮内在自我的生命，照亮身畔，照亮山河！

我的情智管理故事　　孙双金 ／101

学校管理学不仅是一门科学，更是一门艺术。凡是面对人的管理的工作，都充满了艺术性。它对管理者的思想、人格、情怀、学识都提出了极大的挑战。如何促进人的发展？如何指导教师的教学业务水平发展？如何识人、用人？这里面充满了无限的精妙的艺术，值得我们每位校长用心、用情、用爱去探索。

办好的教育：信念、原则与机制　　唐江澎 ／117

好的教育一定是在向好、向善过程中不断改进、不断变革的教育，改革就是办"好的教育"必然的选项。在当今的时空条件下，要办出好的教育，推进教育改革需要把握一种平衡——这种平衡不只是一种工作方法，更是一种教育原则。

转动学校发展的飞轮　　万　玮 ／133

学校的发展不是靠一个人，而是一个系统工程。校长的职责就是构建这个系统的飞轮，并且集中所有人的力量与智慧，推动这个飞轮慢慢地转动起来。我做校长这些年，着重构建飞轮的五个叶片。这五个叶片耦合，彼此联动。巨大的飞轮一开始很难转动，然而一旦启动，就能持续地转起来。

守护教育初心　　王　欢 ／149

新校长接手一所学校后首先应该思考的是如何将"我"变成"我们"，如何把"我的理念"变成"我们共同的意愿"，凝神聚力，在共识的基础上共为。一句话，校长对自己的角色定位要清晰——不只做管理者，更要做同行人。

追求有生命质感的教育　　王建华／165

在十余年的校长工作中，基于对生命与教育相互渗透、双向赋能关系的探索，逐渐构建了"生命质感"教育思想体系：以"爱与尊重"为核心，"以优秀文化凝聚人，以先进思想塑造人，以高尚人格引领人，以创新精神激励人，以和谐环境温暖人"，用理想的教育实现教育的理想。

守住一颗朴素的教育心　　王志宏／179

校长的专业，体现在他一以贯之的思想与行动中，确认正确的办学方向，心无旁骛地做下去。这种坚定，无论是一种朴素的教育思想，还是一种深刻的教育理解，都是对教育核心价值的坚守，是教育自觉和文化自信的体现。

教育重在自觉，贵在成全　　吴国平／191

我的"教育重在自觉，贵在成全"思想包含两个部分，这两个部分正是在办学实践的不同时期先后产生的，最后融为一体，指向好教育、好学校。重在自觉和贵在成全是"一体两翼"，是相对独立又相互关联的整体。

胸中有国，眼中有人，心中有爱　　吴颖民／205

我当了13年的副校长和20年的校长，经历了共和国成立以来的风风雨雨，见证了国家波澜壮阔的奋斗历程，有欢笑也有泪水，有落魄经历也有高光时刻。历练中有成就也有遗憾，奋斗中有激情也有伤感。

以"中国式思维"打开"育人"格局　　奚亚英／219

　　我们需要以一种"最中国"的方式来打开我们的管理格局，让更优秀的民族文化融入我们管理的细节。虽然期待管理成效的过程是漫长的，但是管理的旨归应该是在管理中发现"人"，管理为了人，为了人的自由发展、品格提升，在这旨归的尺度下，"大易管理"才会是一次"美丽的日出"。

让学生创造性成长　　夏青峰　／233

　　我们积极践行三句话，那就是"让人成为人，让自己成为自己，让世界因我更美好"。通过这样一种文化的建设与价值的引领，我们在孩子们的心智力上下功夫，让孩子们的格局变大，让他们在内心始终涌动着一种自强不息的精神，从而产生强烈的、持久的创造的愿望，进而支撑他们创造性成长。

桃红李白，心暖花开　　杨　刚／245

　　一个好的文化是让人向往和眷恋的，一个好的理念是让人舒心和幸福的。因此，在多年办学实践中，我不断梳理、提炼学校已有的文化和理念，进而推进学校文化的持续发展，最终形成学校的办学风格和特质，促进师生全面、健康、可持续发展。

为了爱和自由的教育　　尹　超／259

　　爱，既是一种素质，也是一种能力，它需要我们细心感受，用心传递。而自由，不仅是尊重孩子，而且是尊重生命，它意味着以无限的可能性看待孩子，以不断成长的生命态度对待孩子。爱和自由，是给师生充分的关爱、呵护、欣赏和信任，让他们在宽松、惬意的环境里专心地学习，痛快地游玩。

守望教师成长是校长的第一使命　　俞国娣 ／271

　　我深信：教师是学校发展的第一生产力！守望教师成长是每位校长的第一使命！我的治校理念：尊重教师，信任教师，发展教师。我坚信教师推动学校发展。

与孩子一起成长　　　詹大年 ／285

　　昆明丑小鸭中学，是一所专门帮助"问题学生"的民办初中。2011年办学以来，帮助了2600多名"问题学生"回归正常的生命状态。

　　我是这所学校的创办人。

　　我只希望守住教育的底线和良心。

上善之教，美美与共　　朱华伟 ／299

　　深中的"中国特色"教育必然是传承中华文化血脉、践行中国特色社会主义道路、服务国家发展的教育；"世界一流"的高中势必具有国际视野，能够为世界一流大学输送更多优秀学子，为国家、为人类培养更多杰出人才。

用心做教育，为国育英才　　卓　立 ／313

　　近60年的教育生涯告诉我，人的一生在义务教育这个阶段是多么重要啊！在这个阶段不仅打下了知识基础，更重要的是学会如何做人、如何待人、如何生活、如何掌握适应未来社会的本领。

后　记　 ／327

序 让思想的光芒照亮教育的路程

我一直认为，教育是一个技术活，但更是一个思想活。成功的教育，优秀的教育人，无论他是一位教师、班主任、校长，还是局长，支撑他站立在教育大地上的力量，一定是思想。没有思想的教育，一定是站不住、走不远的。

多年前，我写过这样一节小诗：

> 教育需要思想的光芒
>
> 走出经验的泥沼，迎接理性的朝阳
>
> 再不能用一张教育的旧船票不断重复昨天的故事
>
> 也不能把一张教育的旧兰谱不停地老调重唱

技术和思想，是"毛"与"皮"的关系。思想皮之不存，技术毛将焉附？基于这样的认识，2000 年，我在主编"新世纪教育文库"时，特地亲自主编了《中国著名特级教师教学思想录》《中国著名班主任德育思想录》和《中国著名校长办学思想录》三本小书，并为每本书撰写序言，向读者推介这些从一线中生长出来的教育思想。其中，除了《中国著名特级教师教学思想录》是根据柳斌先生主编、江苏教育出版社的同名系列图书选编的外，其他两本是我自己开出名单、亲自邀请作者撰写的。

十多年来，这三本书一直深受欢迎，多次重印。这些特级教师、优秀班主任和校长的教育思想，影响着许多年轻教师、班主任和校长的成长，甚至被很多教育工作者称为自己的案头必备。

江山代有才人出。十多年过去了，又一批年轻的特级教师、班主任和校长成长起来了，又有许多新的故事、新的思想。于是，我想到了修订这套书，并且邀请了时任新教育研究院新阅读研究所副所长的朱寅年兄协助我完成这个项目。

我一直认为，如果说特级教师影响的是一个课堂，班主任影响的是一间教室，校长影响的是一所学校的话，那么局长影响的是一个区域。教育局长的思想与境界，同时也会直接影响到校长、班主任和教师。因此，我决定增加一本《中国著名教育局长管理思想录》。

感谢寅年兄和《中小学管理》杂志的主编曾国华先生，他们两位拿着我的邀请信一个个联系，一次次催促，前后一年多的时间，终告完成。特别是寅年兄，在新阅读研究所工作任务繁重的情况下，克服许多困难完成了这项任务。

需要说明的是，不唯资历，不唯名气，重视思想，重视实力，是我们选择、邀请作者的标准；但是，有许多人符合条件，却或因没有时间，或因无法联系，或因自己放弃而没有来稿，故这套书仍然存在不少遗憾。我希望这套书是一个开放的系统，条件成熟时可以不断增补，让它成为记录这个时代教育风云人物思想的史册，成为照亮教育路程的一盏明灯。

同样需要说明的是，收录于这套书中的每位教师、班主任、校长和局长都有自己的过人之处，都有自己的"功夫秘籍"，我们在编排时没有厚此薄彼，完全是根据作者的姓氏音序而安排的。

一本真正的好书，是作者、编者、出版社和读者共同完成的。所以，我要特别感谢江苏教育出版社和华东师范大学出版社。感谢江苏教育出版社为这套书最初的出版付出了辛勤的劳动，感谢华东师范大学出版社在新版编辑出版过程中卓有成效的工作。感谢朱寅年先生和曾国华先生在新版组稿联系过程中具体而微的努力。感谢亲爱的读者朋友们，无论你是老师、校长、局长，还是教育行业以外的朋友，但愿这套书能够给你启迪，让这些扎根于中国大地的教育思想能够照亮我们教育的路程。

朱永新

2015 年 12 月 20 日写于北京滴石斋

陈立华

北京市朝阳区实验小学校长，正高级教师，特级教师，特级校长。先后兼任朝阳区政协委员、北京市青联委员等。入选教育部"国培计划"中小学名校长领航工程并成立陈立华名校长工作室。曾获北京市先进工作者、首都劳动奖章、北京市优秀共产党员、北京市三八红旗奖章等荣誉称号。

做简单的教育，享幸福的人生

北京市朝阳区实验小学是一所全日制公立小学，成立于 1956 年。学校以"为幸福人生奠基"为办学理念，形成"幸福人生从健康起航，幸福人生让道德引航，幸福人生用习惯护航，幸福人生乘能力远航"的育人体系和课程体系。以"幸福教育"为核心，以立德树人、促进学生全面发展为根本目标，逐步构建开放多元、质量上乘、具有国际视野的课程体系，促进学校教育优质化、现代化与国际化水平的整体提升是学校的办学方略。

不知从什么时候开始，教育变得很"热闹"。各种各样的新理念、新模式、新口号层出不穷，新思路、新目标、新举措应接不暇，可谓五花八门，令人眼花缭乱。很多人给予教育极大的期望，似乎教育是万能的，能解决所有问题。教育，被搞得越来越复杂。陶行知先生说，"社会即学校""生活即教育"。朴素的话一下子就让我们触摸到了教育的本原。教育的最终目的，都是为了让孩子更好地走入社会，拥有幸福的人生。

作为一名校长，我认为做教育要去除教育复杂、华丽的外衣，做简单的教育。要做简单的教育，我认为就是要抓住教育的本质：健康、道德、习惯、能力。朝阳区实验小学一直坚持"为幸福人生奠基"的理念，并提出"幸福人生从健康起航，幸福人生让道德引航，幸福人生用习惯护航，幸福人生乘能力远航"四个维度，引领学生全面发展，最终走上幸福的人生道路。

一、练出强健体魄

"健康"是人类进行一切社会活动的基础，在教育中，孩子们的"健康"也是最需要重视的问题之一。

在过去很长一段时间，学校和家庭似乎没有把孩子的"健康"放在首要位置。我常常看到孩子们小小年龄就戴上了眼镜，走路弯腰驼背，体测不达标，肥胖率、近视率增高……特别是刚进入小学的孩子，很多身体长得像小豆芽，小眼镜早早就戴上了，起立发言都没有底气……近年来的种种数据表明，孩子们的健康问题亟须重视起来。甚至我们还会在新闻里看到，有些孩子因为一点小事就轻易地结束了自己的生命。近视阻挡了孩子们看世界的快乐，脊柱侧弯、体质差等一系列问题阻碍了孩子们快乐奔跑于美好世界的脚步，心理问题也让很多孩子失去了拥抱幸福的勇气。

他们的未来在哪里？我们祖国的未来又在哪里？这让我陷入了深深的沉思。我认为，拥有健康的体魄，是孩子走向幸福人生的基础。不管是身体上还是心理上，健康都是最重要的。所以，我们的教育从最开始就要将健康的理念深深地植入孩子的心中，告诉孩子：美好的生命，是我们追求幸福的根本；健康的身体，是我们快乐生活的基础。身体发肤，都是我们人生重要的基石。要练出强健的体魄，更要好好珍惜和爱护身体。如何为学生构筑幸福健康的根基呢？

我们将学生的体质健康放在了工作的重中之重的位置。比如，从 2010 年开始，我们就率先启动了学生视力防控及干预工作。尽管当时我们学校学生的视力不良率在全区平均值以下 3 个百分点，但近视学生还是占到了全校学生总数的一半以上。针对这种情况，学校领导班子、卫生部门多次召开工作会，强化组织领导，统筹推进；健全工作机制，有效监控；采取干预措施，落地抓实；

集团辐射带动，整体推进视力防控工作。

十年来，学校先后采取了一系列预防措施，收到明显效果，学生的视力不良检出率从 2011 年的 55.03% 下降到 2019 年的 43.80%，下降了约 11 个百分点。为了确保近视防控工作的有效推进，学校不断健全工作机制，形成了"部署—落实—督查—反馈—改进"五位一体的工作机制。每月初，工作组布置本月工作要点，每周召开相关工作落实汇报会，针对问题及时进行调整，并将近视防控工作纳入工作考核中。我们利用信息技术研发 App，用于健康教育管理，做到了准确、快捷、高效。并且构建课程体系，将健康教育内容融入"幸福教育"课程体系中，做到进课程、进课堂、进活动，确保工作落地、抓实。

我曾经见过一个小男孩，他每天早餐要吃十多个拳头大的包子，比成人吃的都要多，小肚子圆滚滚的，跑起步来费劲极了。而像这样的"小胖墩"，在学校里也是班班都有的。孩子身体肥胖，未来的生活有可能存在很多困难。学校从 2011 年开始，以自愿参加清晨的早锻炼的方式，培养学生自主锻炼的意识。据不完全统计，每天早上进行早锻炼的人数在 450～500 人，占全校总人数的 35%～40%。低年级的学生跳绳，中、高年级的选择三大球（足球、排球、篮球），操场上弥漫着活跃的氛围。我们针对体育相对薄弱的学生，通过家校协作，提升学生身体素质。针对超重、肥胖的学生，我们都会和班主任做反馈，确保其早上锻炼的出勤率，从而有效提高学生的身体素质，同时形成良好的校园运动氛围。

学校还对体育课程、体育活动进行了整体设计。从 2013 年开始进行体育课程改革工作，全校一年级到六年级实施走班选课。为了全方位调动学生自主参与体育锻炼活动，发挥学生个性特长，学校立足基础课程，构建了丰富的拓展课程和个性化课程，形成课程群。如开设民族传统游戏、拳击、游泳、武术、花式跳绳、足球、篮球、排球、软式垒球、啦啦操、轮滑、旱地滑轮等十多门特色课程，对培养学生兴趣爱好和个性特长，增强学生体质，提升健康水平，起到了重要促进作用。让学生在体育课程学习中能够掌握一项专业的技能，从而形成特长，对学生终身体育习惯的培养有重要的促进作用。

学校还合理规划学生的运动时间。每天上午有 40 分钟的时间开展全校课外体育活动，其中包括两部分：长跑和专项身体素质，其目的是通过练习有效地全面提升学生的身体素质。体育教师利用每天中午的时间，组织开展全校足球、篮球班级联赛。

我们还组建了社团，通过整体设计和规划，形成了有特色、有重点的发展目标，学生的兴趣和能力得到充分的发挥。我有一个最朴素的想法，就是利用一切能利用的时间，让孩子们能够多在户外活动，多晒太阳，让他们的筋骨再强一些，再壮一些。

多措并举，在提高学生运动热情的同时，也大大提高了学生的身体素质：学校学生的肥胖率由 2012 年的 25.58% 下降至 2019 年的 10.82%，下降了近 15 个百分点。看到孩子们在操场上打篮球、踢足球，看到他们运动的身影，看到他们自信、阳光的笑脸，是我最开心的时候。

二、塑造美好品德

国无德不兴，人无德不立。"立德树人"是教育的根本任务，良好的品德是人在社会上立足的根本要求。立德树人应融入思想道德教育、文化知识教育、社会实践教育各环节，德育要贯穿教育的始终。

我们也许会在新闻报道中看到许多痛彻心扉的事情：一些人对社会缺少责任感，对家庭缺少责任担当，对国家缺少奉献精神；一些人在学业和事业上都堪称优秀，却做出了与道德背道而驰的事情。而我们所要培养的是社会主义事业合格的建设者和可靠的接班人，绝不能是精致的利己主义者，或是对社会毫无责任感、道德败坏的人。学校把"中国人、中国心、中国魂"作为培养目标，将社会主义核心价值观和优秀的品德观渗透到教育教学中，融入课堂、融入生活。塑造学生美好的品德，是学校教育和家庭教育应该做到的事，也是教育最本质、最核心的一点。

令我印象最深的是 2020 年初，新冠疫情突如其来，许多感人的事迹让我潸然泪下。这些事例让人感受到了生命的可贵，懂得了要珍惜生命、保护自己。当然，这也是对孩子们最好的生命教育。

抗击疫情涌现了一批冲锋在前、带领人们克服困难的英雄，如 80 多岁的钟南山院士，主动请缨参与重症和危重症患者救治的李兰娟院士，以及抗疫在一线的医生和志愿者等，他们用自己的力量为中国抗击疫情作出了重大的贡献。这些英雄们都为孩子们树立了良好的榜样。榜样的力量是强大的，他们让孩子们明白了责任、奉献、集体主义等各种美好的品质，在孩子们心中种下美好的种子。

疫情期间，居家的爸爸妈妈们当起了老师。我结合家庭教育中的共性问题，围绕"人的培养"为家长出谋划策，开展"观教点滴谈"系列讲座 60 余讲，在 BTV《老师请回答》栏目中主讲四次。我以"习惯养成，从我做起"为主题，录制了《亲子关系怎样增强免"疫"力》的战"疫"公开课，当月点击量达到 1.4 万人次。孩子们虽然年龄小，但也是抗疫的一员，作出了自己应有的贡献，同时也在战"疫"中得到了许多收获。他们在老师们的指导下能做到在家每天读书、运动。

记得 2020 年 3 月我在给学生和家长的一段视频里跟孩子们说，疫情期间要注意个人防护，保持良好的作息习惯；要像钟南山爷爷一样，建设祖国、奉献社会；同时在国家遇到困难的时候，要团结一心，不能给国家再添麻烦。

我们学校三年级学生周喜蓓和妈妈每天看新闻，被前方医护人员的忘我精神感动，组建了"爱心妈妈"团队，筹集善款，购买了 2000 多套防护服捐献给武汉市中心医院。孩子们的善良温暖了工作人员的心，也坚定了我们做好德育工作的信心。

孩子们作为社会主义事业的建设者和接班人，在未来的二三十年，在实现社会主义现代化，建成富强民主文明和谐美丽的社会主义现代化强国的进程中，是社会的中流砥柱。孩子们在小小的年龄将家国情怀厚植于心，拥有对祖国深深的热爱和远大的志向，在未来会成为优秀的国民表率、社会栋梁。

三、养成良好习惯

良好的行为习惯和学习习惯是决定一个学生未来成功的基础和保障。我的师父马芯兰校长在任期间，就强调这一点的重要性。比如在课堂上学生应该怎样做，手放在什么位置，眼睛看着老师，小组传材料的时候不能回头等。学生在学校时，应有良好的学习习惯；在家时，要有健康的生活习惯；在与人交流时，也要有懂礼貌、讲文明的社交习惯。学生长大步入社会之后，难免会独自面对各种境遇，比如独自学习、独自居住、与人合作等。如果拥有良好的行为习惯，学生会更好地拥有自理自立的能力。因此，学校和家庭要把良好习惯的养成渗透到学生学习和生活的方方面面，从早晚刷牙洗脸、收拾好自己的书桌、课后温习知识、每天读一页书做起。良好的行为习惯一旦养成，学生将受益终身。

我做了校长以后，一方面传承了老校长的思想，另一方面结合新时期学生发展的要求有了更多的思考。我发现在日常教育中经常会遇到这样的问题：家长"重智轻德"的现象普遍存在，学生容易出现"以自我为中心""自理能力弱"等特征。这个问题引发了我们的思考。如何培养学生良好的行为习惯，如何让每个孩子都能深入理解和自觉践行社会主义核心价值观，是我们教育工作者要思考的问题。

基于上述思考，我和学校的老师们一起研发了《朝实学生行为规范60条》（以下简称《行为规范60条》），综合考虑学生的认知能力、理解能力和感受能力。从教育规律和学生成长规律出发，在《中小学生守则》和《小学生日常行为规范（修订）》基础上，结合对社会主义核心价值观的详细解读，从爱国主义教育、集体主义教育、公民教育、感恩教育等几个方面，按照学生的年龄特点和认知程度，设计出了60个基本动作。

《行为规范60条》教育是一种"以小见大的教育"，按照学生的年龄特点，将60个动作分别对应六个年级、12个学期的教育活动，形成了日常化行为教育。

在教育活动形式层面，学校突出人性化、个性化发展思路，用生动有趣的语言告诉学生正确的行为规范。与《行为规范60条》相配套的微视频、故事读本、小书签、德育作业等共同促进学生的理解与践行。同时，学校还开发设计了社会主义核心价值观奖励卡，主要应用于对学生学习习惯、行为习惯的激励式评价。每个月获得相应数量的奖励卡，可以计算积分获得相应的奖励。一件带有学校logo的学习用品，一次公益活动，或一次校内岗位实习机会等一系列的兑换举措，激励学生，保证学生能够"听得进""记得住""用得上""有效果"。

《行为规范60条》没有生硬的说教，而是在真实的学习和生活情境中告诉学生应该怎样做。比如有一条写道："看到别人遇到困难，我会上前问：'需要我帮助吗？'"再比如"我在操场像一只小鸟，在楼道像一只小猫"等的表述。

六年前的一个孩子让我印象特别深。她是我们学校接收的一名患有先天性脑瘫的孩子，叫小茜，几乎无法正常行走。记得一年级开学第一天，小茜的父母把她送到学校时，眼里满是不舍。他们一定在心里打鼓：可以吗？学校能容得下我的孩子吗？小茜是那样的胆怯，坐在座位上不敢出声。

面对这样的她，班中的小艾同学主动承担了搀扶她上下课的工作。学校有两个校区，中间用天桥连接，每次上科任课，同学都要搀扶着她走过高高的天桥，这一扶就是六年。班中的孩子在小艾的带动下成立了爱心小组，把爱的温暖像接力棒一样传给她。

整整六年，寒来暑往，在同学们的帮助下，小茜没有受过一点委屈，没有耽误一次学习。渐渐地，她变得自信、阳光，和同学们一起享受快乐的校园生活，顺利完成了六年的学习。她的爸爸妈妈拉着老师的手，动情地说："是'朝实'成就了我的孩子，也成就了我的家庭。"

12年的实践探索，以《行为规范60条》为载体的德育教育已融入师生的血液，同时也成为小手拉大手，家校协同育人的桥梁。

2018年，学校建立雄安校区，并引入《行为规范60条》，此举有效提升了师生的精神面貌及整体办学水平。四年时间，雄安校区办学质量得到百姓的充分认可。时任国务院副总理孙春兰于2019年、时任北京市委书记蔡奇于

2018年到雄安校区调研，对《行为规范60条》引领校区发展的做法给予充分肯定。

"行为规范60条"研究项目还获得了2021年北京市基础教育教学成果奖特等奖，2022年基础教育国家级教学成果奖一等奖。

浇花浇根、育人育心。《行为规范60条》给孩子从小就种上一颗爱国的种子，让他们从小立志，学好本领，长大后能够为国家和社会服务。我想，再过5年、10年，乃至20年，这个烙印就是中国未来前行的不竭动力，更是实现中华民族伟大复兴的力量源泉！

四、获取幸福的能力

为幸福人生奠基，就要培养孩子的各种能力，如学习的能力、合作的能力、自主探究的能力、克服困难的能力……其实，这些能力总的来说，就是一种能力——获取幸福的能力。

我们通过学习获得了知识，是一种幸福；通过合作解决了问题，是一种幸福；通过自主探究提高了认知水平，是一种幸福；通过克服困难获得了人生的快乐，也是一种幸福……获取幸福的能力，虽然听着很宏大，但是我们可以把它具体到一点一滴的小事中。比如认真听讲，学到了新的知识点；与父母或朋友一起，搭建了自己喜欢的模型；坚持训练，打破了自己游泳的小记录……我们要让孩子们知道，幸福就在生活的点点滴滴中，要大胆地去尝试，追求它，拥有它！这也就拥有了获取幸福的能力。

当然，教育的主阵地还是教育教学工作。学校为培养学生自主学习、自主管理的能力，采取了走班制，走班教学给予每个孩子不同的课表。在朝阳区实验小学，每一名学生都拥有一张课表，学校里有多少名学生就有多少张不同的课表，学生喜欢什么就学什么。

学校建构了"幸福教育"课程体系。将道德、健康、人文、科学、艺术和社会实践六大素养，作为课程类别划分的基本标准。其中，道德素养是对党的十八大提出"把立德树人作为教育的根本任务"的落实，健康素养、人文素养、科学素养、艺术素养是满足义务教育阶段课程设置的普遍性要求，社会实践素养是针对学生走入社会能够适应社会发展提出来的。学校提出的三层六类课程体系，既满足了国家课程的基本要求，又适应了新时代对人才培养和发展的需要。

在重视学生基础能力和尊重学生差异性的前提下，学校将课程分为基础性课程、拓展性课程和个性课程三个层次，逐步形成"三层六类"的课程架构。其中，基础性课程面向所有学生，体现国家对学生素质发展的基本要求；拓展性课程，基于学科和社会生活的发展要求，面向不同层次的学生，开阔学生视野；个性课程，旨在激发学生兴趣爱好，满足学生个性特长发展需要。

学校立足国家课程内容，细化学科目标，研发拓展多元课程，丰富学科内容，提高学生学习兴趣，从而提高学科能力。

比如，语文学科从阅读和表达两个方面，提出"写一笔好字、写一手好文章、读一些好书籍、练就一副好口才"，落实"四个一"的要求，着力培养学生的语文学科素养。学校开设20余门学科拓展课程，供学生自主选择。

美术、音乐等五个考查学科，教学内容涉及广泛，但不够充实。因此，学校结合学生年龄特点和发展所需要的素养，以国家课程的基本内容为基准，依据不同主题进行分解，研发课程内容，构建学科课程群。

以美术学科为例。美术学科围绕综合与探索、绘画与创作、工艺与设计三大主题，按不同学段设置相应课程，让学生高雅起来。通过课程学习，学生掌握美术基础知识，形成学科技能，提升美术学科核心素养。在此基础上，围绕"绘画·创作""工艺·设计"两大领域，开设了28门学科拓展课程，供学生自主选择。

这些独特的课程设计，让朝阳区实验小学变得与其他学校很"不一样"，这正是我们的亮点所在。

学校的语文、数学、英语分为基础课和拓展课，其他学科都是走班教学。

学校针对美术会开设版画、水墨、3D 绘画等多门课程，学生根据兴趣进行选课，而语文和英语则属于语言类的学习，主要是靠听说读写。"听"和"读"是输入的技能，"说"和"写"是输出的技能，所以语言类学习一定要有大量的输入做基础。我们抓住这个规律，将课程设计分为基础和拓展两部分，基础类主要是指课本，然后用选修课支撑拓展类课程，比如语文课的选修课设有超级演说家、影视配音、影评、辩论等。而数学课，我们将一年级到六年级 12 册数学教材中的知识结构打通，梳理出 58 节课，减轻了学生的负担。与此相对应，还开设了数学游戏课、数学活动课、数学实践课等，以这些游戏活动为支撑培养学生们的空间观念、逻辑意识、合作能力。

朝阳区实验小学的学生们从一年级就开始了选课。很多人对这件事是有质疑的：一年级就开始选课，他们懂选课吗？但实际上我们发现，学生们太懂选课了。每年选课是在上学期的最后一周，学校会举行课程推介会，各科选修课老师轮番介绍，让孩子们知道自己喜欢什么，并学会自己决策。选课机制同时还倒逼着老师不断修炼自己，提升自己的专业能力，构建良好的师生关系。

在课程改革中，我们还通过学科改革，促进教与学变革。学习知识就像拎起一串葡萄，如果没有葡萄梗，那么这些知识只是一粒粒散落的葡萄粒。知识结构就像葡萄梗，最根本的作用就是把葡萄粒穿成一串，在各个知识节点之间建立起联系，从而使学生形成良好的认知结构。很多学生学习困难，就是因为在学习过程中找不到知识与知识间的联系，没有形成认知结构。为了帮助学生建立知识间的联系，培养数学思维，在老校长马芯兰老师梳理出小学数学知识结构的基础上，我带领数学骨干教师对知识结构中的重要节点进行了再加工，最终提取出 58 节关键课。这 58 节课囊括了小学阶段的数学学习的核心知识，分布于六个年级的教学中，平均每个年级大约十节，每个学期大约五节。58 节关键课让教师在教学中把握住了知识之间的联系，让学生在学习中实现了举一反三、触类旁通。

教育不能解决孩子的一切问题，但能解决孩子成长道路上最根本的问题。

当孩子拥有了强健的体魄，塑造出了美好的品德，养成了良好的行为习惯，拥有了获取幸福的能力，那么无论孩子未来的路是崎岖还是坦途，都能够自信地走向幸福的人生。教育不需要太多复杂的语言和华丽的装饰，我们要抓住教育的核心与本质，做简单的教育，引领孩子过幸福的人生。

李金初

北京市十一学校原校长、书记，北京市建华实验学校董事长、原校长。曾任中国教育学会教育管理分会、高中教育专业委员会、初中教育专业委员会副理事长等。主持国家级、市区级课题多项，出版《平生只想办好一所学校》《一个校长的教育创新思考》《人生中心教育论》等专著，发表文章近百篇。先后被评为全国教育系统劳动模范、全国先进教育工作者，北京市中学模范校长，北京市海淀区创新人物、优秀共产党员、有突出贡献的专业技术拔尖人才。

我的教育激情持续燃烧难以熄灭

一、初期人生经历

我出生在湘西北张家界群山环绕中的澧水河畔，一个贫苦的土家族人家。从家远望，玉屏一样的天门山巍然耸立，常常云雾环绕。层层叠叠的青山和曲曲弯弯的绿水，构成了我家乡的美丽。美，伴随着我的童年。

被崇山峻岭封闭的家乡，交通不便，文化闭塞，经济落后。1949 年新中国成立时，我十岁了，还没有看见过电灯。夜晚一片漆黑，只有油灯闪闪烁烁，时而有远处的唢呐声、母亲们的摇篮曲打破宁静。我听着老人们讲故事，天上、龙宫、人间，表现着人们的本真，表达人们对美好生活的向往。善良和本真，是他们的本性，也深深地影响着我幼小的心灵。

新中国成立后，教育向工农开门。国家广设助学金，我迈进了中学的大门。我们县只有初中，高中离家 300 多里，中间还横跨一个县。因家境贫寒，寒暑假回家或返校，我总是与多位同学结伴步行，单程需要两三天。虽然，夏天烈日当头，我们汗流浃背，冬天雪花飘飘，寒气袭人，但同学少年，行走在美丽如画的山水间，却也兴致勃勃。到达中途休息区，到家或者抵校，腿累了，脚起泡了，我心中充满的却是喜悦。

童年的生活使我懂得，一分耕耘，一分收获；步步努力，步步前进；自主和劳动，艰辛和努力，才能换来成功和幸福。湘西的童年，是我终身享用不尽的财富。

1957年，我高中毕业，希望深造。那年，全国大学招生10.7万人，升学艰难。我是县城唯一考上大学的学子，进入到我心仪的北京师范大学数学系。本科五年，加上因病休学两年，我度过了难忘的七年大学岁月。

1958年，教育改革的潮流把我们大学一年级新生也推向了前沿。我那年19岁，奉命"领导"三位同学，改编了初中算术教材，居然由人教社出版，还被回国后的志愿军选用为文化课教材。

1960年，春节刚过，作为高年级（大三）学生，我又参与到为北京景山学校编制数学改革教学大纲的任务中，后期还担任了组长。苦战十多天，终得成果。大纲的前言由我执笔撰写。"以函数为纲""数形结合"的原则，从此进入中小学数学教材和课堂教学。

教育改革，教材、教学创新，给我打上深刻的烙印，使我与教育的改革和创新一生结缘。

我人生初期的经历，影响了我的教育人生，也影响了我做校长的某些教育思想。

二、前辈交给我校长接力棒

1964年，我大学毕业，成为北京的一名中学教师。

1971年2月，我调入北京十一学校，到2007年10月，长达36.5年，度过了我最长也最重要的一段教育人生岁月。

北京十一学校，原是中央军委子弟学校，1952年经中央批准设立，直属总政治部，首任校长是罗荣桓元帅夫人、红军老战士林月琴大校。老革命的前瞻眼光和对后一代教育的关怀，使得学校条件得天独厚——有美丽宽阔的校园、宽敞明亮的教室、舒适齐全的生活设施。

随着"文化大革命"的到来，学校交地方管理，学校地位直线下降，从正师级降至公社大队级，昔日风光不再，办学水平严重下滑。但学校依然存在健康的力量。随着邓小平同志的复出，教育出现了一线希望。当时，担任学校主要领导职务的李子仁、向导、宋介、文方等同志，以及后来的张省三同志，都是革命老前辈，来自延安、曾经的华北解放区，或曾为北京地下党。为增强学校领导力量，老同志推荐并培养我。1974年2月，我34岁，被任命为学校副书记、副校长。我在老同志的指导下，在协助他们的工作中，近距离观察、学习和体验他们的革命人格、求实作风、勤奋奉献精神，一天天进步成长。

1987年3月，我被任命为学校的校长兼副书记，正式接过接力棒，担当学校改革与发展的重任。接过任命书时，我表达了两个"决心"：一是决心带领学校在改革的路上迅跑，绝不停步；二是决心寻找优秀继任者，当学校出现更加优秀、更加适合担任校长的人选时，我一定迅速退出领导岗位。

到2007年，我完全兑现了两个承诺。

三、从激活管理机制到改革办学体制

我任校长，从学习起步。李硕校长领导的东北师大附中有两项改革闻名全国：一是实行年级主任负责制，管理向民主化、扁平化、效率化方向发展；二是课程改革，特别是文科课程改革，编写校本教材，开展百花奖教学展示竞赛。活动办得风生水起，轰轰烈烈。于是，我带领部分学校领导和教师赴东北师大附中学习一周，六天18个单元，上午进班听课，下午与领导座谈，晚上看百花奖录像，收获满满，满载而归。

全面的学校管理体制改革发生在陶祖伟校长领导下的北京八中。计划体制下学校僵化的管理机制，严重阻碍了学校的改革与发展。1987年，北京八中实行校长负责制、工资总额包干制、人员聘用制、结构工资制，打破了学校管理的沉闷气氛。管理活了，教师活了，学校也就活了。

1988年，北京扩展改革试点。十一学校"挤"进了"试点"，条件是自主筹集改革经费。四年改革取得了丰硕的成果，管理机制激活了，教师待遇提高了，积极性充分表现出来了，教育质量提升了，尤其是德育方面。20 世纪 90 年代初，北京市德育现场会在十一学校召开，教师节期间我在人民大会堂介绍德育工作经验，《光明日报》发表通讯《高举德育引路旗，一举成为标兵校》，学校在改革中崭露头角。

20 世纪八九十年代，我国虽已改革开放，但能提供给教育的经费仍然捉襟见肘，国家无力同时办好所有公办学校。我明白，必须向改革要出路。

1992 年 5 月，我提出"五自主"改革主张，即自主筹集日常办学经费、自主招生、自主用人、自主工资分配、自主教育教学改革。10 月 2 日，《新闻联播》进行了播发。

1993 年 1 月，这一办学体制改革被归纳为"学校国有，校长承办，经费自筹，办学自主"，简称"国有民办"。1996 年 11 月，《求是》杂志发表我的文章《创立国有民办制学校，深化基础教育办学体制改革》。

1997 年 10 月，我应邀走进中南海，在政治局常委、国务院副总理李岚清组织召开的学习和贯彻十五大精神座谈会上，作学校改革的汇报发言。会后单独与李副总理和陈至立部长交谈，部长当着副总理的面夸奖："发言很好。"我趁机邀请部长考察十一学校。

1998 年教师节前夕，陈至立部长到校考察，充分肯定了学校的改革。

2003 年 5 月，《人民教育》刊载长篇报道《敢为天下先》，报道了十一学校的八年改革，评论十一学校是"改革先锋，创新典型"。

从此，展现在十一学校前面的发展道路是一马平川。改革与创新使十一学校走向卓越与辉煌，成为全国有影响力的改革名校和质量名校。

四、新加坡机场所见引发课程改革系统思考

无论是管理体制改革还是办学体制改革，都不是教育改革的目的，也不是教育改革的核心。教育改革的目的在育人、育才，改革的核心在课程、教学和

方式。应试教育必须改变。突破点在哪里？

1992 年，我出国考察，在新加坡机场看到的一个场景影响了我，启发了我。我们一行人来到机场候机室，等候登机。我看到一对南亚国家的中年夫妇，带着一个约莫十岁的小女孩，也来候机。他们把孩子紧紧地搂住，贴在胸前。我想，这应该是为了安全，毕竟，在异国他乡，孩子走丢了怎么办？此时，又来了五位乘客，是一对西方年轻夫妻带着三个孩子：大的是男孩，四岁上下；老二是女孩，两岁左右；最小的男孩也就一岁多，用小童车推着。我好奇地盯着，想看看他们做什么。他们刚站定，大男孩就不老实了。他迅速跑上坡道，翻过栏杆，站在外沿，勇敢地跳了下来。看到哥哥的成功，小女孩也待不住了。她跑上斜坡道，也想翻过栏杆跳下来，但因个子太低，翻不过，怎么办？女孩想出了主意，想从两杆之间坐着向外滑，滑出栏杆再跳下。没想到，她整个身子出来大半截，但由于两条手臂分开，挡住出不去了。那已经出来并悬空的大半截身子，露着肚脐眼，两条小腿，上下倒腾，就是下不来。

那对夫妻动也不动，任凭女儿无助地折腾。女孩呢，在一阵折腾后，两条小腿不动了。累了吧？在动脑筋吧？一会儿，只见女孩往回挪了挪身子，坐了起来，翻身趴下，向外溜，两手贴头向上伸，出去了，成功了，她高兴地跳了起来。年轻的父母紧紧注视的目光，变成了欣喜、欣赏。小男孩也心动了，他看起来刚会走路，只见他从小车上下来，一摇一扭地向坡道走去。到了栏杆边，也想像哥哥、姐姐一样翻过来或钻过来。只有此时，父母才去帮助他，小男孩也实现了自己的目标。

这一幕给了我很大触动，也让我开始思考。我想，这是教育问题。两个家庭对待孩子的态度、行为不同，实质反映了东西方教育的区别：东方父母爱护孩子，首要是安全，方法是保护；西方父母对待孩子，首要是活动、体验，方法是放手、放开。这次见闻，对我教育思想的形成，教育改革决心的确定，起到了引发和促成作用。直接结果是，促成了 1993 年"综合活动课"的设立，"综合活动课"归属课程结构改革，为国家八年后设置"综合实践活动课程"提供了实践依据。

1994 年，十一学校的课程改革深入课堂，进行"选课走班，分层教学"的实验。时任北京市教育局局长的陶春辉将此模式概括为："分层不分班，学生自选择，保底不封顶，上下可流动。"为在全校推广，我们进行了教师队伍和教学空间的充分准备，使得十多年后十一学校全面推进"选课走班"的教学方式具备了充分的条件。

1999 年，为了探索初高中衔接，经北京市教育局批准，十一学校开始了六个班规模的中学六年一贯实验，免中考直升高中。在此基础上，逐步形成"六年一贯，二四分段"的学制安排。2004 年，在中国，四年制高中率先在十一学校出现了。

课程的结构性变化，课程方式的全面优化，构成了十一学校全面的育人方式变革。十一学校由此获得教育质量的全面快速提升，从改革名校发展为质量名校。

五、从硕士课程班到博士后工作站

教师是办好学校的关键性力量。

校长办好学校，需要四大基本建设——课程建设、队伍建设、管理建设、条件建设，其中，队伍建设是中心环节。

1989 年 3 月，我的母校——北师大当时的副校长顾明远教授，应我之邀两次带队到十一学校考察，既讨论派遣毕业生，又讨论在职教师进修培训。

1994 年 9 月，北师大和十一合作，举办了全国第一个在职教师硕士课程研修班。第一期 22 人，全部为十一学校在职中青年教师。

开学典礼在一间教室举行。当时的北师大副校长顾明远教授、教育系主任劳凯声教授、北京市教育局陶春辉局长、海淀区李凤玲副区长、海淀教委廖国华主任，以及任课的教授等十多人坐在主席台上。陶春辉局长讲："这是我参加的最小的开学典礼，但却是意义最大的开学典礼。"

我选定课程班学制为三年，修完 16 门课、32 学分。十一学校要下一盘大棋——培养"实践研究"型的教师，办"培养—研究"型的学校。连续两届研究生课程班的完成，根本性地改变了学校教师专业学历结构，为 21 世纪的十一学校腾飞奠定了重要基础。

这件事轰动了北京，《北京日报》发表通讯《教育史上的新鲜事——北京十一学校 22 名教师读硕士》。教育系的教授们兴奋了，他们一下就预见到教师教育的未来发展，在职教师的研究生课程班将是非常重要的模式。黄济教授、王策三教授、成有信教授、裴娣娜教授、谢维和教授、劳凯声教授、靳希斌教授都来学校为学员授课。论师资水平，全部为博士生导师，其中不乏全国顶级专家，是全国教师进修师资的顶级配备。

进入 21 世纪，十一学校教师队伍的专业学历已经以博士和硕士为主。博士既是宝贵资源，又是稀缺资源。如何充分发挥这类人才的优势，给他们搭建继续发展的平台呢？一个大胆的想法跳进了我的脑海：博士后工作站既然已经从学术的象牙塔走进大型企业，为什么不能走进优质中学呢？

博士是高级学术性人才。在中学里，他们的根本优势在于：深厚的学术基础和外语基础，突出的研究意识和研究能力。他们的研究素养，正是目前中学最缺乏的。但进入基础教育领域的博士，大多又是学科专业出身，既无中学实践经验，又多来自非师范专业，缺乏教育学、心理学等基本教育理论的认识和掌握。进入中学，他们存在一个角色转换和学习的过程。博士后工作站可以为他们继续成长搭建一个新的平台。

中学设立博士后工作站可能吗？是不是痴人说梦？为此，我拨通了北师大裴娣娜教授的电话，讨论此事。裴教授听后非常高兴，认为这是必要的，而且是可行的。

2005 年 3 月的一个周末，在裴教授的策划和组织下，召开了中学博士后工作站的专家论证会。专家们一致认可，并建议及早启动申请和准备工作。

撰写、修改认证方案，准备系列申报材料，多次接待北京市人事局和国家人事部领导的考察、审定。许多个日日夜夜，不尽地奔波、沟通，我就像一个敬业的推销员，向每一个可能对这件事情起到作用的领导、专家，推销着这个大胆的设想。人们从惊讶到半信半疑，再到折服，终于被我执着的精神感染，我们终于获得了批准。

2007 年 9 月 4 日，由十一学校和北师大联合举办，十一学校项目博士后工作正式启动。人事部博士后管理部门、北师大和北京市教委有关领导出席并揭牌。两年后，八名博士后全部出站，奔赴大学、研究机构或留在十一学校，发挥研究骨干作用。十一学校也成为全国第一所参与国家高级专门人才培养的中学。

六、除夕夜和局长"说梦"：建设全新现代化学校

人都有梦想。梦想就是信念，梦想就是方向，梦想就是动力。

我与伙伴们说，老一辈革命家校长把接力棒交给了我们，就要在我们手中完成学校的现代化。学校现代化，就是梦。在追梦的过程中有难言的艰辛，有成功的喜悦，也有失败的痛苦。

我的一生就是追梦的一生。

我当校长的第一个梦，就是想改变学校的教学区面貌。十一学校为新中国成立初期所建，平房教室，在 40 年后的 20 世纪 90 年代，已显得陈旧与落后。我与干部、老师讨论，一致认为，学校要发展，必须对教学设施更新、改扩建。

但几千万元的资金从哪里来？简直是痴人说梦。说实在的，我是有些"痴"，认准了的，就想干下去。我寻求圆梦的办法。我首先想到的是北京的教育智者、当时的北京市教育局局长陶西平。他既有智慧，也愿意帮人，但占用他的时间是困难的。我开始寻求机会，希望能与他作长谈。

机会终于来了。1990 年底，我打听到陶西平局长会在除夕夜值班，这可是和他长谈的好机会。18 点，我准时来到陶局长办公室。略作寒暄后，我对他直说："我有一个梦！"局长有点意外，但颇感兴趣，微笑着说："一个梦？什么梦？说来听听。"

我给局长叙说了学校的历史沿革、建校历程、今日状况。告诉局长，作为容纳了 3500 名学生的中学，十一学校只有三个实验室、一个音乐教室，没有室内体育场地，原有教室过分狭小，迫切需要改建，最重要的是建设教学楼、图

书馆、体育馆和音艺楼。

我给局长诉说我的希望：新教学楼中，教学与实验合一；新体育馆，既有篮球场又有游泳池；新音艺楼，有设施完备的排演厅；新图书馆，有数百个阅览座位、30 万册藏书；校园，有葱茏大树、碧绿草地，轻拂杨柳，盛开鲜花……建筑面积 3 万平方米，投资 3000 万～4000 万元。

随着我的诉说，那一幅幅画面在我脑海中展现，似乎美丽的学校已在眼前。但是，一讲到钱，而且是那样的多，简直是天文数字，把我自己也吓住了。

我校当年的财政经费仅有 90 万元，我们 30 年不吃不喝才能实现梦想。我无法想象什么时候能"梦想成真"。

我几乎是一口气说了近两个小时，从 18 点到 20 点。

在我说的过程中，陶局长认真听我的叙述，很少插话，只是偶尔问一两句。等我说完后，陶局长马上作出反应，坚定地说："我看这不是梦，完全可以实现！"

陶局长并未说具体怎样支持。但他的坚定，使我深受鼓舞，极大地增强了我的信心和决心。

回家路上，北京城已是霓虹闪烁、万家灯火，辞旧迎新的鞭炮声震耳欲聋。新的一年就要到了，我向往着学校美好的明天。

但所需资金巨大，从哪里来呢？靠政府？我推算了一下，10 年、15 年都难有希望。必须变思路：靠自己。我决定挖掘学校自身潜力。学校占地 234 亩，这就是最大的资源潜力。

如何利用呢？ 1993 年 2 月，北京"两会"期间，我向时任北京市城乡规划委员会主任的赵知敬求助。赵主任熟悉十一学校。他说："改建学校应有新思路，旧房全部拆除，重新规划，重新布局。将原有东南斜向 30 度向阳的房子调整，一层变多层。由此在保证学生活动空间不减少、建筑有足够新设施的前提下，还可富余部分土地。用其中的部分土地来换建校资金，用另一部分土地养学校。要建，就建成北京最好的学校，而且不用政府拨一分钱。"这才是大手笔、大视野、新观念、高标准。

我们开始做规划，新的用更新的代替，好的用更好的替换。基本思路是：全面拆除旧建筑，重新改建。建筑面积约 9 万平方米，投资 1.5 亿～2 亿元。资金来源是：以土地换取。校园重新规划后，可以划出一块非教学用地 2 万平方米，合 30 亩。卖掉这些土地的资金用来建设学校，完全足够。

海淀区委、海淀区政府、北京市教育局都批准了这个新规划，完全同意用土地换资金的方案，方案最终经北京市城市规划管理局批准。一幅美丽的图景即将展现在人们的眼前，多么令人向往！

但我心中总是不忍，难以割舍那 30 亩土地。学校的地盘就这么大，卖一块就少一块，永远也不会增大了。可不可以不卖呢？最终还是邓小平的思想给了我们智慧：加速实施办学体制改革，寻求社会资金，这才是最好的一条路径。

1995 年开始的十一学校办学体制改革，使学校实际进入了教育市场。从 1995 年到 2007 年的 12 年间，不用政府的财政投入，主要用学校的办学积累，投资 4.5 亿元，完成了 14.8 万平方米的建设工程和设备购置，使十一学校成为北京市建筑规模最大、设施设备最为先进齐全、办学规模也最大的现代化学校。

这是一条建设学校的新路：建校、树人、立精神。十一学校人为国分忧、自力更生、奋发图强、愿意牺牲、甘做奉献的高尚情操尽显其中。

七、教育新征程：带着问题转战民办建华学校

2007 年 10 月，我过了 68 周岁，结束了在北京十一学校的长期任职，进入民办的北京建华实验学校。

回顾在十一学校的岁月，我交了一份社会满意的教育改革答卷，但依然存在许多遗憾，我思考的许多教育问题并没有在十一学校获得解决。这些问题也随我一同来到建华学校。这些问题归纳起来有：

（1）教育是科学吗？

（2）教育的基本关系（基本矛盾）是什么？

（3）可以用"公理—命题"形式来构建教育理论体系吗？

（4）怎样的课程体系能够实现全面发展？

（5）教育和课程有根源点吗？目标点又应该在哪里？

（6）中国可以为世界普通教育学构建作贡献吗？

（7）教育与课程有主权吗？

（8）中国有自己独立的教育学吗？

（9）怎样构建"在中国""为中国""中国化"的教育学？"中国化的教育学"在哪里？

（10）中国需要怎样的教育与课程？

（11）应试教育为什么久久不能平息，常常越战越勇，原因何在？

（12）怎样的教育与课程有解决应试教育问题的实效？

（13）怎样解释实践中的教育创造和教育乱象？

（14）国人的教育研究立场、观点、方法独立吗？存在转变的需要吗？

（15）基层教育工作者有能力创造教育理论和课程吗？

我期待这些问题在建华实验学校新的教育实践和研究中能够获得某种程度的解决，或者取得进展。

八、人生中心教育：教育理论、课程和实践的全新创造

建华实验学校的小学生迷住了我。他们成群向我跑来，抱住我，不停地问候："校长爷爷好！"看着他们跑来跑去的活泼身影，听着教室里传出的琅琅书声，我突然明白了许多：他们的朝气与活泼，告诉你生命在运动成长；他们的欢颜与笑语，告诉你生命美丽可爱；他们的书声与求知目光，告诉你生命渴望需求。他们从幼儿园走来，又会从小学走向中学、大学，乃至更遥远的未来。生命的旅程就是他们的人生。

当老师、校长是为了什么？不就是为了学生的人生吗？我顿悟：教育是什么？教育就是对人生的影响。今天给儿童提供教育，就是为他们准备明天的人生。教育为人生服务，人生才是教育的中心，应该构建并实施以人生为中心

的教育。

"人生中心教育"命题获得于 2010 年 3 月 10 日前后，源于顿悟，似乎就在一瞬，但心理学家、北师大资深教授林崇德说："顿悟，是长期有意注意的结果。"

获得"人生中心教育"命题，使我兴奋不已，我感觉我的认识正在逼近教育的本质和本源。

2010 年 4 月中旬的一天，我初步形成了人生最高目标，即"优秀做人，成功做事，幸福生活"，并将这三个短语概括为"美好人生"。当年，我和夫人赴美国参加女儿的学位授予典礼，并陪同夫人在美国旅行。在美 14 天，我白天出席典礼、陪同旅行，晚间奋笔疾书，记录人生中心教育的思考成果。旅行结束，在回国的万米高空、蓝天白云间，我完成了一次 5 万余字的海外写作，定名为："人生中心教育论纲"。两年后，形成了 25 万字的理论著作——《人生中心教育论》。

2013 年 5 月 28 日，林崇德教授与他的学生陈英和教授来到建华实验学校。我向他们介绍人生中心教育研究，介绍"美好人生"的 28 个基本表现点。林教授十分高兴，兴奋地说："你们的研究走到国家的前面了！"

原来，教育部邀请他领衔组建全国研究团队，进行中国学生发展核心素养的研究，于 5 月刚刚立项，故有"走在前面"一说。

林教授的到来，给我带来了全新信息。既然我们的研究"走在国家的前面"，说明我们的研究方向正确，符合国家教育发展需求。我们信心倍增，倍加努力。林教授介绍了国际上关于核心素养的研究，拓宽了我们的视野，丰富了研究的资料和信息。我们的研究在某种程度上已经与世界同步。

我们组织了 39 人的研究团队，又组织了百余人的实践团队，研究理论、研发课程、编写读本、实践教学。经过十年的奋斗，终获显著成果，集中反映在由商务印书馆出版的我的"人生中心教育"丛书：《人生中心教育论》《自创性人生中心教育论》《人生中心教育课程论》《人生中心教育课程实例》。

2019 年 5 月 8 日，在我的母校北师大英东学术报告厅，商务印书馆和北师大校友总会联合主办，举行丛书发布会和研讨座谈会，张天保、钟秉林、顾明远、林崇德、郭振有、李奕等领导、专家、学者、校长、记者近 200 人出席，150 余家媒体报道。这套丛书超过 100 万字，专家希望我能再写一个简约本。

2020 年，81 岁的我从 2 月起，每天花 10 个小时，连续 30 天，完成了 10 万字的《人生中心教育概论》。这本书既是对这套丛书的概括提炼，又有新的拓展、增添，继续由商务印书馆出版。

长江学者、清华大学教育研究院院长石中英教授看后发表评论：《人生中心教育概论》是人生中心教育理论体系的一个概括性表达，是李金初校长以耄耋之龄为建党 100 周年精心准备的一份"厚礼"。作者使用了我国教育学界非常罕见的"命题"的表达方式，共提出和阐述了 241 个命题，构成了一个恢宏、全面的教育命题体系。李校长近乎完美地阐述了自己的人生中心教育理念，展现了一位教育实践工作者在教育理论思维和教育规律探索方面所达到的新高度、新水平，对于新时代促进基础教育高质量发展具有特别重要的意义。

九、"尖毛草"实验：育人方式的根本转变

人生中心教育创造了"全课程"体系与"全课程"实现方式。为检验其功能，我亲自选择 2020 届的一个班进行实验。实验方案由教师、学生、家长和领导经过一个月的时间共同讨论确定，学生将之命名为"尖毛草"实验，自称"草儿们"。

尖毛草是非洲的一种草本植物。春天来临时，万物向上生长，但在六个月的时间里，尖毛草却只生长 1 ～ 1.5 寸。其实，它没有停止生长，而是在扎根，最深可达 28 米。夏季，雨季来临，充沛的雨水带来丰富的养分，尖毛草发达的根系充分吸收水分，一天可生长 0.5 ～ 1.5 米，三五天便可长成草原之王。这深刻的寓意解说了基础教育的规律——基础、扎根、生长——根深才能叶茂，根深能够叶茂。

育人模式改革，综合表现为课程体系的改革和课程实现方式的改革，在人生中心教育中，表现为"全课程"体系和"全课程"的实现方式。"尖毛草"实

验，就是育人模式改革实验。

"草儿们"兴奋地踏上了自然空间和社会空间的课程之旅。他们在几年的时间里，寻访新中国成立的历程，也下江南、上草原、赴海滨、游冰城，欣赏祖国的秀丽河山。学生们不仅到访贫困山区，也远涉重洋，到境外学习。

自然空间和社会空间的课程实现方式，是主体性、主题性、集体性、研究性学习，像科学工作者做研究一样，成果是论文、考察报告、模型创作，考核方式是答辩。

人生中心教育的校内学科课程，主张课堂教学在科学、效率的前提下，实现以"自由、民主、活力、主体、思考、智慧、生长、哲理"为特征的课堂。学生自学自研，师生间、生生间对话、讨论、交流，往往形成挑战与辩论。学生收获的不仅是知识，更是能力、智慧和创新品质。

我特别欣赏和喜欢这些"草儿们"。按中考成绩，他们进不了海淀区的"一梯队"学校，但他们表现出的进取精神，使我相信他们是有希望的一代。我也相信，在人生中心教育的目标——"优秀做人，成功做事，幸福生活，实现美好人生"的引导下，他们会获得全面优秀的成长，包括成绩。以 2020 年高考成绩为例报告实验结果：一本率 100%，高考平均分 650，高出当年全市最高学校平均分 14 分。他们曾在起跑线上落后，却在终点线上优秀。

这个实验证明：高中育人模式改革具有必要性和可能性，而育人模式改革必须同时表现为课程体系的变革和课程实现方式的变革，人生中心教育理论和课程是有效的变革工具（技术）。

十、为了未尽的心愿

我感谢共产党，感谢人民政府，感谢新中国，感谢改革开放，感谢十一学校，感谢建华实验学校。我的教育人生、教育思想、教育成果，构成的全部原因都在这里。

我在十一学校耕耘 36 年半。那是一方教育沃土，生长了我前期的教育思想，成就了我前期的教育事业。即便有许多问题未获得解决，但提出问题不就是解决问题的前提吗？不是与解决问题同等重要吗？甚至有智者认为，提出良好的问题，比解决问题还重要。所以，我带着满意和愉快，告别了十一学校——可以实现许多教育梦想的学校，令我永远留恋的地方。

我在建华实验学校耕耘了15年。我领导并打造了今日的建华。建华的优秀与我分不开。建华，是人生中心教育基本理论诞生的地方，是基本理论转化为应用理论的地方，特别生成了课程理论，又演化生成了"全课程"体系，并创生了"全课程"的实现方式，诞生了人生中心教育的课堂，收获了丰硕的人生中心教育课程产品和办学成果。

2019年和2021年新春期间，商务印书馆连续出版五本、超110万字的我的人生中心教育专著。教育理论界、实践界反应强烈，纷纷对该理论的传播、应用和继续完善，寄予厚望。

建华孕育并诞生了人生中心教育，也因人生中心教育快速发展、蒸蒸日上，因此成为人生中心教育的"红船"，是第一所人生中心教育学校。

完整的人生中心教育的理论系统，应该由三部分组成——人生中心教育论（含自创性人生中心教育论）、人生中心教育课程论、人生中心教育学校论。在建华，两"论"已经完成，"学校论"还在孕育，只有在前两"论"实践、应用的基础上，才能研究、整理、生成第三"论"，这需要时日。

2022年9月，建华实验学校转为公办学校，董事会也不复存在，我的董事长任职将成为历史。人生中心教育还能在建华继续研究和实验吗？领导回答我："校长都有自己的教育思想。"我明白了，人生中心教育可能要离开自己的诞生地。我想起杜威离开芝加哥实验学校后，他在那所学校的实验也就终结。为了未尽的教育心愿，我必须转场，寻求新实验学校。

借此文，告慰诸位关心我的教育界朋友，我虽已耄耋之年，但我的教育激情还在燃烧，不会熄灭。新的实验学校已经确定，人生中心教育的宏幅篇章一定全面续写。

李明新

北京小学集团总校校长，北京小学党委书记、校长。享受国务院政府特殊津贴专家，北京市首批中小学正高级教师，特级教师，全国名优校长，美籍华人陈香梅校长奖章获得者，教育部基础教育教学指导委员语文专业委员会主任委员，中国教育学会小学教育专业委员会副理事长，北京市教育学会副会长，北京市教育学会小学教育专业委员会理事长。被聘为教育部"国培计划"中小学名校长领航工程导师，北京市名校长工作室导师，国家教育行政学院、北京师范大学、北京教育学院兼职教授。

做温暖学生记忆的教育

我对教师工作情有独钟。我出生在一个尊师重教的村子，有人粗略统计，我们村在百年间出了 200 位教师，我是其中之一。

我对北京小学的感情非常深，因为我从实习开始就在这所学校成长，到 2022 年，已经在这里工作了 34 年。

1949 年，随着北平的和平解放，一所新中国的小学诞生了，她就是北京小学。我和学校的每一位师生都自豪地说：北京小学，与新中国一起诞生，与伟大首都同名！

1984 年，我考入北京回民学校的民族师范班，成为一名"代培农村师范生"；1988 年，怀揣着毕业证书，我没有回到农村老家教书，而是"意外"地留在了实习的学校——北京小学，成了那里唯一的男性班主任和语文教师。2009 年我成为北京小学的校长，2016 年又接任党委书记。30 多年来，我一直在探索、体会、思考怎样做教育，怎样做一名对学生成长发挥作用的老师；好老师应该好在哪里，好的教育应该好在哪里。我想，教育绝不仅仅是教会学生知识，也不仅仅是告诉学生人生的道理，更关键的是，我们的老师、教育要温暖学生的心，甚至温暖学生的记忆。

习近平总书记和北师大师生代表座谈时说，一个人遇到好老师是人生的幸运。的确，如果一个人的心中总是充满着这种温暖的教育记忆，那说明我们的教育是深入灵魂的；我们的老师不妄为"老师"二字。

做了校长之后，我想，自己只是一个小学校长，影响不了更大的教育天地，但是，我可以通过努力影响我们学校的老师和家长，让基础教育回归本真，做温暖学生记忆的教育。

一、践行"五养"理念

针对教育实践存在的问题，我结合自己的研究把培养的"养"字具体化，提出了"五养"教育理念，即儿童少年的成长要慢养、顺养、牧养、素养和调养。

儿童成长要"慢养"。"慢养"不是故意"慢"，而是说在育人上我们要有耐心，不盲从，不能够急功近利，应该让生命按着自身的规律一点儿一点儿地成长。现在"快养"的现象非常令人担忧。幼儿教育小学化，小学教育中学化，学生学习奥数化，人生成长分数化。这样的过度"施肥"就使得学生"营养失衡"。

多年来，我一直通过多种途径做家长、老师的工作，让学生的成长回到"慢养"。记得我刚做校长不久，就发现一些数学老师在学生做口算练习时会掐秒表，总是比谁是全班第一，可是每次只有一个第一，其他学生都成了失败者，学生一提口算就紧张。于是我找相关主任、老师探讨：口算能力固然要培养，但是有没有标准，比如一分钟做对多少就是优秀了？不能这样一味地图快，因为不可能人人都跟计算器一样。我们必须回到标准面前，比如达到 15 道就是优秀，超过了就是"优星"，而不能第一名是胜利者，其他都是失败者。要让每一个学生都有"努力后获得成长的希望"。

每年一年级新生家长会，我会讲如何正确认识学生的成长问题，解除家长的焦虑，不盲目跟风报培训班。一年级以热爱小学生活为目的，以"不比成绩比成长，不比分数比进步"的评价理念为指导，组织学习生活。特别是在落实

"双减"政策的过程中，正是落实"慢养"理念的好时机。我想告诉家长，在基础教育阶段，最应该关注的根本问题不是孩子掌握知识的数量、速度和难度，而是孩子身心发展的全面、健康。在儿童成长上一定要去功利，有定力。家长的定力是儿童健康成长的助力！

儿童成长要"顺养"。"顺养"不是说孩子想怎么做就怎么做，想干什么就干什么，那样就失去了教育存在的价值。我这里说的"顺养"，首先是指要尊重儿童的天性，尊重儿童的成长特点。

记得几年前，我正在一年级的楼道巡视，这时候跑过来一个刚入学不久、寄宿在学校的女同学，她搂住我说："李校长，我以后不叫您李校长行吗？"我问："那你准备称呼我什么呢？"她说："我因为住校，平时见不到爸爸，有时会想爸爸，我看您长得像我爸爸，所以，我以后就叫您李爸爸行吗？"我听后非常感动，说："好啊，你以后可以叫我李爸爸！"从这以后，不但她叫我李爸爸，而且许多孩子也跟她一样这么叫。直到今天，我办公室的门上，贴着许多学生画的、写的贺卡，其中有的还称我为"李爸爸"。这就告诉我们，不同年龄段的学生，他们有不同的心理需求，对于小学生，他们需要我们温暖他们的童心；对于中学生，他们需要我们温暖那一颗颗少年心。这种顺养式的教育怎能不温暖童心呢？

其次，"顺养"要尊重儿童的兴趣爱好，因材施教，开发他们的潜能，促进他们有个性地成长，鼓励他们成为最好的自己。记得有个家长来问我，他的孙女爱写诗，昨天写"爱的风啊你呼啦啦地吹"，家长有点紧张，问我是不是应该制止她这样写，是否要去报培训班。我看了诗后，告诉他不要紧张，这是孩子真诚纯洁的爱！不要给她报奥数班和各种补习班，要赏识，要鼓励，要支持她坚持写诗，让孩子能够在"合格"的基础上"扬长"。这个孩子日积月累，后来出版了诗集，综合素质高，学习能力强，现在在中学发展得非常好。毫无疑问，她是一个全面发展、个性鲜明的好学生。

成功的教育实践告诉我们，"顺养"就是要顺天性，让儿童享受童年；顺人性，让儿童健康成长；顺个性，让儿童做最好的自己。

儿童成长要"牧养"。"牧养"是什么意思？这是一个非常形象的说法。"牧养"不是"放养"，不是放手不管，而是比喻我们在培养儿童时，要向草原的牧人学习，为牛羊寻找肥美的水草，让牛羊尽情地享用，而不是填鸭式教育——我们要把儿童引到更广阔、富有意义的成长空间，激发儿童主动发展的热情。

现在的问题是一些家长在"圈养"孩子。儿童活动交往的范围很小，成长方式也非常单一，甚至是枯燥。有的家长甚至很明确地给孩子提出："你什么都别管，考个好分数就行了。"于是，他们替代了孩子的成长，束缚了孩子的发展。"圈养"让儿童的生命失去了更多的意义与光彩。

谈到这里，我想到一个学生。他是个男孩子，在家长的鼓励下，一直坚持在学校、班级、社区做公益劳动，参加公益活动。他不但自己做，还带动、组织本班的同学一起做。他周末不是去培训班，而是长年坚持去社区服务，发挥不怕脏、不怕累的精神。社会实践提高了他的品德、丰富了他的见识、锻炼了他多方面的综合能力，他在学习上也没有落后，各方面都发展得很好，还获得了中国宋庆龄基金会评选的公益奖项。他上中学后仍然坚持带动同学们参加公益活动，还被评为"优秀班干部"。

海阔凭鱼跃，天高任鸟飞。我倡导学生自主发展，把那种填鸭式的教育、"圈养"式的教育变成真正的儿童自主追求的教育。我做校长后，学校一直在坚持一个很重要的活动，即每年举办的"年度荣誉奖"评选活动，这个活动对学生的成长起到了很好的导向作用。每年学生自主申报的内容包括体育健身、文学艺术、劳动公益、自主钻研和科技创造等。这个活动我们已经坚持了十年。我在颁奖典礼上给学生们提出的希望是"坚持就是成长，坚持就是进步，坚持就是胜利"，有效地引导学生自主发展，让每一个学生都能够认识到：天生我材必有用，只要努力，"我"就可以成为"最好的自己"。

我在办学中思考：怎么通过"牧养"在学校教育中解放学生，让学生更生动、更自主地发展？于是，四季课程诞生了；于是，评价手册变化了；于是，家庭劳动岗建立了……

儿童成长要"素养"。所谓"素养"，就是强调日常的修养。"素养"不能

"速"成。"素养"是什么？就是美好的情感、优秀的品德、良好的习惯、健康的心态。

常言道，"幼儿养性，童蒙养正，少年养志"。中小学教育在"素养"上必须咬定青山不放松。咬定什么？就是"素"这个字。要课课养、事事养、处处养、天天养，每一个活动、每一节课堂、每一次锻炼，都要增强育人的意识。

讲"素养"，我认为很重要的就是教师、家长身体力行，言行表率。以我自己为例。我常年坚持每天早晨喊嗓子。我每天早晨7点前到办公室就开始练发声、唱京剧，时间长了，住宿的学生一听到校长喊嗓子，就知道我到了。他们很喜欢听我喊嗓子，常常跑到校长室外"偷"听。我就把他们请进校长室，给他们演唱京剧，让他们感受我的发声方法。我告诉他们，干什么事必须坚持。正因为这种影响，有的学生后来竟然喜欢上了京剧。

素养要想有好效果，就必须在家校教育的一致性上做文章。拿读书习惯培养来说，老师爱读书，家长也要爱读书，这样才能更深刻地影响学生。有一次，我去一所分校参加活动，一位家长在楼道向我请教："为什么我们家孩子不爱读书？"直觉让我问道："恕我直言，请问你们两口子读书吗？"他说："您怎么一下子就看出我们也不爱读书呢？"我进一步问："你们在家干什么？"他说："打麻将。"我说："你们几个人天天打麻将，让孩子在旁边去读书，他能静下心读书吗？我建议你们吃完饭，全家读书半小时到一小时，坚持三年，孩子就爱读书了。"

我想，孩子每天生活在老师和家长之间，他在耳濡目染中接受了许多价值观，这些价值观就是从日常的点点滴滴的行为当中渗透出来的。素养就发生在每天的生活中。

儿童成长要"调养"。谈到"调养"，我认为教育儿童就如同调养身体，要关注儿童的身心和谐发展；当我们发现儿童发展中出现原则性问题的时候，要及时帮助儿童，要满腔热情对待儿童，不应对发现的问题置之不理。

我想起曾经教过的一个学生，他的行为习惯很不好，是班里的"闹将"，四年级时还曾偷偷把伙食费花掉。这样发展下去，他的成长一定出问题。我在五年级接班后，深入分析了他的情况，我决定从三方面入手：一是不能放弃他；二是要打消他对教育的抵触情绪；三是制定帮助他一点一点改毛病的方案——允许出错，慢慢改正，小步前进。通过细心的教育，他逐渐发生了转变。六年级的时候，有一天放学回家的路上，他拾到一个皮包，里边有19万日元和机票、许多证件，他马上交给了附近的武警战士。直到第二天，武警战士和失主前来学校感谢时我才知道这件事。"调养"让他的品德和行为习惯发生了积极的变化。现在他已经长大成才。

古人云，"养不教，父之过；教不严，师之惰"。目前的问题是，我们的一些家长只愿意听表扬，不愿意听老师和他人指出孩子的不足，甚至回避孩子成长中的缺点；还有的专家认为，教育只"扬长"就行了，不必补短。我认为，人在社会上生活、工作，当然要扬长避短，而人在基础教育阶段受教育则既要扬长，又要做必要的补短。道德出问题，不调养行吗？身体和心理出现了问题，不调养行吗？劳动观念出问题，不调养行吗？绝对不行！实践告诉我们，儿童有些缺点存在时间长了，就形成了不好的习惯，再改，再"调养"，就很难了。

调养学生，教师就要专心研究每一个学生，用发展的眼光看学生，用辩证的眼光看问题，找准病因，及时调理，特别要讲求调理过程中的教育艺术，使学生动心、动情。

所有的家长、老师，所有的学校，如果能够使基础教育回到"五养"的育人理念上，我们就能做温暖学生记忆的教育！

二、创新四季课程

课程是学生成长的重要载体。好的课程就是好的儿童教育，也是好的童年生活，更是难忘的童年记忆。

目前，小学的学习进程都是两个学期加寒暑假。小学生好奇心强，求知欲旺盛，喜好动手实践，但是他们年龄跨度大，认知水平相对低，学习持久力相对也弱。我常常想，创造适合学生发展的课程，首先就是教育要遵循儿童成长规律，符合儿童的年龄特征、身心特点，从儿童的自主发展需要出发。我们的课程就应该为了儿童，走近儿童。于是，适合生命成长、适合儿童生活、适合个性发展的"四季课程"应运而生。

通过课程研究，我们发现，北京是个四季分明的城市，儿童成长也必然会与他所生活的环境密不可分，体现出明显的节律特点。因此，我们将儿童发展特点、学校培养目标以及北京自然特征有机整合在一起，提出了"四季课程"的构想。我们提出了"2-1-2-1"四季学程模式，即以学年中的四个季节为标志，将整个学年划分为四个学习周期，每个周期为"两个月左右的基础性课程 + 一周实践性课程"。

这种学程模式的提出，打破了传统课程的目标、内容、时间和空间对儿童学习的局限。特别是春、夏、秋、冬四季各安排为期一周左右的主题式综合实践课程，以创新精神与实践能力的培养为主线，以五育融合为策略，改变原有综合实践课程比较零散的现状，让学生享有更充分的综合学习、实践探索、拓展研究的机会。

春季，设立"律动健身课程"，让学生在这个时节走进大自然，强健体魄，欣赏美景，抒发情怀。在"运动的春天""玩转课余生活""传统体育的魅力""篮球嘉年华"等课程主题中开展丰富多彩的实践活动。

夏季，设立"读书实践课程"。各年级学生分别在"小书虫漫游记""书香夏日"等夏季课程主题的指导下，在静心读书的同时利用暑假走进社区、走向全国，乃至走到世界各地去体验和实践。

秋季，设立"科技创意课程"，让学生展开美好的想象，把所学的知识加以综合运用，开展科技创想活动。如"生活中的奇思妙想"是四年级秋季的课程主题，在一周的课程学习中，学生们通过专题讲座对"奇思妙想"的内涵和方法有初步了解，再通过有针对性的参观丰富认知。教师则为同一个年级选择不同研究主题的学生开发不同的场馆资源，更好地服务于学生的综合性实践学习。

冬季，设立"传统文化课程"，让学生在体验北京和全国其他不同地方的传统文化生活中，感受中华文化的博大精深，做自豪自信的中国人。针对不同年级学生的年龄特点，我们先后开发了"舌尖上的春节""生肖之趣""胡同里的中国年""窗棂上的艺术"等主题课程。

四季课程从 2012 年实施到 2022 年，已十年。在校学生，天天盼着四季课程；毕业学生，时常回忆四季课程。四季课程留给学生无尽的欢笑与快乐！它由萌芽到成长，由弱小到壮大，由创新到繁荣，展现了北京小学守正出新的办学精神。

三、构建三型管理

要做温暖学生的教育，就要真抓学校文化建设。我曾经说过三句话："一个好教师，就是一种好教育；一支好团队，凝聚一方好文化；一所好学校，开启一段好人生。"做温暖学生记忆的教育，需要学校管理文化的跟进。

我想，只有把管理放在大时代的背景下，用新的视角看待问题，以科学治理的理念改进学校管理，管理才会更有效果。那么，这是个怎样的时代呢？这是个被称为地球村的互联网时代，是个人人都在发声的自媒体时代，是个传统的存在方式时时被挑战的时代，是每一个主体人格越来越呼唤被尊重的时代，因而，当下的学校管理应该实现三个转型。

一是从他主型转向自主型。这里的"自主"，从大的教育环境而言，是指学校办学的自主；从学校内部而言，是指老师、家长与学生的自主。

大家都有这样的共识，一个好校长就是一所好学校。我在工作中同样在想：好校长好在哪？好在把他自己的教育追求变成所有教育者与被教育者的追求。有了自主追求，自组织就会良性发展：干部研究管理，教师钻研业务，家长协同教育，学生天天向上。所以，校长领导与学校管理的一个重要责任就是点燃每一个人的热情，用教育价值引领教师团队、家长团队、学生团队。这些团队及个人围绕学校的办学目标、办学理念，积极、主动地输出自己的能量，体现自身的价值，尤其是教师自下而上地主动参与学校管理、课程建设、教学改革，那么学校就会充满活力与希望。这才是真正意义上的默契！

而我更认为，学校自身更应该在教育改革的大环境中彰显自组织的价值，改变"等待"管理的被动思维方式，许多问题不能再停留于"等"的思维，要在平衡被打破之后主动寻求新的生长点，这样才会创造新的平衡。像2011年我们成立教育集团，在西城区率先进行集团化办学探索，就是在教育均衡化发展的背景下，我们对名校办分校质量管理的新思考所引发的办学新思维，是一种自主型的发展方式。事实上，如果具有较好的外部环境，大力促进学校内部治理体系的建立与机制创新，培育一个又一个自主型学校，才是未来教育品质提升和学校办学质量提升的重要保障。

二是从行政型转向学术型。这种转型并不是说不要行政管理，而是学校不要强化行政型管理。中小学存在行政工作和行政管理，这是客观事实。但是，学校的中心工作是教育教学，要育人为本，而推进教育教学研究、提高教育教学质量，不能指望行政命令。行政可以为研究服务，可以发动，可以宣传，可以激励，可以保障，但是不能替代专业引领、学术研究。要使美好的教学理念在课堂生根、开花，要使教学研究工作往深里走，就必须建立起学术型管理。学校应该设什么课程，学生怎样学习更有效，某个知识点怎样教学更好，这些问题不能随意地用套话回应，而必须用专业的眼睛看待，用专业的思维分析，用专业的语言解释，用专业的方法解开。一句话，用研究的方式解决问题，用学术的方式引领专业。

这里所用的"学术型"，本身就具有研究型的意味，是指用系统的思维、学术的态度，对教育教学实践中面临的问题进行深入研究，以提高教育教学的质量，同时实现教师自身专业水平的提高。针对目前中小学研究已出现被泛化、表面化和形式化的问题，我用"学术型"三个字更是体现对一线研究者地位的尊重，对中小学教师价值的认定，对学校教育教学研究的严肃态度。比如我们学校建立了13个名优教师工作室，而为什么不再搞简单的师徒挂钩？我们发现传统的行政型管理所采用的指定性师徒挂钩，在三年中，往往因为师父看不上"这个"徒弟，徒弟也看不上"这个"师父，而效果不佳。我们改变了教师的专业发展模式，只为学校的名优教师成立工作室，工作室要公布自己的研究方向、研究重点和研究要求，凡是对这个研究室的研究感兴趣的老师都可自主报名做研究员，至于吸纳谁做工作室的研究员，权力在工作室的主持者。学校行政只负责提供研究经费和协调人事工作。这样，双方的主动性和积极性都得到了发挥。像这样的学术型组织还有学校教育教学指导委员会和家庭教育指导中心，它们都在学校发展中发挥着巨大的作用。

三是从集权型转向民主型。在这个开放的时代，要搞好学校的内部治理就必须大力推进民主型管理，以制度的建设与机制的创新保障和促进管理从集权型转为民主型。必须看到，多元主体参与管理已经不仅是改革的需要，而且是现代人主体参与意识增强的必然结果。教工需要发声，家长需要发声，学生需要发声，这是自组织管理的显著特征。管理者如果视而不见，故意回避，或轻描淡写，虚晃一枪，都会引发各种各样的问题。特别是，如果没有正常途径和有效机制保障民主发声与参与，自组织的价值取向就会发生偏差，最终成为学校发展的阻力。

因此，民主不再是一种管理程序，民主参与更应该是学校发展的一种管理智慧，成为现代学校又一种管理文化。我认为，学校推进民主型管理要抓住其本质，即尊重每一个参与主体的人格、责任与权力。民主型管理应该体现在管理主体的多元化，实行民主集中制与集体决策，增加管理透明度，提高参与者民主参与的素质，创建有效的民主沟通机制等方面。比如，我们学校成立的独立于行政之外的"教育教学指导委员会"，就是一种探索。我们规定，校长、书记和行政副校长等不得进入这个委员会，所有涉及教育教学的课程建设、教学改革、制度创新和教师专业的评估、考核等工作，首先委托"教育教学指导委员会"评议，他们不通过，校长就不能急于开行政会议讨论，而要充分尊重委员会的意见，因为他们代表一线各个层面教师的学术意见。这就是一致机制建设。所以，民主型管理不能简单做成大家投票，少数服从多数，而应该做成以尊重为核心的提高管理智慧与品质的过程。

三型管理使学校形成了良好的管理文化，学校没有成为校长一个人的学校，而是成为这支团队的学校。每天，每位干部、每位教师、每个班组、每个部门，都在按照三型管理形成的工作机制自觉地、正常地运转着。

"五养"教育、四季课程、三型管理的办学实践，催生了北京小学独特的校园文化，培育出一支"师德为先、爱生如子、专业立教、廉洁从教"的教师队伍。做温暖学生记忆的教育，在北京小学，已经不是校长的理想，而是真真切切的教育实践。

刘希娅

重庆市九龙坡区谢家湾教育集团（原谢家湾小学教育集团）党委书记、总校长，重庆谢家湾学校校长。正高级教师，特级教师，第十二届、第十三届全国人大代表。深耕教育一线30年，始终坚持落实立德树人，发展素质教育。提出"六年影响一生"办学理念、"红梅花儿开，朵朵放光彩"主题型学校文化，带领全校教师以"小梅花课程"建构与实施实现国家课程标准落地转化，以学习方式系统变革推进素质教育实践，探索轻负担高质量育人模式，获第三届中国质量奖。

红梅花儿开，朵朵放光彩

——坚定不移探索素质教育，赋能每一个孩子高质量发展

我是出生于 20 世纪 70 年代的基础教育领域教师，我的教育生涯伴随中国教育跨越式发展的 30 年。基础教育改革迈出的每一步，也影响着、推动着我个人的专业成长和职业道路。

20 世纪 90 年代，初涉教坛的我，对教育的理解还比较朦胧，但从站上讲台开始，我就有一种强烈的意识，自己的职业会对孩子们的成长质量和未来人生产生深层次影响。这样的敬畏感，伴随我教育生涯的每一天。

1993 年以来，中共中央、国务院先后印发《中国教育改革和发展纲要》《关于深化教育改革，全面推进素质教育的决定》等，其中"中小学要由'应试教育'转向全面提高国民素质的轨道，面向全体学生，全面提高学生的思想道德、文化科学、劳动技能和身体心理素质，促进学生生动活泼地发展"等内容，尤其是以"促进学生生动活泼地发展"为主要特征的素质教育，深深地印在我的脑海里，成为我教育人生的执着追求，也为后来的我坚定素质教育实践方向埋下了种子。

转眼间，历经 30 年发展，素质教育似乎已不再是最令人关注的一个教育热词。但是，什么是素质教育，怎样才能让素质教育落地，依然是困扰基础教育

领域校长们、老师们的主要问题。也许，从基础教育一线实践者的角度，我不能阐述素质教育的全部内涵，但我在实践探索中却深刻体会到：忽略甚至牺牲一部分孩子的发展机会，聚焦少数尖子生挤进名校的教育价值取向，不是素质教育；孩子们毫无兴趣、消极应对、被动接受的学习方式不是素质教育；老师们依赖时间堆砌和海量刷题单一灌输的教学模式不是素质教育；学校只重分数选拔不注重素养培养的教育不是素质教育；片面追求唱唱跳跳或放养式轻松的教育也不是素质教育。

为此，我和重庆谢家湾学校（原重庆谢家湾小学）的伙伴们立足学校实际，在"不迎合功利取向、不倡导课外补课、不增加学生负担、不落下一个学生，强调孩子立场体验、强调课堂实践探索、强调主动积极学习、强调全面个性发展"的"四不四强"育人导向中，营建积极向上、奋发进取、责任担当的学习文化，激励、唤醒每一个孩子的学习内驱力和自主性。在坚定不移的素质教育创新探索中，在一届届孩子们的高质量发展中，在小学部拓展延伸到初中部的办学新格局中，给出了我们对素质教育的实践路径及成效的答案。

一、素质教育就是有教无类的情怀

2004年，刚满30岁的我成为谢家湾小学（重庆九龙坡区谢家湾小学）校长。在那个追求特色化办学的大潮流中，普遍认为每一所学校都应该有自己的办学特色，每一位校长都应该有自己特色的办学思想，许多校长迫于压力不得不冥思苦想。很快，我们看到许多学校开始打造竖笛特色、书法特色、足球特色、武术特色等。对于这种风潮，我内心深处是反感的。在我看来，每一个孩子都是独特的生命个体，有自己的个性特质和发展需求。不能把全校学生都陷在一个项目里，跟风似的把时间、精力、兴趣甚至未来发展方向都框定在一个模子里。学校按照一个标准去框定和衡量他们是不科学的，每个孩子都可以绽放自己的光彩。所以每每有人追问初当校长的我："你追求什么教育？你的办学理念是什么？"我总是很坚定地回答："我追求的是素质教育。"

我认为，我的使命就是从实践者角度，忠诚于党的教育方针，落实立德树人根本任务。素质教育所倡导的基础性、全体性、全面性、发展性就是我们最大的办学特色。

于是，立足小学阶段的基础性、关键性、可塑性，我提出"六年影响一生"的办学理念。这既是对学校原有"可持续发展"办学理念的传承，也是基于人发展的连续性，从纵向上强调"六年"与"一生"之间的时间联系，更是从横向上把握孩子们在六年中受教育观念、教育方法、教育技术、教育内容的系统影响与其一生发展的内在联系。

怎么进一步促进办学理念深入每一位教职员工的内心，影响和改变教育教学相关要素？我提出了学校主题文化建设的新思路，并和老师们讨论确立"红梅花儿开，朵朵放光彩"作为学校主题文化，传递"全体、全面、全过程育人"的教育主张。我带着老师们努力在一个个具体事例的教育细节、选择经历中，去传播爱生如子的教育精神，去沉淀有教无类的价值取向。

2006年春天，有一次全国小学数学赛课在重庆进行，组委会经过两个月的调研选拔，确定谢家湾小学的学生作为赛场上课学生。组委会特别提到谢家湾小学的孩子们学习习惯好，思维活跃，小学数学基础好。学校也很珍惜这样的发展机会，全力支持。但是没有想到，在全国小学数学赛课的文件都已经发出去之后，在正式竞赛前一周，组委会提出一个条件，被抽到的班级各班只能选30个相对优秀的孩子参加上课（赛课）活动，因为之前通知全国的选手准备的学具都是30份。我不同意选出部分成绩优秀的学生参与，不管各级领导以什么顾全大局、支持重庆承办活动等理由找我谈话，甚至提出不支持他们就换学校派学生，我都坚决不同意。我们宁可放弃这次机会，也不违背我们好不容易营建的"坚守每一个孩子的立场、体验、收获"的价值取向文化。僵持了三天以后，领导们一再教育我要讲政治顾大局，我和学校老师们商量后还是退了一步，但提出三点要求：一是30名孩子由抽签产生，不以成绩进行选拔；二是会场来宾席第一排座位留出来给没有抽到上课签的孩子们现场参与；三是现场上课时来宾席第一排的孩子举手回答问题，赛课老师要同等请他们回答问题，如果不请这部分孩子回答问题，原计划依次轮流派往的班级将会终止。也许是因为时间紧迫，也许是专家、领导们觉得我们也是为了践行办学理念，公平公正对待每一个孩子，他们竟然都答应了。于是，在那一次全国小学数学赛课现场，令全场惊异的不仅仅是孩子们一个个进出场和课堂上表现出来的得体大方、思维敏捷，更是台上台下的孩子们都在抢着回答问题，而参赛老师也兼顾着台上台下学生回答问题，这是一种从来没有看到过的生动的赛课场景。三天的赛课时间里，全国各地前来听课的老师们蜂拥而至，到谢家湾小学参观。青岛一位校长说，我们就想来看看这些孩子生活在一个什么样的校园里。大家都纷纷对重庆的孩子们和重庆的教育赞不绝口。

一所学校的价值取向决定着这所学校师生们的生活样态。教育领域出现的很多乱象，都是经济社会发展的急功近利在教育行业的投射。当耀眼的政绩工程蒙蔽了校长的视野的时候，无良地以牺牲部分学生终身可持续发展为代价，沉溺于机械刷题、超前超纲的题海战术中，享受于通过抢夺、掐尖考上北大、清华的毕业生的荣耀中，对学校里那些因不断选拔落下的，未能受到应有的教育关注支持的中下水平学生，置若罔闻，学校无疑会演变成失去温度的刷题场和分数选拔地，人性与个性无法靠近，甚至无人问津。对每一个孩子负责的诺言变成台上报告和总结论文中的谎言，美其名曰为了那些能上北大、清华的孩子不被耽误，这只是皇帝的新衣。能上北大、清华的孩子能为学校带来光环，但是他们在学校孩子们中占比有多大？为什么要让那么多孩子在名校、重点校的光环中陪读？学校不应该践行最基本的"有教无类"教育精神吗？除了研究选拔刷题，不是更应该研究如何针对不同水平的孩子提供更有差异化的教育教学支撑吗？用一种标准、一种方法面对所有孩子，不行就淘汰，就分班，就分流，分班分流之后，那些中差后进的孩子被沦为混日子的陪读生，或者被迫进入那些大大小小的艺术特长临时集训补习班，学校早已没有他们的课桌和宿舍位置。这样的学校是在搞教育还是在搞功利掠夺？

谢家湾学校有一批批进入名校的孩子们，分享他们每一步的成功是我们的幸福所在，但是对被名校拒之门外的每一个孩子，让他们得到最好的发展，也是我们应该尽全力去做的基本职责。只有真正做到有教无类，才能对孩子终身发展产生科学、积极、坚实、持续的系统影响，才能真正实现六年影响一生。

兰颜（化名）的父母都在边疆工作，大姨管不住他，就送到谢家湾学校来住读。兰颜总是在学校里"飞檐走壁"，会端起花盆砸向老师，晚上拿着针去扎熟睡的同学。欧宏老师任班主任兼语文教学，每天详细记录他的言行举止，晚上向心理学教授讨教合适的教育方法，为了消耗他的体力，放学后陪他跑操场直到筋疲力尽。四年级结束时，他转到父母所在地上学了。可是，一个月后，我接到兰颜的电话："希娅，我想您，想重庆的老师们和同学们了，这里的老师不好，他们都打我！"我说："是不是你打老师了？"他说："不完全是，不过有时候是的！"旁边的老师们听到兰颜想转回来，都拉我的衣袖示意拒绝。我却直接在电话里告诉兰颜："你赶紧转回来吧！"果然，他第三天就回到了谢家湾学校。他依然那样多动，新班主任王云川和其他老师依然每天研究他的思维方式和行为方式。他的信息技术老师卞先后，发现他总是偷偷破坏老师讲课的课件，觉得他有信息技术天分，就教他编程。毕业的时候，他已经可以非常快速地完成编程任务。后来他的成绩和综合表现也都不错，毕业后他还经常回校看望我们。也许兰颜进入的不是令人瞩目的名校，但是他找到了清晰的人生方向，积极地努力，这就是我们最大的成就感。

一所好学校，一位好老师，不是只关注把孩子送进名校，而是让每一个孩子都能清晰地了解优势与不足，接纳自己的特点和未来发展路径，并积极地付诸行动去达成愿景。能看到孩子们一个个成绩优异，当然是所有校长、老师们最开心的事情。但每所学校都有成绩不好或者行为出现问题的孩子存在，对待他们的态度和方法，才是对教师教育水平的考核和对教育品格的拷问。

老师首先应该心怀有教无类的博爱精神。十余年里，十几位老师因为教育价值取向偏离被换岗、调岗甚至离岗，在一次又一次的博弈、碰撞中，老师们越来越深刻体会到需要每一个人心怀对孩子、对教育的敬畏，真正把孩子的立场、体验和收获作为一切行动的出发点和落脚点。老师们越来越理解"六年影响一生""红梅花儿开，朵朵放光彩"不是空话，而是大家的行动指南和纲领，也是学校发展的底线和红线，激发着孩子们、老师们内心深处的主观能动性。

二、素质教育应该探索因材施教的策略

习近平总书记强调要"深化人才培养模式、教学内容及方式方法等方面的改革，使各级各类教育更加符合教育规律、更加符合人才成长规律"。素质教育不是淘汰式选拔，而应该尊重和接纳每一个孩子的差异，为每一个孩子的成长和发展竭尽所能，提供多样化支持和个性化策略方法。

2001年教育部颁布《基础教育课程改革纲要（试行）》拉开第八次课改序幕，强调实施素质教育的既定方针，提出国家课程、地方课程、校本课程三级实施模式。伴随对新课程的讨论、学习、研究、实践，我和伙伴们越来越达成共识：国家课程方案、课程标准、课程内容被一线老师们誉为"教育教学小宪法"，但全国统一的课程方案、课程标准、教材内容，要落地到每一所学校，简单的照本宣科，是不能满足孩子差异化发展需要的。发展素质教育必须突破以唱唱跳跳为主要形式、以发展艺体特长为主要路径的局限性，要充分发挥课程的核心作用。不对接孩子差异的教育是违背教育伦理的，发展素质教育必须在各学科的每一堂课、每一个教育教学环节中，通过丰富多元的课程内容和方法等供给，才能从"一刀切"走向"差异化""个性化"，促进因材施教的实现。

我带着老师们结合重庆地域特点和师生实际情况，在保障国家课程目标不降低、内容不减少的前提下，以建构、实施、完善"小梅花课程"为载体，回应学习方式变革需要，探索国家课程落地转化路径。

我带领老师们用三年时间深入研读国家课程标准，结合学生实际，细化分解到每学年、每学期、每单元、每课时，同时分层设置课程目标，形成30余万字谢家湾小学学科教学目标体系。在确定每节课的具体目标时，根据学生可能呈现出的水平、节奏、强度差异，我们拟定分层目标，为不同学习水平的学生提供适合自己的学习节奏和学习强度。

人教版、北师大版、湘教版……老师们的办公桌上，常常摆放着各学科不

同版本的教材。我带着老师们对比不同版本教材的体系架构、内容组织、呈现方式等，站在孩子的立场，整合所有资源，又用五年时间研发并出版了"小梅花"系列丛书152套，形成了大量首创性经验。比如，《小梅花阅读》中的拼音分散教学思路与第二年出版的统编版语文教材中的编写思路不谋而合，《小梅花艺术》独创"简谱五线谱合一"识谱方法，《小梅花体育》成为全国首套供学生使用的小学体育教材。

展望孩子未来人生，倾听能力、表达能力、应对能力、逻辑思维能力、收集处理信息的能力，以及客观、理性、辩证看待复杂事件的思维方式等，对孩子发展起到至关重要的作用。多年前我带领语文老师们开发出贯穿所有年级的辩论专题活动课程，在小梅花语文课程实施中得到了进一步完善和系统化，成为语文学科专题活动内容之一，从一年级到六年级有系统的辩论课程目标、内容、组织，每个孩子都参与其中。"居家型家长对孩子的成长更有利还是事业型家长对孩子的成长更有利""课外补课利大还是弊大"……这些是这两年孩子们辩论过的话题。在一场辩论赛中，孩子们发言的内容可能只有3000字左右，但是在准备阶段收集处理的信息近10万字。

这样的专题活动在小梅花课程里还有500多个：到超市购物，统计商品价格、认识元角分、了解超市分区；在大礼堂创作剧本、选择角色、制作道具、合作排练课本剧表演；就时事新闻发表评论、表达看法……这些具有学科意蕴的实践性、综合性专题活动，为孩子们带来丰富的体验、交互、跨界学习，也发展了孩子们在真实世界中解决问题所需的综合的基础素养、科学的思维方式、系统的知识结构、灵活的应对能力等。

我们通过课时融合、跨学科融合、年段融合等全方位融合课程资源的方式，用约占60%的学习时间完成课程内容，用约占40%的时间开展专题活动、社团活动等学习。针对学校教师队伍年龄段、性格、经验、观念水平的差异问题，我带领老师们围绕"孩子们怎么学"这个核心，通过学科组、年级组的横向纵向融合教研，历经三年时间，总结了500余篇典型教案和260余节经典课例，研制了覆盖全学科全学段的"教学建议"，既保护了老师们的个性化教学创新，又让平常每一节课的整体质量得到高水平保证。

我常常提醒老师们，既要为进入世界名校的优秀孩子喝彩，也要不挑选、不抛弃、不放弃每一个孩子。在学校宣传片里，有一个可爱的小男孩对着镜头讲述心愿："我想读完学校图书馆里所有的书。"他叫小楠，一年级入校第一天就把教室地板滚了个遍。平时他喜欢拆掉教室饮水机零件研究它的构造，上课突然拿起粉笔在黑板上作画，跑出教室推倒公共区桌椅、按下大礼堂防火门开关……老师们常常在一起讨论帮助他的策略。在我的倡议下，老师们为他成立了个性化辅助小组，小组由班级任课老师、体育组老师和后勤职员组成。每当小楠上课在教室里打滚、吼叫或者跑出教室，任课老师就在微信群里发出信息，辅导老师们谁有空谁就第一时间赶到他身边，陪他聊天、运动、读书……四年级时，小楠已经能很好地融入班级生活，还主动提出退出个性化辅助小组。

在谢家湾学校，这样的个性化辅助小组不止一个。为每一个孩子的成长竭尽所能地找到最合适的成长路径，正是我带领老师们在小梅花课程研究中所倡导的，不是用一种方法去对待几十个孩子，而是用几十种方法去对接一个孩子。

三、素质教育就要不辜负每一个孩子的发展潜能

2010 年 7 月，中共中央、国务院印发《国家中长期教育改革和发展规划纲要（2010—2020 年）》，把教育改革创新作为重要内容，作为推进教育事业科学发展的根本动力，给了我们勇于创新的信心。

教育过程是两个世界的相遇。十几年小梅花课程改革实践中，老师们也更加理解孩子的世界不是一张白纸，而是有他们的色彩和逻辑，需要我们真正俯下身来研究校园生活的每一个流程，更尊重每个孩子的差异，让每一个孩子的潜能得到发展。孩子们抗拒的往往不是学习内容，而是学习方式。让孩子们热爱学习，得先让孩子们热爱学习生活。于是，我带领着老师们以"学习方式系统变革，减负提质助力成长"为突破口，研究孩子们的校园生活感受和需求，采取一系列举措激发学生成长内驱力，让教育真正回归孩子立场和教育本质。

在谢家湾学校校园里，全天听不到铃声，学生们根据需要随时上洗手间、喝水，老师和学生根据学习内容、学习方式及年龄特点等自主安排课间休息时间和方式。在半日制课程样态中，小学部 9:00、初中部 8:30 上课，长短课相结合，上午学习学科课程，下午则以艺体类课程、专题活动、走班社团为主。为了保障充足的户外活动时间，大课间分散为每个班级每天一个小时体育课，每年创编、展示班级自编操。教室里没有讲台，老师们与学生们打成一片，师生间的目光变成平视。改变原来一层教学楼同一年级的教室分布方式为教室、功能室、办公室穿插安排以及不同年级的教室搭配安排，形成跨年级社区式学习空间，学生在混龄交往中学习真实的人际交往，学生之间的差异性成为最生态的学习资源。整合社区、家长等资源，开设五大类 200 多个社团，最大限度地满足孩子们自主性、选择性学习需求，通过"走班选课"的举措，打破班级、年级界限，为孩子们增加更多积极体验而创造机会。

教育的根本是"育人"，不是"育分"，学生的成长不仅是学习成绩，也是自信、阳光的心态，团结、合作的品质，实践创新能力等。我们重视学生实践学习，在活动体验中成长。早在十几年前，为了让每一个孩子都增加实践机会，我提出"六一"儿童节要从一个舞台变成由孩子们自己创设的几十个舞台的"六一周"。每个班不仅要会做国编操，而且要根据自己的年段特点和班级文化每年创编一套自编操，并进行运动嘉年华主题展示交流活动。孩子们在这期间收获的不仅仅是运动过程，还有音乐、服装、舞台体验、团队合作等综合学习机会。班级辩论赛、"朵朵讲坛"、社团活动等都成为孩子们学习锻炼的重要平台，教学实践融入校园生活，促进学生知行合一、全面发展。

学校有一位小郭同学，在三年级的时候因为觉得穿上棒球服特别酷而选择了参加棒球社团，自此与棒球结下不解之缘，从在社团课上接触棒球到参加棒球专业训练，从代表班级参加全年级的棒球联赛到代表重庆参加全国棒球比赛，从被评选为最有价值球员到以亚太第一人的身份被 MLB 棒球发展中心录取。2018 年六年级毕业前夕，他在家长、老师、同学、球队队友们的簇拥和见证下，与美国职业棒球大联盟中国棒球发展中心签约。我将小郭的故事记录在个人公众号"希娅分享"中，并在《我签约自己的人生：按照自己的优势去发展》一文里写道：搭建平台，提供个性化的选择机会，才会让孩子们在不断尝试中发现自我的潜能，并在持续学习中实现自我成就的可能。

所以，即使在初中部，棒球联赛、篮球联赛、足球联赛、自编操展示等活动也一样不落。孩子们每天运动 1.5～2 小时、睡眠 10 小时，每晚收看、讨论《新闻联播》。当有的孩子出现上课打瞌睡时，我们的学科老师、生活老师、管理干部就会全过程、全方位跟进解决问题，直到他恢复状态；当有的孩子因为家长增加过多校外培训而压力大、注意力不集中，我们的班主任带着学科老师一次次和家长沟通无果时，就会找到我这里，我向家长承诺孩子期末考试成绩会比之前更好，家长才取消了孩子繁重的课外补习负担。

而要实现孩子们低负担、高质量的学习，教师研究成为重要杠杆。在初中部，中考科目一个课时都没增加，非中考科目一个课时也没减少，不仅要开足开齐，还要开好。2021 年开学第二周，我们在随机听课中，发现新来的任课教师在上《显微镜的认识》时，搬来一台显微镜到教室让孩子们远远地看、认、说、指每个部分，却没有把孩子们带到距离教室不过两米远的生物实验室亲自观察学习。当天，我们就调整了这位老师的岗位。

我们加强小初衔接，小学部和初中部的老师们一起研课上课。我们开展跨学科教研，在拓宽学科视野中促进孩子们学得更为融会贯通、精深广博。我们进行学科动态走班，按照教师推荐、学生自愿申报相结合的方式，为学习进度较慢的少数学生定制最适切的课程资源和师资力量，避免学生在日积月累的问题堆积中成为学困生，真正做到不落下一个孩子。

在十余年小梅花课程改革中，我带领老师们开放校园、开放课堂，老师们在对每一节随堂课是否经得起检验的叩问中，理解了上好每一节课与孩子成长不可逆的每一天的深刻逻辑。近几年，无论是 60 周年校庆，还是"走进谢家湾小学，看学习方式创新"小学教育发展论坛等大型学术活动，我们都坚持全开放每一节课。上万名教育专家、学者、校长、教师自主走进教室听课研课 4000余节，和孩子们、老师们交流上万余人次，孩子们在这样大量的开放平台课程中，获得最真实的生长。

在带领老师们以非行政化形式推进课程改革的进程中，研究团队从十几人到几十人、上百人，再到几百人。下班、周末、节假日，老师们几乎用80%的业余时间来参与研究，研课时间是上课时间的五倍，完成了从被动教书到课程规划者、研发者、共建者的转变，形成了一支胸怀"仁爱奉献、执着担当、创新突破、因材施教"课改精神的教师队伍。不记名问卷测评显示，90%的教师没有职业倦怠感，85%的教师认为自己的职业有意义、有价值、有前途，十余年来没有一位老师有偿补课。

在发展素质教育的道路上，我始终致力于汇聚更多校内外力量。我带领全校老师帮扶四川省凉山州布拖县、宁南县等区域学校，帮扶三峡库区沿线薄弱学校20余所，在重庆丰都县开办"重庆谢家湾学校丰都幸福小学"；利用寒暑假和周末在全国各地作报告的机会，以及每年全国200多个教育团队到谢家湾学校交流的机会，带动更多教育同行共同探讨素质教育落地的有效方法。作为教育部、重庆市、四川省、九龙坡区名校长工作室主持人，以及谢家湾教育集团党委书记、总校长，我带动全国十余个省市70余位成员校长及所在学校干部教师，围绕教育教学改革中的核心问题，群策群力共同研讨落地策略。

四、真正的素质教育不怕科学的考试

"我们没有指标生，我们人人都是指标生！"初中部第一次研讨会上，我旗帜鲜明地表明了我的观点。有什么样的评价，就会牵动什么样的教育教学行为。素质教育应该加强激励每一个孩子发展的评价。不论是小学部，还是初中部，在谢家湾学校，我们都倡导低碳生态的对话评价，从数尖子生的个数到关注整体水平提升，我们坚决反对以各班级有多少个孩子能考上重点名校为标准的教师评价，充分关注学科教学的优秀率、合格率和班级整体发展水平；将学生的学习态度、兴趣意志、情绪状态及肥胖率、近视率、参与校外学科培训比例等作为教师评价指标，权重超过50%，与教师的评优评先、职称晋升等全方位关联。在这样的评价导向下，老师们不再把每一次考试看成对学生的选拔、淘汰，孩子们也感觉到评价不是结果，而是优化自我的重要途径。

但这样的评价方式，在"育分"代替"育人"的教育内卷背景下，常常受到冲击。是改革就会有质疑，是创新就会有争议。谢家湾学校的课程改革之路一直在接受考验和质问中艰难前行，这其中有来自专家、同行、家长，甚至补习机构的。

最艰难的应该是2014年初春，《重庆日报》一篇报道从侧面记录了当时的情况：随着小梅花课程改革深入推进，更多语文、数学老师提出想单班教学，结合专业、特长兼教其他科目。这样的方式更有利于促进教师与学生深度交往，实现因材施教。然而，在推行跨学科教学的过程中，遭到了部分家长的强烈反对。

"我们不想让孩子当'小白鼠'，我们不愿意，不允许！"一个寒冬的下午，当我和老师们正在四楼会议室热烈地进行教学讨论时，一群家长围在学校门口散发传单，猛烈抨击学校课程改革，对我进行人身攻击。几位干部赶来，慌张又凝重地把传单递给我，告诉我还有家长在社交网络发帖抨击我和学校，到市区教委投诉。现场的老师们霎时红了眼圈，一位老师流着泪对我说："刘校长，改革不能停，我们真是为了孩子们好。"我忍着泪对大家说："不会的！符合党的教育方针，对孩子们发展有利的事情，我们都要坚持下去！即便我不当这个校长了，只是做老师，我也要和你们一起继续研究。"

主管领导的电话一遍又一遍打来："扛得住吗？""扛得住！"我每次都坚定地回答，"素质教育的方向是对的，为了孩子们，我什么都能扛！"就在这个时候，2014年4月7日，中央电视台《新闻联播》以"谢家湾小学课改：一次艰难的探索"为题做了长达5分钟的专题报道。这是《新闻联播》第一次头条报道一所学校的实践工作，在全国范围内产生了广泛而积极的影响，为谢家湾小学课程改革的深入推进营造了积极良好的环境和氛围。《新闻联播》报道之后，更多同行、专家驻校调研，每次专家团队到校都是持续多天，深入课堂、查阅资料、访谈学生家长，全面考察学校课程改革情况，他们每次都对谢家湾小学课程改革的方向给予积极肯定。这也一次次坚定了我和伙伴们深化课程改革的信心。

一年又一年，以小梅花课程实施为载体，孩子们在更具选择性、针对性、差异性、丰富性的课程生活里，获得了轻负担、高质量的发展。各级监测结果也显示：谢家湾学校小学部和初中部学生学科学业成绩、实践创新能力、认知能力、社会适应能力等单项指标和综合排名在全市均名列前茅。在随机对几万名家长的问卷抽测中，不满意率最高的一项（仅4%）为"作业太少、负担太轻"。这充分印证了真正的素质教育不怕科学的考试，优异成绩的取得并不需要牺牲孩子们的全面发展，人人都能成长为"吃饭好、睡觉好、运动好、品行好、心情好、学习好"的"六好"学生。

在多年教育教学改革实践中，作为一名教育工作者，又是一名全国人大代表、国家督学，我始终立足基础教育，为促进教育高质量发展鼓与呼。

我提交涉及大班额治理、校外培训规范治理、基础教育课程改革、教育评价、民办教育发展，以及修订《中华人民共和国民办教育促进法》《中华人民共和国未成年人保护法》《中华人民共和国教师法》等87份议案和建议，宣传党的教育方针，凝聚更多志同道合的人，改善教育生态。我连续多年在"两会"期间，提出"关于义务教育阶段深入推进课程整合的建议""关于修订《义务教育课程方案》深入推进课程整合的建议""关于优化中考命题机制的建议"……让我深受鼓舞的是，教育部对我的这些建议高度重视。多位领导多次到学校调研课程整合实践，还邀请我到部里介绍具体情况和做法。

2022年3月8日，"三八"国际劳动妇女节当天，我作为基础教育领域代表，走上第十三届全国人大五次会议第二场"代表通道"，和大家聊素质教育、"双减"，坚定地向镜头前亿万观众传递："真正的教育不应该过度依赖刷题与时间的堆砌，真正的素质教育也不怕科学的考试。""教育就是要有因材施教的策略和有教无类的情怀。"……句句肺腑之言，正是来自我带领伙伴们躬耕课程改革、发展素质教育的实践探索和真切体会。

2018年，"红梅花儿开，朵朵放光彩"素质教育育人模式获中国教育领域第一个也是唯一一个中国质量奖，我们都倍受鼓舞，更加坚定了持续推进课程改革的信心。在新的教育时代背景下，我将致力于带动更多教育同行，坚定不移地携手走在发展素质教育的道路上……

马宏

重庆市巴蜀小学校党委书记、校长，二级教授。享受国务院政府特殊津贴专家，全国教育系统先进工作者，教育部首期名校长领航班成员，首届重庆市杰出英才奖获得者，重庆首席专家工作室领衔专家、首届有突出贡献的中青年专家、首批"未来教育家"培养对象，第三批重庆市学术技术带头人（教育学）。荣获2018年基础教育国家级教学成果奖特等奖，重庆市人社局给予个人和集体记大功。

教育是"做的哲学"

瑰丽奇特兮多姿多彩，

人杰地灵兮别具风情，

巴蜀，梦开始的地方……

岁月悠悠，乾坤茫茫。翻开个人教育经历，1986 年毕业后，我进入了重庆市巴蜀小学校执教；2009 年开始，我正式担任重庆市巴蜀小学校党委书记、校长。

"心心在一艺，其艺必工；心心在一职，其职必举。"工作 30 多年，回首那些温暖的时光，我始终站在离孩子最近的地方，用奋斗诠释初心，用专业承载使命；始终基于"儿童立场"，以"与学生脉搏一起律动"为教育理念，秉持"教育是做的哲学"，和更多的老师一起，用发自内心的儿童立场和真正意义的父母心肠，陪伴孩子；始终坚守学术精进之道，以追问开启探索，以实践回应追问，在思想与行动的融合中守正创新，真心做、做到真、做至美，踔厉奋发，让教育的高质量发展、老师高效能的"做"，最终落实到学生的健康快乐成长上。

初心不改，时光不负。2018 年，我牵头主持研究的"基于学科育人功能的课程综合化实施与评价"成果荣获国家级教学成果奖特等奖，用"做的哲学"，将小学的基础性、实践性、多样性和选择性等落实在一所学校的常态优质上，为师生发展创造更大的成长空间和机会，从而落实立德树人根本任务，促进学生全面而有个性的发展，引领一所基层学校，对中国基础教育课程教学改革"路在何方"作出了有力的行动回应。

奋进新时代，建功新征程。国家相继印发了《关于深化教育教学改革全面提高义务教育质量的意见》《关于进一步减轻义务教育阶段学生作业负担和校外培训负担的意见》《推进"五项管理"落实工作方案》等，实施"双新"教育改革等，直抵教育改革的中心。站在后"国奖"时期，作为一名义务教育基层学校的领航者，我始终聚焦"培养什么人、怎样培养人、为谁培养人"的核心命题，秉持"所有的探索，都从追问开始；所有的追问，都以实践回应"的教育哲学，在2018年国家级教学成果奖的现实基础上，从战略上看问题、想问题，从全局、长远、大势上判断和决策，陪伴更多的老师"以学术的方式守候着生命静好"；通过系统性建构，在抓实课堂提质、作业提质这两个认知能力发展关键要素的同时，带领老师们，回归儿童完整生活，运用技术赋能等手段，促进孩子们非认知能力的发展，用孩子们喜欢的方式，引领更多的孩子努力成长为"祖国和人民需要的好孩子"。

在传承、改革、创新的大潮中，我研精毕智，与时俱进，从固守到创新，从突破到鼎立。从教以来，我和巴蜀人一起，传承与发扬巴蜀小学校的《建校宣言》中"创造一个新的学校环境，实验一些新的小学教育"的办学责任，"趋合时代，顺应潮流""发扬文化，扶植思想"，以"学术方式"和"做的哲学"为行动指南，让教师、家长等与学生的脉搏一起律动；在办好巴蜀小学的同时，立足渝中，辐射重庆，走向全国，为促进教育高质量发展贡献出教育人的一己之力。

执着于育人之美，回归于幸福生活，在守正创新中助力教育高质量发展。巴蜀小学永续生长的美好图景，既考量学校的传统文化，更考量校长引领管理的智慧，它藏在巴蜀小学校90年的时代传承中，藏在"做"出来的实践中，更藏在对未来共同愿景的期盼和践行中。

一、薪火相传，"决无止境"之追问

"行是知之始，知是行之成。"早在1932年，《重庆市私立巴蜀小学宣言》（现巴蜀小学校的《建校宣言》）开篇就曾发出这样的追问："教育有成功的一天吗？直截了当地说，不会有。……教育是时代上继往开来的事业，他要趋合时代，适应潮流；他要发扬文化，扶植思想。在未来的时日中，他决没有止境。"在砥砺前行、接续奋斗的教育征途上，巴蜀人始终以独具匠心的创造力和坚韧不拔的生命力诠释着"真"与"动"的巴蜀精神。

（一）"公正诚朴"的精神传承

巴蜀小学的历史犹如一部波澜壮阔的红色史诗。

学校由一批心怀教育救国理想的进步人士创办，在风雨如磐的抗战岁月中，作为重庆抗日宣传活动中心之一，连同周边的中法学校、孤儿院等共同形成张家花园抗战文化带。黄炎培、宗白华、马寅初、邹韬奋等名家名流曾在这里工作和生活，周恩来曾在校园操场上发表过振聋发聩的抗战宣言，为巴蜀小学植入爱国进步的时代基因……

1947年，经受战火洗礼的巴蜀小学改校训"轻静谨敏"为"公正诚朴"。"公"即公而忘私，以天下公义和民族大义为己任；"正"即正大光明，维护社会正义；"诚"即诚实不欺，坚守诚实信用；"朴"即朴实无华，行为举止质朴实在。"公正诚朴"闪烁着高洁朴素的人文之美，如一柄火炬点亮彼时山城的夜空，成为点燃教育人高贵精神生活的火种。

进入新时代，我和学校同仁们一起，赓续红色血脉，开启了"学史力行开新局"系列活动，打造立体多维党史学习场，践行"为党育人、为国育才"的教育使命。正如巴蜀小学校的校歌所唱："我们的新中国正待建造，巴蜀学校、巴蜀学校，愿在这大事业中贡献最大的勤劳！"

（二）"做学合一"的思想传承

"嘉陵江畔，母城渝中，有一巴蜀园，幽趣甚多，随处有小林，有泉石，可憩坐而观玩……"这是时任巴蜀学校国文教员的教育家叶圣陶先生对校园的描绘。然而，"民国二十八年以后，敌机惨炸陪都，这一座校园，前后被炸多至一二十次，破坏越厉害，建设得越快……"黄炎培先生的《巴蜀学风阐微记》记录了这样一段不堪回首的巴蜀学校往事。

巴山蜀水，钟灵毓秀；生灵涂炭，愈炸愈强。截然不同的历史片段，却彰显了殊途同归的生命活力，诠释着"真"与"动"的巴蜀学校精神。即使在"大轰炸"时期，学校依然组织师生在防空避难后继续学习，正常运转。

而今，黄炎培先生所提出的"手脑并用""做学合一""理论与实际并行""知识与技能并重"等主张，依然在巴蜀小学校园中得以传承和发扬光大：我肩负着历史使命，带领新时代的巴蜀人兢兢业业、心无旁骛、砥砺前行、精益求精、务实从容，以"真"与"动"的巴蜀精神躬耕践行"做的哲学"，不断追问"为何做"，众志成城"一起做"，心无旁骛"做起来"，各美其美"做出来"，锲而不舍"持续做"。"教育是做的哲学"作为"做学合一"新的时代表达，已内化为巴蜀小学校的集体人格标签。

（三）"儿童立场"的创造传承

多年的积淀，让每一代巴蜀人都能有幸站在巨人的肩膀上远眺。我初入学校开启职业生涯后，恰好经历了巴蜀小学校从20世纪80年代的"创造教育"到21世纪初"为孩子的梦想而创新"的"梦想教育"的全历程，在巴蜀小学校"创造一个新的学校环境"之路上亲力亲为，经历了艰难跋涉的历程。

担历史之前程，于铁石之肩头。2009年伊始，我有幸带领巴蜀同仁接续奋斗，共创未来。我们提出以律动教育思想引领实践探索，站在儿童教育视角，走进儿童教育视界，历史性地迈出了"N1333"的坚实步履，开启巴蜀教育改革的新篇章。

"N1333"即 N 年实践积累、1 年调研建构、3 年侧重教学研究、3 年侧重课程综合探索、3 年总结提炼及深化推广，学校在此基础上提炼出以立德树人为导向、国家课程为主干、学科育人为基础的具有"学科＋"显著特征的课程综合化教学模式，做实国家三级课程管理在一所学校落地的系统解决方案。学校"基于学科育人功能的课程综合化实施与评价"成果荣获 2018 年基础教育国家级教学成果奖特等奖。后"国奖"时代，巴蜀小学着力于成果化、社区化、集团化、数字化融合创新，持续进行小学教育高质量体系建设。

期待的力量，促使我和我的团队在教改路上步履不停：一次又一次的教育追问，一项又一项的教育顶层设计，鞭策着一代又一代巴蜀人践行"教育决没有止境"的奋斗宣言，在传承创新中以行动解答时代之问，以无问西东的情怀守正创新，向幸福而行。

二、做的哲学，"律动共创"之实践

走进新落成的巴蜀教育文化历史陈列馆，一句句巴蜀小学校的《建校宣言》引起无数同行的关注，"生命树"的向下扎根与向上飞扬也让无数来访者内心荡漾：

> 所有的探索，都从追问开始；
> 所有的追问，都以实践回应；
> 真心做、做到真、做至美……

正是这些高屋建瓴的传统教育文化和精神的指引，使新中国成立前的巴蜀小学校教育"成绩斐然"，成为重庆、四川乃至整个大西南培养优秀儿童的理想摇篮。

时光荏苒，岁月流转。创造历史的巴蜀人始终一直保持着清醒的认知：荣获"国奖"，意味着一份沉甸甸的责任和更多上进的空间，以及丰富的学习机遇、交流机会、发展动力等。

十年硕果，在"共同经历、彼此滋养"中，创造出了"学生灵动、教师智慧、学校鲜活"的各美其美、生机盎然的教育新生态，创生出了比"国奖"成果更令人欣喜、更令人自豪的巴蜀团队文化和团队精神新样态。

后"国奖"时期，市内外众多朋友、重要同仁们都在关注巴蜀小学校，关注巴蜀小学校又开启了什么研究，关注巴蜀人又将向何方走去。创造历史的新一代巴蜀人也始终保持着清醒的头脑：所有的追问，都以实践回应。得奖后，一如既往，巴蜀人基于现场的反思性实践，早已在安静务实中达成共识。

顺势而为，顺时而动。我们开拓着，捍卫着。后"国奖"的第一个三年计划，我们尊重规律，坚定步伐，优化价值引领，注重思维和文化导向，带着巴蜀小学校教师团队行稳致远。即使是在 2020 年的新冠疫情下，巴蜀小学校依然立足现场，植根儿童立场，不追潮流，不赶热点，坚定不移地朝着目标迈进，开启了新一轮基于学科的课程综合化教学新形态的探索之旅。

"巴蜀"人始终秉持"长期主义"，始终从战略上看问题、想问题，从全局、长远、大势上作出时代研判和科学决策，始终依附于团队成员的管理来护航智慧，始终坚守"教育是做的哲学"，一起做、做起来、做出来。更为重要的是，在"做"的过程中，始终关注着"为何做"的追问，始终贯穿着"持续做"的内生动力，让每位老师充满成长活力。

因此，在新课程、新课标、新时代的背景下，我带领着巴蜀小学校同仁们坚守"教育是做的哲学"，通过系统性建构，在抓实课堂提质、作业提质这两个认知能力发展关键要素的同时，回归儿童完整生活，运用技术赋能等手段，促进非认知能力的发展。在"双减"和"双新"政策如火如荼实行的背景之下，不忘"育完整人"的教育初心，在一所基层学校竭力探索建设高质量教育体系。于是，一个又一个美好而高效的教育改革场景又如雨后春笋般在巴蜀小学校生长出来，呈现勃勃生机。

（一）课堂提质：撬动教改新引擎

学校高质量发展，最关键的时空永远只能在课堂上。我们从真实现场的改变入手，打造高效、长效的未来课堂新形态，以此来撬动学校育人方式的整体改革，打造出让孩子眷念一生的课堂。

1. 照亮课堂，创新教学情境

在写作课《_____即景》上，我们的老师通过"公众号征稿"方式，与学生共同制定学习目标。学生有了表达欲望，就会主动契合约稿要求，去发现大自然中的"小美好"，记录、分享和传播"小美好"。从以往单方面的教师教、学生学，转变为合作探究、双向启发的师生共创，让小课堂中的传统学科焕发新的活力。

2. 主题实践，知识关照生活

"老师，三峡博物馆的鸟形尊是酒壶还是另有他用？如果是酒壶为什么它没有孔？"在《听，文物会说话》课程学习中，学生经常将自己的观察所得和同伴一起讨论，常常争得面红耳赤。

如何让课堂知识转化成学生的真实能力？《搭建中国空间站》《我和青铜有个约会》《校园花园小管家》《山城步道美食推介官》……每年的巴蜀小学都有200多门跨学科主题学习活动课程供学生们选择，从一年级到六年级，涵盖快乐适应、劳动服务、科学创造、人文街区、生涯规划等实践学习主题，并创造性地打造了一批学习基地矩阵。

带着真实疑问，在真实的学习情境中，师生一起去经历、去体验、去成长。家长、社会人士，乃至孩子自己，成为学习过程中的"X导师"，引导孩子实现学术逻辑与生活逻辑的有效连接，让知识在生活中自然真实地延续生长。

3. 思维共创，体验引领成长

在一次课堂上，一群巴蜀孩子正在开展"采购小达人"实践活动，按人均50元的标准采购食品，准备一顿晚餐，在真实情境中去践行规划、实践体验，由"知"到"行"，实现成长。家校社协同育人、齐抓共管，孩子们走出书本，走出课堂，走进社会，将所学的知识实实在在地运用到生活和社会实践中。

我和我的同仁们始终认为，课堂提质，不是教学环境的简单堆叠，更不是教学关系、教学方式的简单转变，而是尊重儿童成长规律，激发儿童创造活力，让儿童的思维方式在成长过程中不断升级。

（二）作业提质：关注常态新作为

基层学校如何发挥课堂主阵地作用？我们始终致力于用守正创新的行动逻辑，去指导"备教学评"整体改革，并期望通过作业小切口，探索"双减"视域下具有巴蜀小学校校本特色的行动路径。

1．"备"规划，强教研

语文教研组会议中，老师们在热气腾腾的讨论中达成共识，基于大单元教学的理念，靶向学科核心素养，在跨学科融合下，对学科基础性和拓展性作业进行整体设计。

巴蜀小学校的老师重视"备"的作用，在精益求精的"备课、备教、备作业"的螺旋上升中，让微观的各学科、各课时作业系统思维成为教师的共知共行，做好课程质量保底。

2．"教"精准，提效能

在数学学科课堂上，"课堂十分钟"作业设计让孩子们的学习评测更加高效。其实，这是从十年前便已开启的全链条设计：通过前测（导学单）、中测（课堂随练）、后测（课后服务作业指导），完善学生学习的全链条指导、诊断、分析。

发挥课堂主阵地作用，以作业提品质，巴蜀小学校关注"教"的精准，提升"教"的效能。

3．"学"自主，育个性

"双减"政策落地以来，基础教育学校课程在体量、结构上都有了相应的改变，满足学生多元化的成长需求成为学校的一大挑战。

因此，基于真实场景的应用在巴蜀小学校的学生作业中屡见不鲜。在美术教学中，小小的作业成为孩子沟通社会与世界的桥梁，回归孩子真实完整的生活，让孩子的成长在每一笔色彩中绚烂绽放。

4．"评"当下，引未来

"叮咚……"，在学期末，每位家长的微信里都会收到一份"律动学生素质发展报告"。

"真可爱，快看，这和我家小子多像，胖嘟嘟的！""是呀！咦？我这个还缺了一颗牙呢！""我的这个绶带上面有四颗星哟！"……这一幅幅看似一样却又有所不同的儿童卡通画像引起了家长们的兴趣和对孩子发展的讨论。

基于"巴蜀榜样章"App动态化生成的数字"素质报告单"，是在日常的及时诊断、反馈中循环反复，最终呈现的一份看得见未来的评价单，扣好"备教学评"的最后一环，回应孩子的成长目标。

（三）回归生活：重构教育新路径

"减负"倒逼学习方式的重构，学校更加重视回归儿童完整的生活，让孩子获得真实成长的平台。我们在育人探索过程中，实实在在地展开"成长取向迭代式校本教研"，协同家长、社会力量将学生从学科逻辑中跳脱出来，回归生活逻辑，变知识的简单叠加为能力养成，变间接经验为直接经历，变单纯的知识教育为注重学生全面、个性的非认知发展，赋予师生和家长以个性化成长的动能。

1."三个时刻"，重构健康成长的"序"

人的一生中，小学生涯有2000多天。儿童在校一日生活的方方面面奠定了他们一生学习和生活的基础。我们高质量地规划着学生一日健康生活，利用学生在校的零散时间段，设置了体育打卡的"奔放时刻"、自主整理的"优雅时刻"以及分享美好的"温暖时刻"，让学生在体育锻炼、快乐劳动、积极交往的过程中，唤醒自我成长的动力。

2."回到常态"，延续真实成长的"轴"

开学第一天，一年级"小豆包"们就领取到了一张成长规划表，在六年级哥哥姐姐的帮助下写下了新学期的成长小目标；在国庆节时，规划表中零零星星地填上了稚嫩的文字；期末时，成长丰收节上，规划表中的自主总结让孩子们人人拿着奖状回家。

"全人"发展理念下，常态优质的教育实践离不开尊重学生成长规律的顶层设计。我们把每天、每周、每月、每期、每年的学生生活时间轴进行系统建构，保障学生学习的系列性与延续性。

3. "自我管理"，支撑幸福人生的"根"

秋季运动会上，巴蜀小学校的孩子们迎来了一位特别的客人——东京残奥会男子乒乓球金牌获得者廖克力。

作为学长，廖克力和孩子们亲切互动："哥哥就是在巴蜀小学校读书的时候，养成了自我管理的好习惯，幸福的人生离不开自律的生活哦。"

我们始终关注孩子的完整生活、全面发展，小学不小，六年的学习生活给孩子们播下了自我规划、自律生活、自主学习和自信成长的种子。

（四）技术赋能，素质教育整体解决方案

惊雷动地，风起巴蜀。我们追求着，创新着。经过三年的集中研究，巴蜀小学校已开发完成覆盖全学科组、全年级、全单元、全课时的结构化资源和课堂教学工具——"学·教小助手"。"学·教小助手"到底是什么？究竟如何助力教育教学呢？

1. 教研升级：品质协作的"智造库"

在每月的学科集体教研现场，老师们通过"巴蜀课程博览馆"二维码，自主上传个性化教学设计方案。经过这样的"中央厨房式"系统梳理，一个个鲜活且真实的教学实践案例，抬高了教学质量的基线，汇集成团队协作的"智造库"。"学·教小助手"以团队协作的研究方式，带领处在各个阶段的教师有效成长，做实教育教学基础底线。

2. 学习升级：师生共创的"云空间"

巴蜀校门旁的发扬墙上，展陈着一张张校园美景。

"这张是我拍的，你们知道在哪里取的景吗？""我知道我知道，要到地下操场通过天井看出来，上次我也去看了。"

欢声笑语中，同学们触摸的一张张照片正是在陶老师的综合实践活动课上，师生共创的课程成果。"学·教小助手"把课堂从教室搬到了校园的每个角落，孩子们在发现美的过程中，共同创造出学习升级的"云空间"。

3. 辐射升级：资源融合的"创造营"

"巴蜀课程资源太丰富了嘛，我们都可以直接拿回去用啦。""我们是乡村学校，学情大有不同，需要在现有的基础上进行调整。""但有了这样的平台，简直是站在巨人的肩膀上。"国际理解教育"国培"现场，参培老师们个个拿着平板电脑，在英语学科组长的带领下，一起尝试着进行个性化备课。

"学·教小助手"是什么，答案已呼之欲出，其本质是拓展教学、创新视界，它是一种教学工具，更是涵盖认知与非认知的教学理念、学习服务载体，指向师生双向"减负"。它不光助教，还能助学、助创，是线上线下融合教学的素质教育整体解决方案。

三、未来愿景，"守候生命"之幸福

苟日新，日日新，又日新，教育连接着过去、现在与未来。

倡巴蜀之精神，铸巴蜀之辉煌。行至当下，面向未来教育，我们要更进一步"与学生脉搏一起律动"，办好"基础教育的基础"。学校当竭尽全力帮助和依靠老师，让更多孩子"努力做祖国和人民需要的好孩子"，不断朝着教育本该有的样子迈进。

因此，巴蜀小学校依然以未来即当下的观念，持续贯穿着对教育本质的追问，在思想与行动的融合中致力于以守正创新的方式，追求"人"的美好，回归"人"的幸福。

（一）以思想的力量，回归育人之美

再次回到巴蜀小学校的《建校宣言》："教育是时代上继往开来的事业，他要趋合时代，适应潮流；他要发扬文化，扶植思想。在未来的时日中，他决没有止境。"这需要我们在当下的现实基础上，保持时代战略眼光，在看问题、想问题中，从全局、长远、大势上进行判断和决策，通过思想的力量，建构起回归儿童完整生活，促进非认知能力发展的高质量教育体系。

面向未来，在践行为党育人、为国育才的教育使命中，我们应更心无旁骛、砥砺前行、精益求精、务实从容，在传承创新中以思想行动解答时代之问，在守正中不断创新，将教育生态的重构作为未来幸福的抓手，回归永续生长的育人之美。

（二）以路径的选择，温润团队之心

当下的探索即未来的愿景方向，回到教育本质，观照人的幸福生活，以开放的心态吸引更多的教育同行者。学校管理者更应组织一种让生命增值的团队生活，在团队文化中温润每一个人的内心，不断激发同行者们的内驱动力，在自上而下的顶层设计的引领下进行实践探索，在自下而上的现场创新中积淀丰厚思想。

团队长精神，共育提素质。在精神引领和行动支撑下激活更多教育人的生命自觉成长，进而激发一所学校、一片区域的教育活力，形成持续成长、兼容并包的幸福完整的教育生活。

（三）以方法的突破，绽放创造之力

"教育从来都是定位于人的成长"，人民对美好生活的向往是教育的旨归，是每个人面向未来的终极事业。这就要求我们从系统的角度认识人的发展，以系统的思维看待课程改革，以信息化领导等方式创设素质教育整体解决方案，促进人的全面、健康成长。

完整人的塑造不限于哪一方面的优秀，而需要有整体的、完整的素养和能力的养成，这始于对每个生命的尊重和认同。基于这样的理解，未来教育应是与社会发展相适应的，需要教育者在思辨和创造中来探索，护航人的幸福生活。

顶层系统的设计，让思想的力量引领路径的选择，让团队的驱动下沉实践的创新。未来的教育必然是愈加回归本质的教育，必然是愈加回到"人"的教育！

从在薪火相传的传承中发扬，到在"做的哲学"的实践中丰厚，再到在对未来的共识中共行，简言之，这就是巴蜀小学校从"管理"走向"治理"的路径回顾。

从"管理"走向"治理"，是党治国理政的重大理论创新和实践创新。依据新时代"治理"理念的要求，巴蜀小学始终站在儿童立场，基于师生真实成长，将育人立于学校办学的始终，激发每个人的智慧和创造性。

教育是宁静致远的事业。坚持和坚守着与学生脉搏一起律动，与教育脉搏一起律动，与时代脉搏一起律动，我和我的同仁们，在坚持立德树人根本任务的征途上，用执着于育人之美的"真心做、做到真、做至美"，真正诠释着"教育是做的哲学"，共同守候着生命的静好。期盼和各位教育同仁一同奔赴幸福的未来，奔赴教育生活的诗和远方！

邵喜珍

石家庄市第二中学原校长。国家督学，第十届、第十一届、第十二届全国
人大代表，硕士研究生导师。享受国务院政府特殊津贴专家，中国教育学
会理事，中国教育学会高中教育专业委员会副理事长，雄安新区教育专家
咨询委员会委员。先后获全国先进工作者、全国三八红旗手、河北省特级
教师等荣誉称号。

一张蓝图绘到底

——"学生好，一切都好"教育理念花开烂漫

一、一棵树的故事

教育从来都是渗透在校园生活的细节中，看似无波无痕，却化人于无形。

多年前，学校因校园改造而开通西门，校门外四五米的地方长着一棵粗大的梧桐树。学校的几个职能部门经过商议，为了通行方便，建议把树砍倒或移栽别处。

树太大了，移栽成活率很低。砍倒，是方便了行走，可是这棵已经在校园外荣枯了 30 多年的大树却将永远消逝。我对学校职能部门的同事说："这本来就是树的地方，这棵树长这么大容易吗？校园改造工程最多一两年就可以完成，西门也算是学校的临时门，咱们能不能再想想办法？"对于职能部门提的两个方案，我心里是不同意的。犹疑之间，我灵光一闪，学生们会怎样看待这个与生命有关的问题呢？于是，我把这个议题下发给学生会，让他们召集一部分学生代表征集意见并展开讨论。

结果令人欣慰。他们说：梧桐树虽然不会说话，但它也是一个生命，是生命就该被呵护，而不能只因为要方便人行走就被砍倒；而移栽风险太大，说不

定这棵大树就会死掉，这太残忍了；更何况这棵大树在校园外已经度过了几十个春秋，也算是学校发展的见证者，我们应该留下它！听到这样的结论，我除了欣慰，就是感动。我欣慰，欣慰于学校的教育没有一味地追求分数而忽视了更重要的价值要义；我感动，感动于学生对大自然各种生命的尊重与关爱，这是关涉全人类乃至整个地球幸福的一个大问题。"他人有心，予忖度之"，有了这样的"心"，生命就有了阳光，这就是石家庄第二中学一直践行"学生好，一切都好"的办学理念的基础底色。

我想，我的学生心底都应存着这样的善念，认为所有的生命都是世间的珍宝，生命彼此之间就应该这样互相关爱、和谐共存。这样的生命认知，会让二中学子将来无论身在何处，从事什么样的职业，心灵深处的那道阳光都会温暖疲惫时的他们，也会温暖他人和社会，这就是二中教育之所求。

二、一枚石榴果的故事

李希贵校长说："教育就是关系学。"我个人很赞同这个观点。同时我发现：教育学首先是师生关系学。如果教师能够站在学生的视角看待问题、分析问题、解决问题，并能从学生的错误中找到成长的积极因素，还能借此点燃学生自我成长的内驱力，这样的师生关系怎能不令学生亲近、留恋，怎能不令老师拥有高价值感呢？掌握了这个师生相处的秘诀，教育或许就变成了一件简单而幸福的事。

"邵校长，我刚从国外回来，专门来看您，您还记得我吗？"我抬起头来，对方清秀的眉眼间依稀还有学生时代的模样。我说："你是炎炎吧？""呀，您还记得我？"我半开玩笑地说："那怎么能忘记，我们心里不都藏着一个石榴的故事吗？你看，那是什么？"我转身指着书柜中一件物品说道。"石榴，这是我当年摘下的石榴吗？都干瘪成这样了，您居然还一直保留着。"我微微一笑："是啊，我一直珍藏着这个石榴，是要提醒自己，哪怕是面对犯错的孩子，也要呵护她心中向上、向善的力量啊。"她眼含激动的泪水说："邵校长，我永远也忘不了您当年对我的尊重和呵护。您的尊重和呵护，是我生命中永恒的动力，让我时时刻刻自省、奋斗、向上。无论走到哪里，我都不会给二中丢脸，不会给您丢脸！"

石榴的故事发生在几年前一个秋天的傍晚。就是这个故事，让我明白了师生关系学的真谛。

学校的石榴园内红灿灿的石榴像一颗颗诱人的红玛瑙在微风中轻轻摇荡，有的甚至还露出了红彤彤的石榴籽，招人喜爱。可那天，情况却有些异常。当我从石榴树旁经过时，我看见一名女学生手中握着一个石榴，眼中含着泪，学校的门卫袁师傅正对她说着什么。我走上前去，从她断断续续的陈述中了解到事情的经过。原来是她看到红艳艳的石榴果忍不住摘了一个，想与宿舍的同学一起分享，结果被值班的袁师傅发现了。我走上前去，对袁师傅轻轻说道："您继续值班吧，这件事交给我处理，好吗？"

我让这名女学生跟着我回到办公室坐下，面对面地跟她交谈了起来。等她情绪平复下来后，我首先表扬她，摘了石榴想要回宿舍与大家分享，说明她是一个心系他人的好孩子。然后我说："如果人们看到可爱的石榴花就去揪，那么石榴树就不会结出那么多的果实；如果人们看到红色的果实就去摘，那么石榴成熟的季节就不会有全校同学一起品尝收获的甜美时刻。所以，学校会在合适的时间举办石榴采摘节，同学们一起采摘，一起品尝甜蜜的果实。"听到这里，这名女学生羞愧地低下了头。我继续说道："更何况，石榴树是咱们学校淳朴校风的象征，人人都有责任去爱护石榴树、珍惜石榴树，把我们学校的优良传统发扬光大啊。"

"学校私下处分我吧，千万不要扣分影响到我们班呀。"女孩恳求道。我说："我就说你是个懂事的好孩子吧，时刻想着你的班集体。这样处分你吧，你来做学校石榴文化的宣传员，让更多的同学传承我们优良的校风，好吗？"她笑着点点头答应了。

是啊，著名教育家苏霍姆林斯基说得好，每个孩子心中都有想成为好孩子的想法。我想，哪个孩子不犯错，教育工作者就是要从他们的问题行为中发现那隐藏的积极因素，并挖掘它，让它燃烧成为孩子自我成长的正能量！

三、一本巡遍祖国南北的日记

"学生好，一切都好"的办学理念，让学校的一切教育行为都紧紧围绕着学生的发展和成长而发生，这样的教育理念，不仅改变了学生的成长状态，也改变了教师的教育状态。教育教学成为师生相互感染、相互启迪、一起探究的快乐旅程，幸福教育的氛围就在校园产生、蔓延，呈现蓬勃的生命活力。

2011 年 6 月 6 日，我和霍建武老师在校园里不期而遇。我看到他怀里抱着一个红色封面的笔记本，他非常高兴和激动。我说："老霍，你捡了宝了，怎么高兴成这样？""校长，今天是我的生日，您看这是刚毕业的那届学生送给我的生日礼物。"他很珍惜、很小心地翻开笔记本，一幅手绘的红色地图旁赫然写着：五班给您的爱跨越大江南北！我抬眼看去，霍老师脸上已是热泪盈眶："校长，这是我教育生涯中最值得我顶礼膜拜的至宝！"

原来，霍老师带的 2007 级五班，在 2010 年的高考中取得了辉煌的成绩。然而学生心中最难忘怀的不是出色的高考成绩，而是霍老师独具魅力的生成性课堂教学、《红楼梦》系列主题班会、每个人都有奖项的班级颁奖典礼、全班一起排练的校园舞蹈、一起在操场上玩的团队游戏……是的，三年里二中生活的点点滴滴，都给他们留下了不可磨灭的印记。

所以，2011 年初，霍老师担任班主任的 2007 级五班 43 名毕业生便开始筹划以一种特殊的方式来给他庆祝生日。在精心的策划和准备后，一个普通的笔记本于 2011 年 4 月 9 日开始在全国传递，历经近两个月，走过大半个中国，最北到黑龙江，最南到香港、澳门，最西到成都，最东到上海。就读于天南海北不同大学的 2007 级五班的同学们，在大学教室或寝室中，在这个普普通通的笔记本上写下了对霍老师的祝福与感激，写下了上大学后所取得的进步与收获。

笔记本上还有在美国、法国等地留学的学生的祝福。6月6日，汇聚了全球各地同学爱师之情的笔记本走过千山万水来到霍老师面前。笔记本的扉页上就是那张手绘的中国地图，地图上清晰地标出笔记本在全国传递的路线，五班同学浓浓的爱在神州大地传递着！

翻开笔记本，师生间真挚的情感扑面而来：

呵呵，估计一看这凌乱的字迹，您就该猜出我是谁了吧？老霍，认识您，真好。难以忘记那个精美的颁奖典礼上，您对我的肯定；难以忘记我过生日时，您对我的夸奖；难以忘记遇到挫折时，"撼山易，撼霍家军难"的誓言；难以忘记高考前枕戈待旦、悬梁刺股的奋斗……直到现在，我还想穿越回去，听您讲一节政治课。原本枯燥的政治课，因为您的讲解，变得丰富而精彩。

霍老师，霍老师，霍老师，不知道我这样大声呼唤您能不能听到，真的好想您……算了，不回忆过去了，跟您分享一下我在大学的生活吧。我很努力地学习，专业排名进前三估计没问题，到了大二我就可以申请8000元的奖学金，好诱人哦。我还参加了很多社团，来锻炼自己的胆量和能力。选专业时，我把新闻专业放在了第一位，说不定哪天您在电视上能看到我的身影呢。

……

拿着这个本子我也是爱不释手、激动万分，我对霍老师说："作为校长，我太羡慕你了。羡慕之余，我更为你骄傲。做老师，你能够凭借自己的博爱与专业能力赢得这么多学生的爱戴，得到一个含金量这么高的宝贝，这就是我们二中教育的成功！"

霍老师和学生的故事，仅仅是我们众多成功班主任和学生诸多传奇故事中的一个。每年寒暑假，都会有许多年龄不同的同学，他们或驻足校园、谈论过往；或静坐在教室，回忆高中的青葱岁月；或向昔日的老师汇报一下他们在各自工作领域中的建树。正如一位校友在发给老师的微信中这样描述："张老师好。给您发一份喜报，去年我组织申报的第六批国家制造业单项冠军企业，最终获得国家工信部通过。这是我和我所在公司的一大荣誉。张老师，您的学生会一直努力为国家和社会创造更大的价值，给母校增光添彩的。"

或许，在学生的记忆中，学校"学生好，一切都好"的种种教育举措，都会是他们坚毅刚卓的奋斗中，激励他们一直前进的不竭动力！

四、一则广告与我的教育思考

应该这样说，石家庄二中校园生活中所有的教育故事，几乎都映照着二中独特教育理念的光辉——那就是"学生好，一切都好"。

寻根溯源，"学生好，一切都好"的办学理念，是我多年的教育探索与思考的结晶。38 年教育生涯的风雨跌宕、坎坷磨砺，让我深深体会到：办好一所学校的关键不是钱，而是理念，理念决定了一所学校的教育品质和价值追求。同时，朱永新教授的《我的教育理想》一书，也助力与丰富了我的思考。所以，当校长这些年来，我始终在思索：到底什么才是自己心中理想的教育？

2001 年 10 月，我到云南昆明参加全国重点中学、实验中学联合体年会，会议期间各种思想的交流与融汇，再一次激荡起我内心思想的浪花。面对各种各样的教育理念，我始终在思考着自己心中理想的教育。而且，我似乎已清晰地感觉到，经过这么长时间的苦苦思考与探寻，我对教育的理解似乎已经成形，渐渐明朗，就等着在某一个时候把它表达出来。

有一天在参观昆明市容时，一句印在公交车上的广告语映入我的眼帘——"孩子好，一切都好"。看到它，我心里便是一暖：这商家真是把话说到父母的心坎里了。哪个父母不是把孩子的"好"看成自己和家庭的一切呢？哪个父母不是把自己和家庭的希望寄托在子女的身上呢？

这句广告语一下子说出了我欲言而未语的心声，这种神奇的契合更加坚定了我对教育苦苦探索与追寻的目标与信心。在学校，学生一切都好，不仅关系到几千个家庭的希望与幸福，而且关系到社会的和谐与国家的未来。"学生好，一切都好"，这简练、朴实而又深刻的七个字就是我苦苦探寻的答案。

这个理念能否作为学校的办学方针，当时我还不是很自信，担心这样朴素的说法不能被教育界人士和广大师生及家长认可和接受。但是我对这种教育理念的思考和实践一直没有停止。"学生好，一切都好"看似脱胎于"孩子好，一切都好"，但这绝不是刻意的抄袭和模仿，而是"于我心有戚戚焉"的默契与超越。

从昆明回来之后，我边实践边思考，不断积累、锤炼，不断深化对"学生好"中"好"字的理解。这七个字慢慢成了我心里衡量教育工作的最重要的标尺。学校的各方面工作也都围绕着"学生好"这一核心来展开：从责任教育、感恩教育、尊重教育、生涯规划教育、积极心理教育，到自主学习、自主发展的多层次探索，全方位育人模式的建立；从培养学生国际视野、开放办学、修学旅行，到大胆组织学生开展社会综合实践课程等，学校的教育教学面貌焕然一新，教师创新探索，学生情志飞扬，呈现一片生机勃勃的教育样貌。

2007年，在接受记者采访时，我将"学生好，一切都好"的理念大胆地提了出来。同年12月，《河北日报》以"学生好，一切都好"为题，对我校进行了报道。这样的报道促使我厘清"学生好，一切都好"的办学理念的具体内容。我认为"学生好"的核心应该是追求学生的身体好、心态好、思想品德好、学业成绩好、人际关系好、创新能力好、家庭环境好；学生的今天好、明天好、一生好，一切都好。因为学生好了，生命就有尊严，家庭就有希望，学校就有发展，国家就能富强，社会就会进步。好的教育应该给学生好的品德、好的人格、好的习惯、好的知识基础、好的理想信念，还要让学生有好的人生观、价值观、世界观，好的社会责任感，好的事业心，好的成就，从而成为一个有益于家庭、社会和人类的栋梁之才。

从此，二中的办学质量和水平都要通过学生是否"好"来衡量，需要通过追求学生的"好"来引领。学校教育行为更加关注每个学生的全部。

学校在"学生好，一切都好"办学理念的指导下，对教育的着眼点不再是已有的辉煌的高考成绩，不再是已经获得的奥赛国际金牌，不再是一流的硬件设施，而是更加注重可以影响学生一生的人文情怀的培养，在学生精神的根基上培育思想，在学生人生的底座上培育高尚，从习惯养成到学业成绩，从思想信念到生命尊严，从而为每个学生的一生幸福负责——从过去到现在直到未来！

五、一个理念的落地生花

二中人就是有一种精神，一旦认准了正确的路，就会将这张蓝图绘到底！为了让"学生好，一切都好"这一理念在教育实践中成熟、完善，二中人在实践之路上艰辛跋涉。经过几年的辛苦摸索、探究，形成了"学生好，一切都好"的目标体系与培养体系。

"学生好，一切都好"的目标体系与培养体系共有七个维度：身体好，让奔跑成为生命最美的姿态；心态好，为学生一生的幸福奠基；思想品德好，为中国培育优秀的时代公民；学业成绩好，从学会走向会学；创新能力好，让学生的创意在校园里飞扬；人际关系好，让每一个学生成为和谐的原点；家庭环境好，让家庭成为学校的最佳拍档。

爱因斯坦曾犀利地批评道：仅仅"用专业知识教育人是不够的，通过专业教育，他可以成为一个有用的机器，但是不能成为一个和谐发展的人"。他指出："要使学生对'价值'有所理解并获得切身的感受。学生必须对何为美以及何为道德上的善有敏锐的辨识力。"有了这样的警醒，基于"学生好，一切都好"的目标体系和培养体系真正做到了以学生的生命发展为出发点，不断完善和创新学校的教育模式，不断增强学校管理的科学程度，提高人性温度。

譬如，关于"心态好，为学生一生的幸福奠基"这个维度中的"好"，我们首先明确了心态好对学生一生发展的重要意义：健康的心态是学生身体健康、悦纳自我、幸福生活的重要能力之一。然后我们参考了世界上前沿的积极心理品质科研成果，将健康心态分成"智慧""勇敢""仁爱""正义""自制""超越自我"6个一级目标，每个一级目标下又分设 6～10 个二级目标。

比如"勇敢"这个一级目标下，有 10 个二级目标：

（1）真诚坦荡、正直不虚伪，能对自己的感觉和言行负责；

（2）遇到挑战、威胁、挫折、痛苦时，不退缩，意志坚定，能够勇敢面对；

（3）遇到困难、烦恼、挫折时，能够乐观积极地面对；

（4）即使存在反对意见，也能为正确的事情辩护；

（5）即使不被大多数人支持，也依信念行事；

（6）说到做到，做事能够有始有终；

（7）能够接纳有挑战性的任务，有信心并成功完成它；

（8）勤奋、用功，有耐心，做事锲而不舍；

（9）做事专心，在完成学习等任务的过程中获得愉悦和满足感；

（10）凡事都能乐观面对，保有激情并精力充沛。

而"创新能力好，让学生的创意在校园里飞扬"这个维度下的"好"有"基本知识与能力""竞争能力""发展能力"3个一级目标，每个一级目标下又分设 5～8 个二级目标。其中"基本知识与能力"这个一级目标下分设"基本知识水平""逻辑推理能力""发现问题""解决问题能力""表达论述能力""批判思维能力"6个二级目标。

目标体系的明确固然可喜，然而如果缺少实操层面的配套培养体系，目标体系也是一纸空文。于是，大家继续精研深磨。之后，与目标体系配套的培养体系逐步完善。这一时刻来临时，我由衷地感觉到这是我30多年教育生涯中的喜事、大事。这意味着"学生好，一切都好"的办学理念终于不再是纸上谈兵，而是能够切实落地的教育创新。

当然，一切教育行为都离不开课程体系和活动体系。为了将"心态好，为学生一生的幸福奠基"这一"好"中的目标切实落地，我们开设了积极心理德育课程（积极班级管理）、学生积极心态培养课程（认识自我、悦纳自我，积极情绪管理，积极人际交往，积极成就等），同时开展积极心理活动课程（人生之旅体验活动，残障人士扮演活动，信任、合作等积极团队活动等）、学生积极心态社会实践课程。

此外，学校还开设了高中生生涯规划、精英领导力提升、幸福成功力三门校本课程……

随着一项项培养目标体系与教育教学的无缝对接、融合，学校教学教育生态为之一新。课堂上，学生自主学习，质疑发问，探究性学习方式与科学完善的学生考核评价体系激发了学生学习的内驱力和幸福感；积极德育课程的育化成果解放了班主任的思想；人人担责的小组团队管理模式让学生成为班级管理的主人；生涯规划课程，搭建个性特长展示舞台，为学生的自主发展、个性发展、全面发展铺平了道路，幸福教育成为学生最大的成长感受。

"关心每个学生，促进每个学生主动地、生动活泼地发展"，从而"引导学生去欣赏和享受人类的精神文化遗产并构筑自己的精神家园，引导学生去过道德的、善的生活，培养学生的独立性、主体性和创造性"。我们认识到，教育是生命自身的内在需要，是生命的内在品性。这就要求教育既要满足学生当前生命发展的需要，又要为生命的持续发展提供强大的基础和内在动力，让学生生命的价值被不断发现、不断提升，让学生不断地获得更高层次的自由和幸福，不断获得更高层次精神上的享受！

每一个学生都是独一无二的，每一个学生都具有强大的自我实现的内在需求，每一个学生的未来发展都值得我们期待。教育者应该有把教育当成"慢的艺术"的耐心和定力，教育者应该有放眼生命全程的视野与胸怀。正是基于这些思考，我认为，只有着眼于"成绩优异"与"精神成长"的统一，兼顾"社会效益"与"生命发展"的和谐，才可以保证"当前提升"与"持续发展"的教育，这样的教育才是我们追求的完整的教育，才会培育出更多和谐的生命，才会实现我们所追求的"一切都好"的教育理想。

我们始终坚持，"学生好"的指标，不仅应该有关注学生身体、学业、人际关系等的"宽度"，有关注思想品德、胸怀志向的"高度"，还应有关注学生现在与未来的"长度"。"学生好，一切都好"的目标体系与培养体系，不仅契合了国家德、智、体、美、劳五育并举的教育方针，还注定是一个需要不断完善的工程。十几年来，石家庄二中正是在这条路上不断跋涉，并将之渗透进学校的日常工作中。

追求完整的教育，培育和谐的生命，对一个教育工作者来说，都是可贵的挑战，也是难得的幸运。"学生好，一切都好"的教育理念，正在给二中带来花开烂漫的教育美景！

沈杰

首都师范大学附属中学党委书记、校长，正高级教师，北京市中小学特级校长，数学特级教师。享受国务院政府特殊津贴专家，首都基础教育发展研究院院长，首都师范大学硕士研究生导师。教育部基础教育教学指导委员会数学教学指导专委会主任委员，全国校外教育培训监管专家委员会政策咨询分委会副主任委员，中国数学奥林匹克高级教练员，北京市政协委员。曾获全国模范教师、北京市优秀基层党组织书记、北京市先进工作者等荣誉称号。主持多项国家级、市级教育教学课题研究。

静静的教育

星移斗转，岁月不居。转眼，我已在基础教育领域深耕 30 余年。日升月落，昆玉河畔朝霞纷飞，北洼路上夜色斑斓，在首都师范大学附属中学工作的时光，已然成为我生命中最重要的一段经历。在这所底蕴深厚的百年学府里，我不断追寻着人生理想和教育真谛。借此机会，我将这些年的办学实践和个人思考进行一定的梳理总结，以期和大家交流。

一、教育的本质在于以文化人、以文育人
——巧借文化力，办有内涵、有温度的"成达教育"

我想办什么样的教育？时代需要什么样的学校？学校应该培养什么样的学生？这是多年来我反复静心思考的三个问题。历史学家、教育家钱穆曾说："一切问题，由文化问题产生；一切问题，由文化问题解决。"文化治理是学校治理的最高境界之一，也是实现学校治理范式转型的重要路径。学校文化建设是一个系统工程，包括理念文化建设、制度文化建设、环境文化建设等方面。其中，理念文化建设中的核心理念是一所学校文化建设的灵魂，也是学校办学的出发点和归宿，彰显着学校的鲜明特色。因此，我担任校长之后常抓不懈的一

项重要工作，就是进行顶层文化设计，包括重新确立"国内领先，国际一流"的办学目标，将学校核心育人理念充实，发展为"正志笃行，成德达才"，坚持"守正、开放、创新"的三大学校发展理念，倡导办负责任、有内涵、有温度的"成达教育"。

"成达教育"取自首师大附中百年育人理念——"成德达才"，它恰好与国家倡导的"立德树人"实现内涵的高度契合，"成达"二字蕴含成德达才、成人达己之义。"成达教育"的本质就是将"人"的培养放在核心位置，遵循教育规律和人才成长规律，培养健康阳光、自信坚毅、正志笃行、成德达才、家国担当、胸怀天下的创新人才。"成达教育"不浮躁、不盲从、不功利，追求高品位、高质量、高素质，让每个孩子实现全面而有个性发展、自主发展和可持续发展。"成达教育"的内涵是起点的有教无类，过程的因材施教，结果的人尽其才。"成达教育"体系由策略、治理、教师、学生、课程和课堂六个维度构成。这些思想的提出，立足学校实际，着眼未来发展，基于我对首师大附中文化基因的研究、传承和提炼，目的是实现学校的可持续发展、高质量发展，加快达成教育现代化的发展目标。

在"成达教育"理念的驱动下，首师大附中开启了学校文化的整体设计。例如，在环境文化建设方面，学校注重将文化元素融入校园设计之中，营造清新高雅的人文氛围。书香校园建设为学生打造了一个举目见人文、放眼皆经典、书香四溢的校园环境。此外，学校近年来不断改善硬件设施环境，非遗教育博物馆、开放的自然博物馆、青牛创客空间、陶工坊，以及国学、历史、天文、地理等一系列功能齐全的专业教室在各栋大楼里先后建成，为学生享受沉浸式的课堂、开展丰富有趣的学科实验提供了便捷有利的条件。

如今，"成达教育"已经成为首师大附中的闪亮名片，"成达教育"理念深入师生内心，实现了自觉的品牌意识和高度的集体认同：学生自豪地称自己为"成达学子"，各类校园赛事以"成达杯"命名，"成达好习惯""成达守望农场""成达教育发展研究院"等一系列专有名词都打上了鲜明的"成达"烙印……

二、教育教学质量是学校发展的生命线
——想清"大问题"，做好"小事情"

从 1914 年到 2022 年，首师大附中已走过 108 年的办学历程，学校栉风沐雨，始终保持高位发展，其根本原因在于坚持质量立校，视教育教学质量为办学的生命线。作为校长，我总是在不断地思考，该怎么去把教育教学这个"大问题"想明白，又该如何团结带领大家做好关乎学校发展的每件"小事情"。

对一所学校而言，改革最重要、影响最深远的是教育教学改革。其中，最关键的是要解决两个问题：第一，改革的焦点是什么？在我看来，应该是真正把学生放在教育的核心位置，给学生更多个性化的选择，关注学生的全面而有个性发展、可持续发展和终身发展；第二，改革的目标是什么？首师大附中育人理念是"成德达才"，我们的学生，是通过价值塑造（价值为魂）、素养培育（素养为本）、知识运用（知识为基）、能力培养（能力为重）"四位一体"的育人模式培养的学生。

2014 年，在前期课程改革成熟的基础上，学校启动了"四三二一"教育教学综合改革。其中，"四"指成达"四修"课程；"三"指三维管理体制，即把固定班级、分层走班、学长学部有机结合，辅以导师制的精细化指导；"二"指尊重个性和因材施教两项基本原则；"一"指让每一个学生都能够在首师大附中"成德达才"这一核心目标。

提供适合学生发展的教育，其本质就是提供适合学生发展的课程。因此课程处于教育教学改革发展的核心地位，教学质量要提升，为学生提供可选择的丰富、多元、高质量的课程是关键。一名优秀的校长必须具有强有力的课程领导力，教师则必须具备优秀的课程建设与实施能力。早在 2011 年，围绕人文与社会、数学与科学、艺术与技术、实践与创新、体育与健康五大领域，我便开始着手推动构建递进式成达"四修"课程体系，即以"基础通修"课程夯实学科基础、以"兴趣选修"课程激发潜能志趣、以"专业精修"课程促进个性发展、以"自主研修"课程形成自主能力。"四修"课程以"国家课程的高质量校

本化实施"为基础，以"精品特色校本课程的开发"为补充，按照学生成长发展和需求的脉络进行递进式设计，把教书和育人结合，促进学生在课程学习中形成学科知识、能力、素养之间的立体融合，助力学生全面而有个性发展，能够把人才培养推向一个新高度。

课堂是落实课程和学科素养的主阵地，其重要性不言而喻。为了高质量落实"四修"课程，我提出坚持学科立校，向课堂要质量，打造高质量的成达思维发展课堂，提升学生思维品质，培养学生思维能力。早些年在一线的时候，我在教课的同时一直当班主任，但无论多忙，都会以业务为第一位，并且十分重视我的课堂质量，争取堂堂是好课。课上好了，管理学生就特别容易，因为学生欣赏你、佩服你。我把这种对自身的要求也传递给首师大附中的老师，要求他们备好每一堂课，上好每一堂课，教好每一位学生。在我的倡导下，老师们积极做到"三讲三不讲"，即会的不讲、学生能学会的不讲、学生学也学不会的不讲，取而代之的是讲重点、难点、易错易混点。通过引导学生好奇、好思、好问、好学，做到关注、激发、成就每一位学生。

"三维管理体制"中，"固定班级制"使学生得到及时的关注，让他们拥有集体归属感，培养责任感和团队合作精神；"分层走班制"为不同学力的学生设置了不同层级的课程，因材施教满足不同潜质学生的发展需要；"学长学部制"则重在培养学生的自主研修能力和团队合作能力，发挥学长的传帮带作用。"双导师制"是上述三种制度的有效补充，在其育人模式中，班主任侧重开展班级教育管理工作，导师作为学生的个体指导者，对学生进行有针对性的细致指导。

综合改革的实施让学校教育教学质量得到了显著的提升，促进了学生的专业发展，为学生的可持续发展注入了源源不断的生机和活力。其实，首师大附中在新中高考改革实施之前，就已前瞻性地进行了近六年的探索和实践，并取得了显著成绩，这不仅说明我们的改革并不是新中高考倒逼的产物，更说明我们的"成达教育"理念以人为本，面向学生的未来和教育的未来。

三、促进教师专业发展是校长的首要使命
——提质减负搭建教师发展"快车道"

教师对于学校发展来说有多重要？人民教育家于漪说："有优秀的教师，学校的四梁八柱就全部立起来了，校长的第一责任是培养教师。"教师决定着教育的温度、教育的品质、学生的成长，教育高质量发展的关键是教师的专业化发展。成就教师，就是成就教育，这是我们教育与教师培养的逻辑起点。

在教师队伍建设方面，我始终秉持的理念是给予教师三个尊重。校长只有尊重教师才能释放教师的天性，才能激发教师的活力，也才能得到教师的尊重。尊重教师就要尊重教师的独特性，同时也要给教师自由的空间，鼓励教师最大化地实现个人的价值，创造与时俱进的教育。

首先，要尊重教师的独特性。每位老师因为生活阅历、教育背景、传统习惯、资质禀赋的不同，而拥有自己独特的个性、气质、情感以及为人处世的方式。我们鼓励老师发挥自己的爱好特长，积极搭建舞台让他们展示自己的才华，并让他们得到应有的承认、支持和尊重。为了鼓励老师们把自己擅长的东西展示出来，同时也为了培养学生全面而有个性的发展，我们鼓励老师们开设特色的选修课。当每个老师都成为一个不可替代的老师时，学校教育才会丰富，教育营养才会全面均衡，才会迎来百花齐放的教育春天，才会促成和而不同的教育境界。

其次，要尊重教师的自由。有自由才有创造的空间，才凸显教师的真实力，才能生成教学的高效力。首师大附中特别强调教师教育的本色、教学的特色。在遵循教育规律的前提下，提倡构建"我的课堂我做主"的自由教学环境。学生是学习的主体，教师是教育的主体，在双主体的前提下，学校只是提出宏观的要求，教师自己可以灵活地采用多样的方法、途径、方式进行教学，把更大的教学自由还给教师，让教师在自己的天地中带着学生自由翱翔。

最后，要尊重教师的创造力。教师不应是应试教育试题的搬运工。有追求的教师都心怀教育梦想、超越现实、追求卓越，而教师的创造力是学校的高级

生产力，尊重教师的创造力不仅是对教师价值的高度认可，更是对学校可持续发展的保驾护航。首师大附中根据教师的兴趣、特长与创造力，建设了很多专业教室，如音乐制作教室、版画教室、国学教室、航空模拟飞行教室等。我们尊重教师的创造力就是希望成就每位有梦想、有创意的教师，希望他们都能找到发挥自己才艺的舞台，充分实现自己的价值，同时也促成教育的新发展。

面对新时代教育的新使命、新任务，原有的教师教育生态需要新的刺激，触发新的生长点。为此，我提出了构建由"青蓝工程""领军工程"和"卓越工程"组成的成达教师发展培养体系，以促进教师师德师风建设、教师专业发展，完善教师管理机制。"青蓝工程"旨在充分发挥名师示范引领作用，通过经验传承和帮扶指导，不断提高青年教师核心竞争力，促进青年教师迅速成长；"领军工程"旨在建设一支在北京市、海淀区有影响、学科教育有地位、具有引领和辐射作用的骨干团队，推进学校健康、协调、可持续发展；"卓越工程"目的是造就一批基础教育各学段、各学科的领军人物和有广泛影响的名师，示范和引领全国、全市中学教师朝着铸就更加优质均衡的基础教育的目标而努力探索和前行。

落实到教师培养具体工作上，学校着力确保职前培养、入职培训和职后研修的一致性、连续性、递进性和有效性，促进教师教育培养的系统性、整体性和协同性，形成教师专业化成长全面发力、多点突破、蹄疾步稳、纵深推进的局面。

在教师培养工作上，注重对教师内驱力的激发，在理念创新、模式创新和路径创新上下功夫。具体而言，秉承首师大附中"正志笃行，成德达才"的育人理念，从教师自身发展和解决实际问题的角度出发，在"参与—学习—分享—提升"研训理念的指引下，学校开展了系列化、课程化、专业化培训，助力教师不同阶段的成长。

作为校长，在为教师成长赋能方面，我竭尽全力做"加法"，同时，我也深知要学会为老师们做"减法"。长期以来，中学一线老师压力大、担子重，学校管理者如果把老师们作为"教育的工具"，就会极大挫伤他们的激情和活力，严重减弱教书育人的幸福感和成就感。在行政干部会上，我多次反复强调要为老师们"减负"。例如，尽可能减少非教育教学任务对老师的干扰，尽可能通过人性化的管理，给老师留有弹性的时间和充分的空间研究教育教学，指导引领学生成长。同时，通过发展性评价、激励性评价，激发教师的潜能、优势和创新创造的活力。

在教师培养过程中，我们取得了诸多成果，教师在教学和科研上取得双丰收，在国家、市、区级比赛或评比中表现突出。目前学校有九个学科成为海淀区学科教研基地，无论是青年教师还是骨干教师，都从中获益匪浅。同时，总校通过发挥引领辐射作用，也带动了教育集团分校的共同发展。

四、学生培养要努力实现"三个"发展
——全面而有个性发展、自主发展、可持续发展

"致天下之治者在人材，成天下之材者在教化"，教育改革的终极目的就是促进学生的终身发展和满足社会发展的人才需求。教育者不应仅仅着眼于眼前的分数和升学率，而必须遵循教育规律和尊重人才成长规律，培养适应社会变革所需的时代新人，做真正有生命力的教育、可持续发展的教育。因此，我也十分重视学校开展特色德育工作、创新人才培养以及国际理解教育。

为了更好地助力学生实现全面而有个性发展、自主发展、可持续发展，在德育工作方面，我提出的工作思路是坚持五育并举，融合育人，构建成达五育育人体系，培养学生仁爱之心、睿智之脑、健康之体、发现之眼和创造之手。近三年，学校一直在倡导实施"成达好习惯3+4+N月计划"。其中，"3"是指坚持培养学生每天爱运动、爱阅读和爱思考的"三爱"成长好习惯；"4"是指希望学生养成好奇、好思、好问、好学的"四好"学习好习惯；"N"是根据学生自身喜好每月养成一个好习惯，力争三年形成36个好习惯，最终成就更好的自己。这个计划旨在焕发学生的生命力，提升学生的学习力，增强学生的思想力。我希望，从首师大附中走出的学生，眼里有光，心中有爱，脚下有远方。

着眼未来国家和社会发展的需要，我对创新人才培养也进行了深刻的思考和广泛的实践，积极打造价值塑造、品格培育、能力培养、知识运用"四位一体"的创新人才培养模式。

在育人环境方面，打造了没有围墙的"街区制图书馆"。学校就是大图书馆，开放书架随处可见，优质书籍触手可及，全校形成了时时可阅读、处处能阅读、人人爱阅读的局面。我们相继建成了一系列专业教室、高端实验室，为学生的学习提供沉浸式体验。首师大附中的非遗教育博物馆是北京市首个非遗教育孵化基地，为学生汲取传统文化的智慧、激发创造灵感发挥了重要作用。

在平台搭建方面，我们建成了全国首个中学创客空间——青牛创客空间，组建了一支专业科技教师团队，积极探索创客教育和STEAM教育及课程，开展项目式学习和丰富的创客活动。在活动过程中，以学生为中心，以问题为中心，鼓励学生自己探索研究，坚持好奇、好思、好问、好学的好习惯，努力把学到的知识转化为智慧，深入思考问题本质，锻炼学生创新思维能力。同时，我们还积极探索中学和大学教育的有机衔接，发挥家校社共同体的作用，加强学校之间、校企之间、学校与科研机构之间合作，以及采用中外合作等多种联合培养方式，创建创新潜质人才的协同培养模式。

在课程建设方面，初中特色博识课已成系列，利用每周半天时间，带领学生走遍京城博物馆、故居古迹，通过内外兼修、知行合一的教学活动来开阔学生眼界、增长见识，提升学生实践能力。学校又与中科院合作，正式开发了高中综合社会实践课程。实践课程让学生带着问题去思考、去探索、去收获，在此基础上产生新的问题，不断引导学生螺旋式上升。此外，始于2012年的校园品牌活动"校长邀你听讲座"，以课程形式不断将各个领域的专家、名家请进校园，为学生开讲，里面既有科学前沿介绍，也有文化艺术赏析，更有交叉学科理论探究，不仅从应用的领域推动了学生知识体系的融合，培养了跨学科思维，也促进了老师们对学科融合的思考。

放眼世界，在经济全球化的今天，不同国家、地区、民族的相互交流、融合日益频繁。"推动构建人类命运共同体"是党的二十大报告概括的中国式现代化的本质要求之一。"万物并育而不相害，道并行而不相悖"，倡导坚持交流互鉴，建设一个开放包容的世界，追求共同发展，共同繁荣，这是时代发展潮流和历史发展趋势。在此背景下，首师大附中积极开展国际理解教育。学校自20世纪80年代开启国际化教育进程，历经多年发展，国际合作与交流从最初对"量"的追求逐步上升到"质"的突破，培养了一大批具有"中国灵魂、世界胸怀"的"未来人"，并探索出一条具有国际化和本土基因特色的创新育人之路。学校国际部坚持中西合璧的模式，既借鉴西方国家优秀的办学经验，又把中国好的教育思想和模式保留，而不是完全放弃自己的传统，比如保留传统的行政班以培养团结协作和集体主义精神，创新实施学长学部制、分层走班、双导师制，为学生提供自由发展的大舞台，不断打开视野，增长见识。

五、做一名宁心静气的校长
——聚焦"着力点"，画好"同心圆"

教育是一份良心活，干教育得有情怀。校长更应该宁心静气，耐得住寂寞，实实在在地为教育干些事。有人说：一所学校的发展，主要在校长，一个好校长就是一所好学校。我深以为然。所谓校长，不是一所学校中那个发号施令的人，而是能以己身做示范引领的人，以德方能育德，树己方能树人。

校长是一个承载荣耀和责任的岗位，工作中很多时候压力很大，因为做得再好，也会有老师与学校意见相左、步调不协调一致。这个时候，我通常会坦然面对，并按照以下两点去做。其一，我愿意倾听不同的思想和建议，这样才会有智慧的碰撞和凝聚。意见不一致，我认为很正常，说明老师关心学校的发展。要把学校建设好，就要想办法调动起所有人。其二，我坚持对事不对人，追求尽心尽力、尽职尽责、问心无愧，正所谓"尽吾志也而不能至者，可以无悔矣"。在处理学校各类问题时，坚持学校的利益高于一切的原则不动摇。

当然，好学校离不开好校长，好校长一定还得依靠老师，毕竟教育绝不是一个人的战场，只有所有人都动起来，才能把学生培育好。科学合理、灵活高效的管理制度便显得尤为重要。为此，我主要采取了两项措施。

第一，始终坚持民主治校、科学治校。首师大附中是一所百年老校，在办学历程中积淀了民主和自由的文化。民主、自由的管理机制，也让学校的老师们一直保持着"不用扬鞭自奋蹄"的风气。在干部管理方面，学校不断优化组织结构，提升组织能力，提高组织效率，坚持凡事有人负责，凡事有章可循，凡事有据可查，凡事有人监督。我提出，领导干部要做到首遇负责制、首问答复制、末位发言制、民主集中制。首遇负责制，是指无论是否属于干部的分工范围，学校的任何事务，只要本人首先遇到，就要及时处理，积极响应；首问答复制，是指针对老师咨询或反映的相关问题，无论是否属于自己的分工范围，都要积极帮助协调，最终给予老师准确的答复；末位发言制，是指在商讨问题或者表态时，校长（书记）在最后发言，旨在广泛听取大家的意见，也让大家能够根据自己的想法畅所欲言；民主集中制，是指坚持集体领导，厘清党务与行政、个人与集体、民主与集中的关系，决策前领导干部进行充分讨论、集思广益，保障过程的科学性和决定的正确性。这些机制使全校教职员工心往一处想，劲往一处使，也大大提高了工作效率。

第二，倡导进行"三大变革"，实现提质增效。党的十九大报告在"贯彻新发展理念，建设现代化经济体系"中强调推动质量变革、效率变革、动力变革，提高全要素生产率，不断增强我国经济创新力和竞争力。我认为，努力实现"三大变革"，同样适用于基础教育领域的提质增效，也关涉教育教学改革能否达到预期的理想效果。

首先，动力变革是关键、基础。动力变革是学校高质量发展的关键和基础。我们的教育事业好比一列"动车"，社会各界则是各个被赋能的自带动力的"车厢"。在党和国家这样的"车头"引领下，各级管理部门、学校、学生、家长以及社会各方力量充分挖掘自身的内驱力，探索家校社共育的有效机制，步调和方向保持一致，形成凝聚力，才能实现教育又好又快的发展。

其次，效率变革是重点、主线。效率变革的本质是找到目前存在的短板，解决限制发展的问题，改进部分低效率的工作方式，找到快速提升的路径。学校工作者必须提升决策能力，构建最简约的决策模式，降低决策成本，才能够跟上改革发展的步伐，对外部形势的变化做到快速响应。同时，决策路径的缩短，避免了时间和资源的消耗，将人力、物力快速投入现实工作中，快速发挥作用，能大大提升工作运行的效率。首师大附中已经建立起符合本校特色的立体化、矩阵式、扁平化的治理体系，在削减中间层级的基础上，实现了领导干部的全面下沉，包括校长（书记）下沉到学校教育教学重要工作教研组和年级组，教学干部下沉年级，党委委员下沉党支部，校领导下沉、深入各部门。领导干部下沉到一线，直接参与教育、教学、学生管理工作，一方面，可以将学校的育人理念和要求第一时间传递给一线的各位教师；另一方面，能够深入了解一线实际工作中存在的问题和面临的困难，同时快速向学校反馈并及时进行工作调整，从而破解问题。这项制度实行了一段时间之后，取得了显著的效果，得到了一线教师们的充分肯定和大力支持。

最后，质量变革是主体、核心。质量变革解决的是教育改革的效果问题，全方位提升教育的质量，提升工作的质量，才能保障改革的进一步深化和改革效果的凸显。2020年，首师大附中成立了成达教育发展研究院，下设六个研究中心，形成了学校发展的智库，构建了研究引领的高效能治理体系。通过建立研究型学校、研究型教师队伍、研究型学生群，学校形成具有特色的研究文化，这就成为学校高质量发展的基础和依托。

六、好的教育不狭隘
——集团化办学让家门口的好学校多起来

党的十八大以来，北京基础教育不断深化改革，基本的价值导向就是公平。"努力让每个孩子都能享有公平而有质量的教育"，是党的十九大发出的时代强音。在新的时代背景和教育现状下，集团化办学能够解决民众对优质教育需求不断增长与优质教育资源稀缺的矛盾，是实现教育公平的重要创新方式，在快速提升区域办学水平过程中发挥了重要的作用。

近年来，北京市在推进教育优质均衡的过程中采取了很多措施，尝试了多种合作办学模式，进行了城乡学校手拉手项目、名校办分校项目、城乡教育一体化发展、集团化办学、学区制改革等一系列探索，首师大附中教育集团就是在这个过程中应运而生的。在我看来，好的教育是不狭隘的，优秀的教育理念、模式、做法应该分享，共同促进有质量的教育公平，让老百姓家门口的好学校多起来。首师大附中作为深化教育改革的先行者，在十余年的集团化办学中作出了有意义的探索，不仅始终保持着总校教育教学的高水平，还带动了集团各成员校的蓬勃发展。正如北京市教委领导所评价的：一所优质学校发展形成了十年以后十所学校组成的集团的共同繁荣。

如今，走进任何一所集团分校，处处都能感受到分校与集团总校间千丝万缕的联系，"成达教育"的种子已经在首师大附中教育集团各分校生根发芽，并且已经呈现教育成果的"漫山红遍，层林尽染"，形成了从"我"到"我们"，从"输血"到"造血"，从"一面"到"多元"的发展新格局。

在这个过程中，首师大附中教育集团主要采取了六大措施为集团校科学赋能。

一是文化深度认同，构建教育发展共同体。教育集团始终坚持理念为先、文化融合，促进总校和各分校文化的深度认同、价值的有效共识，形成教育集团共同体。根植百年沃土的"正志笃行，成德达才"的教育理念，是首师大附中"成达教育"的灵魂和追求，也得到了各分校的情感共鸣。教育集团十一所成员校，目前除两所分校外，法定代表人均由总校校长担任，这种极为紧密的关系不仅便于统一办学思想，也增强了总校在集团建设中的责任感。集团统一选派优秀领导干部和骨干教师到各成员校工作，他们率先垂范，"无需扬鞭自奋蹄"的敬业精神，以及民主、和谐的工作文化氛围都迅速传递到了各个分校。此外，集团每学期不定期组织分校的干部教师走进总校参观学习，共享文化、课程等资源，开放课堂、讲座，传递面向未来的教育教学综合改革。"起点的有教无类，过程的因材施教，结果的人尽其才"的"成达教育"内涵，在集团校中有了更加广泛的共识和有效的传播。

二是制度创新驱动，凝聚人心激发内驱力。为进一步加强成员校之间的交流与合作，优化资源配置，集团制定了《首都师大附中教育集团章程》，成立了集团管理委员会、集团管理中心，通过纵横交错全覆盖的矩阵式管理逐步实现各成员校在办学理念、课程体系、教研培训、管理模式等方面的深度融合，凸显集团化办学优势。同时，教育集团将总校规范的学校管理、鼓励创新的激励奖励制度以及完善的绩效考核制度在各个分校推行，破除了原有机制体制的束缚，充分调动了人员的积极性，带动学校步入了发展的快车道。集团还制定了《教育集团"成达杯"优秀教师奖》评选奖励办法等规章，通过各类制度的保障，各成员校充分调动了干部教师的工作积极性，凝聚了人心，激活了教师队伍，激发了学校的内驱力。

三是专业科学赋能，提升学校核心发展力。首师大附中教育集团在向外输出优质资源和师资的同时，更加注重提升分校自身的"造血"机能。在干部队伍培养方面，集团通过线上、线下培训相结合，提供干部跟岗实习机会，选派总校中层干部到分校传帮带，以及定期组织"校长论坛""德育论坛""教学论坛"等方式，加强分校干部队伍建设。在加强分校教师队伍建设方面，学校制定了教育集团教师跟岗研修制度，每年从成员校选派干部、教师到总校跟岗研修，深入学习集团教学管理经验，加强校际交流。在条件允许的情况下，新招聘的分校教师都安排"一对一"的名师"师徒结对"指导，或在总校任教一段时间后再派往分校执行教学任务。对于区域内位置较近的分校，集团定期组织联合教研，共同备课，整合骨干力量，切实提升教学科研水平，为教师搭建学习和交流的平台。在联合教研的基础上，期中、期末组织统一命题、统一阅卷，帮助检验教学研究的效果，也可实现数据共享、精准指导，对学生的学业发展水平的评定更为准确和客观。教育集团还组织由干部和骨干教师组成的"学校发展督导团"，通过开展深入细致的调研，定期对集团成员学校进行综合或专项诊断式评估指导，帮助成员校完善发展策略，培植发展特色。由名师专家组成的"学科发展专家指导团"，根据分校需要选派学科专家，通过下校听评课、集体备课、专家示范课、学科教研活动指导、专家讲座等多种方式，针对教师的需求，解决实际问题，帮助分校教师迅速提高教研水平。

四是资源协同创生，挖掘集团学校生长点。总校不仅将分类分层走班的综合改革带到了各区，而且还将"四修"课程体系在分校进行了推广和延伸。经过消化吸收，结合区位的特色与优势，分校形成了具有自身特色的课程体系。首师大附中的一些品牌课程，也通过教育集团得到了迅速推广，如开设超20年的博识课让无数学子在走出校园，走进博物馆、科技馆、名人故居的同时，提升了"博闻广见，卓有通识"的能力。依托总校的实践资源，教育集团成员校也纷纷将博识课等实践课程纳入自身课程体系当中。对于一些分校开设难度较大的课程，总校的资源会毫无保留地提供给分校，让集团内的学生能够有机会享受高端的课程和专业化的培训。总校的高端实验室、专业设备在合理安排的前提下，也面向分校学生开放。总校的很多老师也主动承担起培养学生和指导分校老师的双重任务。

五是学生统筹培养，助力"成德达才"结硕果。为了让分校学生感受到原汁原味的名校教育理念，教育集团开通了总校初高中联合培养"留学"直通车，让分校学生有机会共享优质教育资源，强化特色培养。近年来，各分校数百名学生在总校学习、跨校选课中获益；教育集团统筹安排分校学有余力的学生与总校学生共同学习专业精修课程，接受总校学科竞赛金牌教练的指导，帮助分校在竞赛及自主招生指导方面实现成绩的迅速提升。首师大附中传统德育课程和文化活动，也在各个分校实现了本土化。

六是鼓励特色发展，形成多元优质新格局。集团化办学不是总校的简单复制，更不是总校资源的单向输出，根本目的是各成员校结合所在区域特点，根据自身的校情、学情制定具体的发展目标，集团精准指导、重点帮扶，鼓励特色发展，不断提高各分校的核心竞争力，真正实现学校主动发展、可持续发展。

在集团带领下，集团各校教师专业成长都取得长足发展，教师队伍领军人才不断涌现。经过多年创新实践和探索，首师大附中教育集团将好学校搬到老百姓家门口，十余万名学生在"成德达才"育人体系中成长成才，不仅在学业成绩上普遍大幅提升，更在关键能力、核心素养和特长兴趣等方面得到全面升级。

教育之路漫漫，育人使命在肩。作为教育人，我们不仅要思考这个时代的命题，更应有胸怀世界、着眼未来的使命与担当。为党育人，为国育才，绝不是空洞的口号，更需要的是笃行实干、久久为功。我将继续和首师大附中人风雨同行，坚守初心，出"功成"之力，不求"功成"之誉，为基础教育事业、为建设教育强国而矢志奋斗！作为静静的教育人，我更希望培养的学生都能振奋青年之精魄，不负时光之馈赠，朝向前贤的光亮，成为光的延续，点亮内在自我的生命，照亮身畔，照亮山河！

孙双金

南京市金陵中学附属小学校长，首批正高二级教师，语文特级教师。享受国务院政府特殊津贴专家，南京师范大学兼职博士研究生导师，江苏省小学语文研究会学术委员会主任。两次荣获国家级教学成果奖，两次获得江苏省教学成果奖特等奖。"情智语文"倡导人，出版七部专著，发表300多篇文章。

我的情智管理故事

学校管理学，是一门极度复杂而且非常精妙的学问。学校管理的对象是一个个鲜活的人。人是万物之灵，有思想、有情感、有复杂的心理需求。而这些思想、情感、需求都是看不见摸不着的，充满了不确定性。

有人曾经调侃，世界上有两件难事：第一件是把自己的思想变成别人大脑里的思想；第二件是把别人口袋里的钱变成自己口袋里的钱。而学校管理，就是着眼于人的思想、心灵、灵魂的管理。当然，学校管理学有它的基本规律，比如，是以人的发展为根本的，是以教学工作为中心的，要体现知人善任、优化组合等。

学校管理学不仅是一门科学，更是一门艺术。凡是面对人的管理的工作，都充满了艺术性，它对管理者的思想、人格、情怀、学识都提出了极大的挑战。如何促进人的发展？这里面就有讲究。如何指导教师的教学业务水平发展？也有讲究。怎么识人、用人？这里面充满了无限的精妙的艺术，值得我们每一个管理者用心、用情、用爱去探索。

下面，我就用故事的形式讲述我在管理中的实践、体会和感悟，希望这些鲜活生动的故事对大家的管理有所启迪、有所帮助。

故事一：我和老师同上一堂课

故事发生在我刚到一所新的学校任校长时。第二周开始了听课活动。上午第一节课快下课时，我给三年级组办公室打了个电话，接电话的是吴老师。我问她："吴老师，你第二堂课有课吗？"吴老师说："校长，我有课。"我问："你上什么内容？"她说："我上三年级的《拉萨的天空》。"我说："好，你给我准备一本语文书，我马上去你办公室，第二堂课听你的课，向你学习。"我来到吴老师的办公室，把《拉萨的天空》迅速地浏览两遍，第二节课上课的预备铃声就响了。走进吴老师的课堂，我发现吴老师是一位优秀的青年教师，她的基本功扎实，教学思路清晰，教学环节明晰，课上得非常扎实有效。

下课后，吴老师笑着迎上来对我说："校长，请您对我的课提提意见。"我对吴老师说："我今天不提意见。"吴老师眼睛瞪大了："校长，您听课不提意见吗？"我说："不是的。马上我在隔壁教室也上《拉萨的天空》，你让全校有空的老师一起来听我的课。"吴老师的眼睛瞪得更大了，她说："校长，您还没备课，怎么上课？"我说："是的，今天我就不备课上课，欢迎老师们来听课。"新校长来到一所学校，第一次邀请大家听课，不备课就和老师同上一堂课，这个消息像春风一样很快就传遍了整个校园。有空课的老师都来到我的教室，坐在教室后面好奇地听新校长上他开学以来的第一课。

上课了，我在黑板上板书"拉萨的天空"五个字，然后转身问孩子们："你们看看今天黑板上的板书和你们老师平常的板书有什么不一样？"小朋友们瞪大了眼睛，仔细地盯着黑板。大家小声地七嘴八舌：不就是"拉萨的天空"五个字吗？跟我们老师有啥不一样？……全班没有一个同学举手。

我笑着说："中国有一个词语叫'聪明'。什么叫聪明？聪明的孩子能够发现别人发现不了的东西，能够看出别人看不到的东西。我来看看我们班哪个小朋友最聪明。"一个小男孩把手举了起来，我立马叫他。小男孩说："老师，我发现'拉萨的天空'中，'拉萨的'这三个字是用白粉笔写的，'天空'是用蓝色的粉笔写的。"我上前握住小男孩的手说："你是我们班上最聪明的孩子，第一个发现了老师不一样的地方。你能猜猜为什么'天空'用蓝粉笔写吗?"小男孩说:"是不是拉萨的天空比南京的天空更蓝、更漂亮,所以用蓝粉笔写出来,要提示我们?"我再次赞美小男孩:"你真聪明,你能想象到老师用蓝粉笔的用意所在,你是老师的知音。"小男孩兴奋地抬起头,自豪地朝四周看了一眼,高兴地坐了下去。

我接着问:"同学们,你们再看老师黑板上的五个字,还有什么地方不一样?"这一下子,十几个同学举起了小手。我请了一个小女孩。小女孩说:"老师,我发现'拉萨的天空'中'拉萨'两个字写得最大。"我问她:"猜猜看为什么?"她说:"是不是课文写的是拉萨的天空,'拉萨'是重点词语,所以把它放大了,提示大家不是写南京的天空?"我说:"真棒!大家都说江南多才子,江南多才女,如果第一个小男孩是我们班上的'才子',你就是我们班上的'才女'。给'才女'热烈的掌声。"小女孩兴高采烈地坐下去。

我接着问:"再看看还有什么地方不一样?"全班大部分同学举起了手。我请了第三个同学。第三个同学说:"老师,我发现'拉萨''天空'两个词都写得大一点,而'的'比较小。"我问他为什么。他说:"'拉萨'和'天空'都是有意思的词语,而'的'是没有意思的,所以您把它写小了。"我兴奋地走到他面前,朝他举起大拇指说:"你太厉害了!你不是一个小学生,你的水平比中学生、大学生还厉害。因为我们汉语中的词语有两类:有意思的词,叫实词;没有意思的词,叫虚词。这个'的'没有意思,你能发现汉语词语中最根本的规律,太棒了!你是我们班上的'小小大学生'。"

孩子的每一次发言,老师都有针对性的、精彩的点评,肯定学生,指出好在哪里,这才叫个性化的点评。我的三次个性化的点评,对三个同学是不一样的,是针对他们的发言而进行的点评。接着,我问:"有哪位同学能告诉我,南京的天空是什么样的?能不能站起来用一句话或者几句话说一说?"全班又变得鸦雀无声了。我说:"我送你们一个词语,这个词语是'熟视无睹'。因为对经常看到的事物你们就不关注它,所以是'熟视无睹'。下面老师让你们悄悄地走到走廊上观察南京的天空,然后悄悄地回来。不要影响周围班上课,好吗?"

孩子们悄悄地出去，又悄悄地回来。

然后，小手举成了一大片。第一个学生说："老师，南京的天空是灰蒙蒙的。"我说："是，这就是城市的天空，灰蒙蒙的。我不喜欢。"第二个学生说："老师，南京的天空一只鸟都没有。"我说："是，你看这样的天空连鸟都不喜欢。"第三个学生说："南京的天空很压抑，我们看着不舒服。"我说："是，南京的天空是灰蒙蒙的，很压抑，连一只鸟都没有，这就是城市的天空，这就是现代化城市的天空，这就是现代化城市被污染的天空，我们不喜欢。我们喜欢什么样的天空？"孩子们说："我们喜欢有白云的天空，我们喜欢湛蓝的天空……"我说："好，那我们今天就一起走进《拉萨的天空》，欣赏拉萨那湛蓝而透亮的天空之美。"

同学们一个个迫不及待地打开书，认真地读了起来，读的是那样投入，那样充满感情。教学到了最后，课文中有一个词语叫"神往"。我把"神往"写在黑板副板书的位置，然后对同学们说："我宣布，明天我们班级不上课，老师带大家坐飞机去欣赏拉萨的天空。"孩子们一听，全部欢呼起来："明天到拉萨去喽！看拉萨的天空去喽！"我让孩子们安定下来后，问："你们现在的心情怎么样？"有的说："我现在的心仿佛已经飞到拉萨了。"有的说："我现在是多么想赶快到拉萨，去看拉萨湛蓝的天空。"我说："这样的感情、这样的心情，就叫'神往'。但是刚才我是跟你们开玩笑的，明天继续上课，我是让你们体会什么叫'神往'。以后有机会，你跟爸爸妈妈到拉萨去欣赏拉萨那美丽的天空。"下课铃声响了，同学们嚷着说："校长不下课，校长不下课，您继续给我们上。"我说："不行，下课就是下课，以后有机会我再来给你们上。"

下课后，孩子们一个个围上来问我："校长，您什么时候再给我们上课？"这时候，吴老师也迎上来说："孙校长，我知道您为什么不给我评课了。您现场上课，我知道您的良苦用心了。"我说："好，我们马上到小会议室去，我们坐下来就你的课和我的课一起进行评议：你的课优点在哪里？需要改进的地方在哪里？我的课优点在哪里？哪里需要改进？"之后，全校来听课的语文老师对我和吴老师的这两节课进行了热烈讨论。大家都感觉今天的语文教学研究受益匪浅，真正给大家打开了一扇窗，知道什么样的课是好课。大家一致感到，把语文课上到学生的心坎上，把每一个词、每一个句子上到学生的心坎上，融化到学生血脉当中，这样的课才是好课。这就是我提倡的"情智语文"的好课。

当天晚上，我就写了一篇文章，叫《我和老师同上一堂课》。这篇文章得以在《中国教育报》发表。后来很多媒体转载了这篇文章。我自己也在反思：我和老师同上一堂课的利弊在哪里？

首先，它确确实实指导了青年教师的课堂教学：怎么上课，怎么提问，怎么引导，怎么板书。在课堂上做给老师看，比在办公室里面闭门造车、纸上画图要有效得多，有意义得多。

其次，校长和老师同上一堂课，是一种文化的引领。学校文化是什么？它是一种价值观、一种价值追求。校长亲自上课，代表着校长关注课堂，研究课堂，能够引领课堂，这才是学校的主流价值文化。这样的文化对全体教师的影响是巨大的，影响全体教师要关注课堂，研究课堂，上好课，站稳课堂的脚跟。

最后，校长上课是一种示范、一种榜样。领导就是做样子、做表率，我做给你看，这就叫领导。校长叫老师上好课，自己却从来不上课，从来不研究课，这样的校长我认为不是好的校长。所以，校长上课是一种表率，是一种示范，是一种引领。

当然，校长和老师同上一堂课还要注意一些方式。例如，对青年教师可以用这样手把手的方式带领，对中老年教师就不一定合适了。对中老年教师要体现尊重。知识分子很爱面子，你上来就跟中老年教师上课，不是把中老年教师的面子剥掉了吗？这显然是不恰当的。所以要看对象、分场合、讲方式，这就是管理艺术的体现。

故事二：我们的军令状

南京市北京东路小学，是南京市乃至江苏省的名校。2003年我到这所学校当校长以后，发现这所学校有许多优点，如学校的校风很好，教师的责任心很强，家长的口碑也很好。但是，我发现这所学校也有一个明显的特点：一些老师在研究、思考和写作上有所欠缺，学校里真正写文章、发表文章的老师占比不是很高。我始终认为，一所好的学校，它的最主要的特点是名师辈出。而"名师"最重要的标志之一是有思想、有主张，能够不断地发表文章，对同行产生引领和引导作用。

怎么破解老师怕写文章、不愿写文章这个难题呢？

2009年，我在开年的第一场行政班子会上的第一句话是：我们要把2009年定位为"教师的论文写作年"。我首先表态："2009年我要在省级刊物发表20篇文章，如果我完成不了这个任务，我当年的绩效工资一分钱不拿。"讲完后，我对旁边的书记说："书记，请你说说你今年准备发表几篇文章？"书记一愣："校长，我今年不可能发表那么多文章。我争取发表4篇文章，多读点书，读20本书。"我让办公室主任把我们刚才说的话都记下来。接下来，我问张副校长："你今年计划发表多少篇文章？"张副校长说："我今年争取发表10篇文章。"我又问旁边的唐副校长："唐校长，你呢？"唐副校长说："我争取发表8篇文章。"接下来，我讲了一番话："今天的会议我们叫'立军令状'，我们要把'写作'这个软指标、软任务变成硬指标，我们校长室带头，接下来请我们中层领导每个人也立个军令状，今年准备发表多少篇文章。"所有的中层领导表过态之后，我对办公室主任说："你把今天行政会每个领导的表态整理出来，发到校园网上，请全校老师监督。年底盘点，凡是完不成论文发表任务指标的行政领导，绩效工资都要受影响。"

然后，我又补充道："刚才我们是每个领导定指标，带头完成文章发表的任务。一个好领导不仅自己要做好，还要带领大家一起做。下面我们搞'承包制'。我表态，语文组教师论文写作的任务我来承包。今年语文组老师如果发表文章的数量不多，任务完成不好，唯我是问。书记和张校长是数学特级教师，就承包数学教研组，数学教研组的文章发表任务由他们负责。唐校长是德育特级教师，承包综合组教师的写作任务，综合组的任务完成不了，唯唐校长是问。"

"第三个环节，我们要有措施跟进。承包了之后有什么措施跟进呢？我们语文组先行一步。我想请语文组的十位骨干教师吃顿饭。"我笑着对老师们说，"但这顿饭可能不好吃，这是一场'鸿门宴'，因为每个来吃饭的人都必须将你们在寒假中写的一篇论文带过来，我们要对每个人的论文进行点评，提出修改意见，一篇一篇点评打磨。"

我记得那次讨论的第一篇文章，是教导处副主任的文章，他写的大概是关于课堂教学老师提问现状的研究。文章的第一部分写了当前课堂教学问题的几种现象：问题太浅、问题太乱、问题没有主线。然后，文章分析了造成这些现象的原因。但文章到此就结束了，没有讲怎么改变这个现状，用什么方法，有什么策略。在点评这篇文章的时候，我说："一篇好的文章，起码要回答这么几个问题：第一个是什么，当前课堂教学的现状是怎样的；第二个为什么，为什么会出现这么一个现状；第三个怎么办，出现这个问题怎么解决，采取哪些策略，有哪些方法；第四个问效果，效果怎么样。主任的这篇文章只回答了前两个问题，后两个问题没有回答。这是一篇不完整的论文，尤其论文的主要部分都没有写出来。这篇文章要根据这个要求回去修改。"

然后，我们对其他九位老师的文章一一进行点评，如题目取得好不好，关键词提炼得恰不恰当，文章的结构是不是完整，每个部分的小标题是不是醒目，文章当中的观点和提供的案例是不是对应……我们讨论了大半天。快结束的时候，有老师感慨地说："我从教已经一二十年了，但今天是第一次校长这样手把手指导我怎么写文章、怎么选题、怎么确定文章的标题、怎么构思、怎么布局、怎么谋篇。"他说："今天的'论文打磨会'对我来说，真是醍醐灌顶，帮助太大了，希望这样的活动经常搞。"有老师说："原来我也想写文章，但是我找不到写文章的门径，上学时老师没有怎么讲过，走上工作岗位也没有哪个师父跟我说。今天这个'论文打磨会'让我终身受益。"老师们带着满满的收获，离开了我的"鸿门宴"，都感到这场"鸿门宴"值了。

会议之后一天早晨到学校，一位入职不久的体育老师李老师兴奋地来到我的办公室，对我说："孙校长，向您报告，我的一篇文章在《中国教育报》发表了。"我马上通知办公室，请全体老师到会议室。会上，我把李老师发表文章的那张报纸拿出来给大家看。我说："李老师是刚刚工作的一位老师，并且是体育老师。大家都认为体育老师的文化素养不如其他学科的老师，但是我们的李老师在这一学期文章发表方面打响了第一炮，了不起！向李老师学习，向李老师致敬！"

过了两周，教音乐的查老师兴奋地对我说："孙校长，我的文章在《中国音乐教育》上发表了。"这可是了不起的，《中国音乐教育》是音乐教育方面最权威的期刊。于是，我又把全体老师集中起来，对查老师的这篇文章大张旗鼓地表彰和宣传。

又过了一个星期，教美术的高老师拿着《中国美术教育》杂志向我报喜。我再次向全体老师大张旗鼓地宣传。我说："这是高老师从教近20年来发表的第一篇文章，还是在《中国美术教育》这样一个国家级美术教育权威期刊上发表的，了不起。这说明什么？说明每个人都能发表文章。世上无难事，只要肯登攀。"

那一年，老师们见面时的问候语都发生了变化。以前大家早上见面，都问："老师，你早！你吃了吗？"那一年大家见了面却说："老师，你早，你发了吗？你发文章了吗？""你发了吗"成为那一年老师们见面的问候语、口头禅。这成为一所学校浓浓的研究文化、写作文化的特征。年底盘点，我发表了30多篇文章，超额完成指标；绝大部分行政领导和老师也超额完成了任务。年底表彰的时候，大家异常兴奋，特别高兴。原先有的老师说，校长，你不要叫我写文章，你叫我写文章比牵牛下井还要难。但是通过一年的论文打磨，老师们的论文写作能力有了显著提升。在江苏省最大的论文竞赛"教海探航"征文竞赛中，我们首次获得了江苏省的"优秀团队奖"，一位老师获得了"杰出水手奖"，一位老师获得了"年度新人奖"。这是我们学校历史上论文写作的一个巨大突破。

这一年给我的启示是：第一，所有要老师做到的，领导要带头做到，校长带头、班子带头最重要；第二，要实行"承包制"，即每个领导负责一个大组，分田到户，责任到人，包干完成任务；第三，要有措施跟进，每周一磨、每月一磨的论文措施要跟进；第四，要在学校营造浓浓的撰写文章光荣、发表文章光荣的氛围，每一个老师发表文章，要在校园里大张旗鼓地宣传，校长要在大会小会上表扬。

故事三：她居然开始写文章了

校长在推进学校工作的过程当中，不可能是一帆风顺的，肯定会遇到困难、阻力和问题。遇到困难怎么办？往往有三种途径：第一种，绕道走，不管他；第二种，睁一只眼闭一只眼，假装没看到，难得糊涂；第三种，正视矛盾，直面矛盾，解决矛盾。我以为校长的正确选择应该是第三种。

我们在推进老师写论文的过程中，也遇到了阻力和困难。我记得"立军令状"会议后不久，分管教学的张副校长来到我的办公室说："孙校长，我们数学组 99% 的老师都写文章了，但是就一个老师不写文章，我们拿她一点儿办法也没有。"我问："哪位老师不愿意写？"他说："张××老师。"我又问："那这位老师为什么不写文章？"他说："找她聊了，她说自己没时间，从星期一到星期日，她要陪着儿子去上课。孙校长，其他老师都搞定了，就这个老师搞不定，没有办法，只有请您出马了。"说完后，张副校长转身离开了我的办公室。

副校长把矛盾转交到我这里，怎么办？唯有直面矛盾，直面问题，解决问题，这样才能让学校的工作顺利地推进。第二天，我趁这位张老师空课的时间，请她到我办公室来聊天。我问她："你的孩子上几年级？成绩怎么样？"这位老师告诉我，她的孩子上二年级，成绩还不错。"老师们都在考虑写文章，你为什么不写文章？有什么困难吗？"她说："校长，我没有时间，从星期一到星期日我都排得满满的。"在跟这位老师聊天的过程当中，我发现只要聊到她孩子的问题，她就兴奋得满脸红光，双眼炯炯有神，讲其他问题，她似乎提不起一点儿兴趣。我心想，只要有兴奋点，只要能关注问题，我就有办法。我看谈得差不多了，也快下课了，就对这位老师说："现在你儿子还小，二年级。假如等他到五六年级了，懂事了，他给你提出一个问题，你怎么回答？"她问："校长，我儿子会给我提什么问题？"我说："假如你儿子问：'妈妈，你整天要让我学习成绩好，在年级里数一数二，请问你在学校的老师当中是不是数一数二的呢？'"张老师一下被我问住了，愣在那里。我说："今天，不要你回答我的问题，什么时候你想好了，什么时候你来回答我的问题。"

过了一周之后，张副校长兴奋地走进我的办公室说："孙校长，向您汇报，张老师开始写文章了。""哎呀，"我说，"真的吗？"他说："真的，她开始写文章了。"那天吃午饭的时候，我故意走到张老师面前跟她聊天。我说："听说你选到一个写文章的好话题？"她说："是的，校长。我前几天给我儿子辅导数学的时候，发现我儿子的思维跟我的思维不一样。我不管怎么给他讲，他就是听不懂，就是理解不了。我才发现儿童的思维和成人的思维是有差异的。我就想写一篇文章，讲怎么打通儿童思维和成人思维，在这两种思维之间架起桥梁。""哎呀，"我说，"你这个选题太好了，我非常支持你。"不过，我又补充："你要写好这篇文章，还需要读一些理论书，提高理论水平，使这篇文章具有一定的理论高度。"她说："校长，你放心，我已经买了十本书研读了。"我说："好，希望你认真写这篇文章，争取在今年的'教海探航'征文比赛中获得好的成绩。"私下里，我又跟张副校长说："你好好帮助她，争取让张老师这篇文章获奖，获大奖。"那一年"教海探航"的结果出来，我们这位老师的文章获得了特等奖，太了不起了。

那年的颁奖是在苏州进行的。颁奖前夕，我碰到这位张老师，问道："这周末到苏州领奖，你去不去？"她说："校长，我不去了。"我问："为什么不去？"她说："我要陪儿子上课。"我说："你错了。你一定要去。你不仅要去，还要带着摄像机去，把整个颁奖过程拍下来，尤其是你登台领奖的情景，回来放给你儿子看。这对他是最好的教育，可以让他终生难忘。"她一听对儿子有帮助，连说："好、好、好，我一定去，我一定去。"到了下一周的星期一，中午吃饭的时候，我又来到张老师面前。我问她："周末你去苏州了吗？"她说："去了。我听校长您的建议，把整个领奖的场景全部拍下来了，回来放给儿子看，儿子看了后，眼里充满了崇拜。他说：'妈妈，你真了不起！'"我说："你成功了！"

离开餐厅，张老师刚好和他儿子在操场上散步。我马上把他们唤过来。小男孩兴冲冲地跑到我的面前。我问他："你觉得你妈妈怎么样？"小男孩扭过头看看他妈妈，然后转过头来对我说："我妈妈漂亮。"我说："你妈妈确实漂亮。除了漂亮，还怎么样？"他看看妈妈，又说："我妈妈优秀。"我问："妈妈怎么优秀呢？"他说："我妈妈在全省的论文比赛当中获了特等奖。"我转过脸来，笑着对她说："张老师，你成功了，你已从'三流的妈妈'变成了'一流的妈妈'。'三流的妈妈'是保姆，'二流的妈妈'是教练，'一流的妈妈'是表率。你已经从保姆式妈妈变成了表率式妈妈。"

这个故事给我的启示是什么呢？

第一，校长在学校管理当中遇到困难、问题时不要回避。一个好的校长应该正视困难，直面困难，积极解决困难。

第二，在解决困难和矛盾的过程中，要一把钥匙开一把锁，要把工作做到老师心坎上。像上面这位老师，她一心想着儿子，她儿子就成为我打开她心灵的一把钥匙，所以我从她儿子身上切入，就很好地解决了这位老师不愿意写文章的困难。

第三，校长在工作当中要学会换位思考，要设身处地站到被管理者的角度去考虑。这位老师关心的是自己的工作对儿子有没有帮助、有没有提升。当我提出的解决方案有利于她儿子成长、能帮助她儿子的时候，她就愿意去做，心悦诚服地接受了我的建议。

所以，校长的思想领导力、心灵领导力是什么？是要把政治思想工作做到教师的心坎上，让教师心悦诚服地接受。

故事四：教师下岗的风波

每年都会有新老师到学校里来，但是新老师走上工作岗位的第一年总会遇到各种各样的问题。有一年，我们学校入职了一位杨老师。她是那年师范毕业生当中的佼佼者。但是她接班教了一个月后，有一天，我的办公室里突然来了

20多位家长。他们递给我一本"书",请我看看。他们说,这是杨老师一个月以来作业批改当中的问题,他们拍成照片印出来特意让我看。

我认真翻阅了家长们特意印制的这本"书",上面全是杨老师批改作业当中出现问题的照片。从头翻到尾,不得不说,杨老师作业批改确实有很多问题。家长们向我提出要求:强烈要求杨老师下岗,重新换一个老师。他们说孩子在这样的老师班上就成了牺牲品。还特别强调,他们来北京东路小学就是为了接受优秀的教育,不想让这样的老师教他们的孩子。家长们七嘴八舌地表达着自己的不满。最后,我对家长们表态:"你们给我一周时间:第一,我要实地全面了解小杨老师的日常教学和作业批改情况;第二,学校将采取改进的措施,具体的改进措施,一周后我将向你们反馈。"

家长们离开了我的办公室。我马上把所有校级领导请到我的办公室,召开校长办公会。我把家长们印制的这本"书"给所有校领导传阅了一遍,说:"我们马上分工:第一,唐校长进班,坐镇班级,每天听杨老师的课,用一周时间全面了解杨老师的课堂教学情况;第二,教学校长马上到教研组召开教研组会议,请教研组的老师来帮杨老师检查她的作业批改情况;第三,我马上把杨老师请来,跟杨老师谈心,当面了解情况;第四,听说杨老师的母亲也是做老师的,我们今天下午就把杨老师的母亲请到学校,请她的母亲也帮帮她,把好批改作业这一关。"会后,所有校级领导分头开展工作。

我和杨老师谈心,把家长们印制的"书"递给她看,请她谈谈想法。杨老师流着泪对我说:"校长,不好意思,给学校添麻烦了,这是我工作当中的疏漏。我对不起学校,对不起同学,对不起家长。"我说:"你有这个态度很好。下面怎么办呢?我给你提几点希望:第一,认真备课;第二,把课上好;第三,批改学生的作业尤其要仔细认真,不得有丝毫马虎。"并且,我特别补充:"我知道你的语文素质不错,并且很喜欢做老师,有做老师的良好愿望,但是因为你作业批改得太粗糙,出现了许多问题,这是绝对不允许的。尤其在我们北京东路小学这样的学校,是不允许发生这样的情况的。"杨老师接受了我对她提出的要求,并保证说:"校长,我一定保证后面作业批改不再出现类似问题。"

当天下午，我跟书记又找了杨老师的父母谈话。杨老师的父母很通情达理。她母亲也是位中学老师。我跟他们提建议，希望最近这一阵子能跟女儿住在一起，女儿批改完作业之后，除了语文教研组的老师帮她检查，希望杨老师的妈妈也再把把关，因为他们的女儿刚走上工作岗位，还不太适应，需要一个手把手的指导过程。杨老师的父母答应了我们的要求。

第二周，我把校方所采取的措施向这个班的家委会做了反馈，家长们没有提什么建议。但一个月后，又来了七八位家长。他们又拿出一本"书"递给我："校长，这是杨老师第二个月批改作业中没有批出来的问题。"我把"书"拿过来，仔细看了一遍，发现上面的许多问题并不是问题，家长有些过于较真了。家长们又给我提要求："校长，我们强烈要求换杨老师。如果学校不换杨老师，下周我们这个班的学生全部罢课。并且，我们家长到政府门口去静坐。"在这种情况下，我严肃地对家长们说："第一，对于家长的合理诉求，我们校方积极应对，采取的措施也告知你们了；第二，杨老师的这一次批改比上个月有了明显进步；第三，你们这次指出的问题，好多并不是问题。"之后，我强调："我们学校是一个萝卜一个坑，杨老师是我们今年区里面选拔的最优秀的老师，她之所以来当老师，是因为素质好，很爱孩子，很热爱这份工作，是一个有爱心的高素质语文老师。她唯一的缺点就是作业批改稍微马虎了。你们就凭这一点让她下岗，学校坚决不答应。如果杨老师下岗了，我们没有老师顶岗。如果你们非要如此，我请你们家长给我请代课老师。如果你们要无理取闹，学校奉陪。如果你们对学校的做法不满意，请你们转学。"

我这几句强硬的话让家长们一个个哑口无言。家长们走后，我又把我们班子和这个班的班主任、任课老师请过来。我说："你们了解一下这些家长，谁在里面挑头闹事？"事后，他们告诉我，挑头闹事的家长也是一位老师，并且还是兄弟学校的一位老师。我和这个兄弟学校的校长是很好的朋友。于是，我给这位校长打了个电话，表示他们学校有位老师在挑头闹事，对我们一位新教师左挑鼻子右挑眼的，并且还威胁学校说要静坐、要罢课，希望他能出面做做工作。我还说："我们也有老师的子女在你们学校上课，如果你们学校分配了新老师，我们学校的老师也跟这位老师一样去闹事，行不行啊？"对方校长一听，非常客气地对我说："孙校长，你放心，我们一定做好这位老师的工作。"当天晚上，这位老师就给我打了电话，向我赔礼道歉："校长，我做得不好，不应该这样做，我下面再也不参与这个活动了，我也努力做好其他家长的安抚工作。"到了下一个星期一，我特别请我们领导层关注一下这个班的孩子都来上课没有。他们跟我汇报，说都按时来上课了。我请他们去隔壁的市政府看看有没有家长静坐。他们回来跟我说，一个家长都没有。

这场风波就这样顺利地平息了。后续的工作是，我们继续跟踪杨老师的课堂教学，我也反复找杨老师谈心。我告诉她，一定要从这件事情当中振作起来。我说校长相信她，学校相信她，她一定要成为一个好老师，她也完全有成为一个好老师的素质。在学校的全面关心下，杨老师也非常争气，当年参加学校新教师基本功比赛就拿了一等奖，后来参加区内的青年教师演讲比赛又拿了一等奖，再后来参加区市课堂教学比赛、教学基本功比赛都拿了一等奖。杨老师后来成了我们学校班子当中最年轻的中层领导。

这是一个鲜活的案例。那么，这个案例给我的启示是什么呢？一个新教师入职的第一年，遇到困难，遇到家长的无礼要求，校长该怎么办呢？

第一，校长要有担当，要敢于担当，对于家长的无理要求，要坚决地说"不"，不能让家长的无理要求干扰教师的发展，干扰年轻教师的进步，干扰学校的教学秩序；第二，学校教育和家庭教育要跟家长划清权利边界，家长绝对不能越权干预学校的教师分工，干预学校的教育管理，校长要给家长设定明确的红线；第三，校长在教师遇到挫折、遇到困难的时候要挺身而出，要真正地帮助教师来提高自己的教学水平、管理水平。

一个青年教师在刚入职的工作中不可能一帆风顺，校长要善于发现他们的闪光点，帮助他们，呵护他们，激励他们，赏识他们。杨老师经历过下岗风波后，愈加珍惜自己的工作岗位，愈加珍惜在教育教学过程当中的每一个成长平台，她成了青年教师发展当中的一个标杆。所以，面对年轻教师工作当中的挫折和困难，校长的责任在哪里、担当在哪里？校长怎样真正引领教师，呵护教师成长？我觉得这个故事可能会给大家一些启示。

学校管理是人的管理，学校管理当中每天面对的是活生生的人，学校管理应该充满人性的光芒。学校管理要研究每一个个体的心理需求，学校管理要把管理管到每一个人的心坎上，我们要顺性而为，要顺着向善、向真、向上的人性去引导、去唤醒。我愿意和所有的校长在学校管理这个复杂、深奥、精妙、细微的领域，作出我们的探索，也作出我们应有的贡献。

（彭荣辉老师根据孙双金校长的讲座录音整理）

唐江澎

江苏省锡山高级中学校长，江苏省校本课程开发研究所所长。中学语文特级教师，正高级教师。第十三届全国政协委员，中国经济社会理事会理事，教育部首届基础教育教学指导委员会副主任委员，中国教育学会高中教育专业委员会副理事长。曾获基础教育国家级教学成果奖一等奖1项、二等奖3项，江苏省教学成果奖特等奖3项；编写苏教版初、高中课程标准实验教科书《语文》及配套教材20余册，参与统编版语文教材审查工作。

办好的教育：信念、原则与机制

　　什么是好的教育？教育部原副部长王湛先生认为，这是教育的根本之问、经典之问，也是当下的热点之问。王部长分析，这个问题之所以成为焦点，既有教育进入高质量发展阶段，培育高素质人才战略意义凸显的因素，也有人民群众在满足了"有学上"之后，追求美好生活时对"上好学"的迫切期望，更有社会竞争加剧传导至教育，学生学习负担加重，社会补习畸形膨胀而引发的普遍焦虑。

　　清华大学石中英教授在 2022 年发表了题为《分数之上》的演讲，演讲引述了去年"两会""委员通道"上我的设问"什么是好的教育"及回答，并说了他自己对这个问题的思考，也算是对一年前我提出这个问题的回应。石教授引经据典，从柏拉图、孔子，至杜威、陶行知、顾明远，说明"不同时代、不同社会、不同的人关于'好的教育'的标准认识是不一样的"，但在特定时空条件下应有一些共识。石教授归结为四层：好的教育一定是适合的、完整的、赋能的教育，指向学生健全人格养成；好的教育要促进公共生活的改善；好的教育要促进全体人民自由和全面发展；好的教育要培养全球公民意识。

　　我欣赏与认同石教授的观点，但我完全做不到从学理上进行这样的阐发。我的想法是，如果面对学生家长，哪怕其中有不少高知识阶层的人士，我们该怎么去回答什么是好的教育，并据此凝聚社会各界对好的教育的广泛共识。

我想好的教育一定是能让孩子蓬勃生长的教育，实施教育的场所应该是一个称作学校的地方。学生们会喜欢、热爱、留恋，甚至是迷恋这个地方。在这里，他们读书、探究、放歌、运动、组织社团，潜能得到挖掘，个性得到发展，人格得以健全。在这里，不是时时警惕并与伙伴竞争、战而胜之，而是在亲密交流中建立共同发展、一起成长的同学关系。

我想好的教育一定是有国家情怀、人类使命的教育，这种教育能将体现国家意志的育人目标、课程方案在校园里实现出来，呈现出来，变成生动的教育场景。在这样的场景中，应该有少年壮志，有天下豪情，有责任担当，有问题解决，而不能只是为了分数而"死揪"，为了升学而苦拼。

我想好的教育一定是家长与社会认同、认可的教育。教育追求的理想气象，应该在家长、社会面前真实呈现，让人们能感受得到；教育面临的现实压力也应该在家长、社会面前真实呈现，在沟通中汇聚共识。被功利力量牵着走，办不出好的教育；被家长和社会普遍否定，也办不成好的教育。

如果我们的教育能够培养出终身运动者、责任担当者、问题解决者、优雅生活者，那就一定促进了学生健全人格的成长；那就一定能培养出有理想、有担当、有能力的时代新人，担当民族伟大复兴的大任；那就一定能培养出赢得个人幸福，担负家庭责任的下一代，让家长们暖心、放心、舒心。这样的教育，一定是好的教育。

好的教育一定是在向好、向善过程中不断改进、不断变革的教育，改革就是办"好的教育"必然的选项。在当今时空条件下，要办出好的教育，推进教育改革需要把握一种平衡，这种平衡不只是一种工作方法，更是一种教育原则。

一、把握"平衡"的四个原则

我多次引述过，当美国实用主义教育思想进入英国，与崇尚培养"绅士""淑女"的古典主义教育发生激烈冲撞的时候，一位著名哲学家说，任何教育改革，都是对立的力量相互妥协以达成某种平衡的结果。内尔·诺丁斯也试图突破非此即彼的思维模式，主张传统教育与进步教育的拥戴者都可以在"学会关心"上找到教育的中心目的。因此，平衡不是模糊立场的权宜之计，也不是取悦各方的手段方法，而是教育改革发展需要把握的过程性原则与结构性原则。

在长期积累、互为因果的问题面前，改革不可能一蹴而就，问题不可能迎刃而解。不能指望来一次运动便大功告捷，不能指望发一个文件便药到病除，要有足够的定力、耐心，要有足够的智慧、谋略，整体设计，点点突破，稳步推进，久久为功。

基于这样的认识，我常在心里默念四句话，这也是我认为办好的教育、推进变革的基本原则。

第一句话，要朝着正确的前方。

这是我们一切教育变革必须坚守的方向性原则。教育必须促进人精神的整体成长，人格的健全。透支今天的健康与和谐，换不来明天的幸福。如果我们在现实中一时还办不出理想中好的教育，那也要坚定地朝着这个方向前行，不能随波逐流，更不能推波助澜，将教育引向那种极端的状态，决不能采用那种有悖于立德树人追求，抛开"为党育人，为国育才"使命，反教育的甚至是背离基本人文精神的野蛮的教育行为。

曾经有一些学校悬挂诸如"今日何必多睡，死后必当长眠""多考一分，干掉千人""只要学不死，就往死里学"的极端标语；一些学校举行声嘶力竭、杀气腾腾的"誓师大会"；个别学校还崇尚"一个字，揪""两个字，死揪""三个字，往死揪"的教学原则。要不了多少年，当这些走入历史、又展于后人眼前的时候，后人将会怎样震惊于这种教育的粗暴与野蛮！教育需从极端的、野蛮的"分"的苦拼"死揪"中走出来，朝着人的、健康的、和谐全面发展的前方走，走一步是一步，哪怕只是一步也应肯定、鼓励，因为毕竟开始走向了正路。

第二句话，要设定有限的目标。

这是教育变革必须把握的渐进性原则。任何改革都要统筹方向性与现实性，把握改革的力度与承受的程度，而统筹与把握的核心就是设定有限的目标，把理想一步步做出来。教育改革从来都不可能脱离社会现实，只在自己理想的实验室中展开。超出现实承受范围的颠覆式的改革，最后非但难以实现基于美好想象的目标，还可能留下理想破灭的反面样本，让那些本来就不愿变革的人，常常将之举起来证明自己固守"分数"教育之明智与正确。中国基础教育界一些让人赞叹、欣赏而后又让人扼腕长叹的改革者，以特立独行的风格大刀阔斧地推进改革总是让人眼前一亮。但如果不急切，有耐心，步子小一点、稳一些，便一定可以循着从理想中分解出的"有限的目标"一步一步向前走，最后走向理想，从而引领基础教育走上转型之路。

第三句话，要坚持探索专业的路径。

这是教育变革必须遵循的科学性原则。国家一直推动着基础教育朝着发展素质教育，落实立德树人根本任务的方向前行。一轮又一轮的课程改革中，提出了一个又一个让基层一线耳目一新的概念术语，从"三维目标"到"核心素养"，再到"大概念、大单元""任务情境"。这些在课程专家那里有确定内涵与明晰边界的概念，到了基层学校却花样百出，有时甚至面目全非。关键的一条就是缺少基于现实情境的专业探索，没有形成准确把握精神要义的操作方式与实施路径。听听专家报告很美妙，回来想想找不着调，课堂实施还是老一套。

例如课堂教学，我们需要研究将课程标准提出的"核心素养"，呈现于每一学期的"课程纲要"，分解出每节课的"教学目标"，体现于"评价设计"，落实到"教学环节"，反馈在"作业设计"，这就是一次课程链条上的专业转化。只有坚持每个环节上的专业探索，才能如崔允漷教授所言，把"想得出的美丽"变成"看得见的风景"，再转化为"走得到的景点"。还应该谨记钟启泉教授2014年的提醒：抛弃"游击战"，组织"阵地战"，着力于高中课程改革的一系列基础研究与实践探索，摆脱豪言壮语、胡言乱语、花言巧语的文字游戏与忽悠，回归脚踏实地、持之以恒的改革实践研究，才是高中教育发展的康庄大道。

第四句话，要相信时间的力量。

这是教育变革必须认定的长期性原则。十年树木，百年树人，涵育熏陶，春风化雨，教育应该是慢的，急不得。教育变革应该期待、等待、静待而非立竿见影。我们的学校确实还有看得见、摆不掉的旧影子，我们的教育还有不少解不开、挣不脱的束缚，理想的教育还在遥远的前方，但只要我们朝着正确方向做出一些改变，哪怕这些改变微不足道，不那么轰轰烈烈，将来也一定会在历史上显示其应有的价值。虽没有只争朝夕的急切，但只要日积月累，久久为功，不远的将来，回首来路时，也一定会感叹我们的成长与改变。

要办出好的教育，需要诸多要素。多年前参加一次国际研讨会议，一位英国校长分享了"什么构成了一个好学校"的见解，共有十条：高质量的领导和管理，卓越的教学，教师的奉献，高期望值，有效学习，激发潜能、适切的课程，持续改进的风气，良好的监测和评价体系，明确的教职工发展目标，适当的、充分利用的资源。他讲的这十条都很重要，但逻辑上似乎可以归并为管理、课程、教学、教师、资源几个方面。但我还是欣赏他的讲话更多是基于个人感受的排序。

在这位校长的眼里，高质量的领导和管理是放在第一位的。领导和管理是两个并列的概念，这和斯蒂芬·罗宾斯与蒂莫西·贾奇在《组织行为学》里的看法一致。领导（leadership）是"影响一个群体实现愿景或目标的能力"，而管理（management）则主要是通过制订正式的计划，设计严谨的组织结构以及监督这些计划的实施。国内学者的讲法更通俗易懂，领导是"决定做对的事"，而管理是"把对的事做出来"。但对于我们中国的校长而言，不可能只做领导者，提出愿景、确定方向，挥挥手后主要"应对变化"；不可能不做管理者、不去"应对复杂性"、不去克服各种障碍，而要"把对的事做出来"。但有意识地区分领导与管理的不同侧重点，并借鉴现代领导科学的理论，提高领导水平、管理水平，是我们办好的教育必须研究的课题。

从管理学角度看，我的体会是，锡山高中这些年的发展得益于规划引领、目标验核、分布式动力源三大机制。

二、"规划引领"的发展机制

2006 年，我们从学科组规划做起，三年一轮次，以学科组专业化建设提升学科育人水平。学校整体规划也是如此，从 2007 年提出整体办学水平跻身无锡教育第一方阵，到 2017 年创建江苏省高品质示范高中，再到 2020 年担当新课程新教材实施国家级示范校使命，每一步发展都得益于规划引领。

制定规划时，我们坚持"自上而下"与"自下而上"相结合，也就是要有学校总体目标设计，也要有部门具体工作设计，相互作用；坚持"制定文本"与"形成思路"统一，既要"成文"，更要"成事"，不能去搞些"纸上画画""墙上挂挂""规划赶不上变化"的东西，规划方案就是工作举措；坚持"发展愿景"与"个体责任"的一致，如果"愿景"变不成"项目"，"项目"落不到"部门个体责任"，规划做出来之日可能就是束之高阁之时。制订规划，必须强调全体参与，上下互动，在达成共识中凝聚力量，在汇聚智慧中谋划未来。规划的过程既是工作回顾的过程，更是形成愿景的过程；是明晰思路的过程，更是有所作为的过程。更重要的一条，制定规划是培养干部队伍、提高管理水平的有效方法，部门负责人的领导意识、全局意识会在规划中增强，工作思路、达成目标会在成文中清晰，分清主次、强化落实会在成事中把控。

课程教学规划、学生工作规划、教师发展规划是综合部门的三大规划，没有这些部门规划，学校的总体规划就立不起来，而课程教学规划、教师发展又引领着 13 个学科的"学科发展规划"制定。

这里以后勤服务处"十三五"规划制定为例进行说明。2015 年 8 月，学校启动"十三五"规划研制，后勤服务处制订了雄心勃勃的发展规划，提出组建"匡园服务集团"，实现企业化管理；两名后勤骨干进驻学校餐厅，立下军令状；半年面貌大变样；围墙外建体育文化一条街等内容。讨论时，大家充分肯定了他们肯干事、想干事的豪情，也提出了中肯的建议：企业化经营预备赚谁的钱？我们是为学生服务，还是将学生消费当作市场来开发？立军令状，体现的是科学规划的理性，还是意气用事的情绪？打造"体育文化一条街"即便可行，是应该向城市规划部门提建议还是我们应规划的事项？最后引导他们逐步形成、明确了"服务至上、规范专业、保障有力、开源节流"的规划宗旨，并聚焦基础建设、资产管理、运行服务、队伍建设四个方面，深化、细化规划。

比如讨论列入基础建设的"食堂改造"项目时，就启发后勤服务处的同志按照规划的步骤来推进。第一步是想样态，改造后的食堂应该是什么样，要通过样态想象与呈现来清晰目标，明确我们要达到的目标究竟是什么样的。

过了三天，他们回答了 16 个字：一流环境、一流菜品、一流服务、一流队伍。我说，很不错，已经想出了四个重要方面而且有一流追求，但是 16 字"样态"既没"样子"也无"形态"，都是概念。我追问，一流环境长什么样？一流服务又如何体现学校食堂对学生成长的服务？他们又去研究了，出去参观考察，拍了一些能体现"一流环境"想象的照片；又聚在一起上网查询，查到了包括清华大学博士写的学校餐厅文化设计理念等相关论文，还发动班主任找已在国外读书的学生发回他们学校餐厅的照片。

又一次汇报，这次汇报对我们课程教学、教师发展等部门同志的触动很大。他们感慨，后勤处的同志走在了前面，他们的规划前期研究已经是在进行规范的科研了，有调查研究、文献研究和国际比较研究。我又启发大家思考：食堂难道仅仅是学生就餐的地方吗？一流环境还应该承载哪些教育功能？中国的高中永远会是现在这样，打铃后一起吃饭吗？课程自主选择的多样化、选课走班的推进实施，会不会要求食堂供餐时间走向长时段、多批次、可选择？在孩子成长发育的关键期，天天一杯鲜榨果汁，如何替家长为孩子们准备好？面向国际交流，建设击剑基地，海纳文化多样性的个性化餐厅又在哪里？慢慢地，"环境即课程""服务即育人"的规划理念照亮了规划细节，食堂改造工程升格为"课程基地"建设工程。

理念落实为项目，品质彰显于细节。2016 年暑假，食堂改造竣工：这里有了学生天天值班的食品检验检疫中心，食堂进货通过学生"舌尖上卫士"的安检；这里有"生活技能教室"，学生在这里习得必须会烧的三道菜，在这里举行班会、包馄饨；这里约请家长轮流来校烧菜，让孩子们品尝"妈妈的味道"，增加了住校学生的亲子交流机会，密切联系了教师、家长和学生；这里有与大学合作的"未来食品研究中心"，与大学贯通培养食品工程的领军人才，"强基计划"在食堂起步；这里有可满足学生毕业聚餐的宴厅，像许多大学那样很有教育仪式感的毕业聚餐也可以在此分批举行；这里有"匡园果吧"，每日现榨果汁，每逢节假日，食堂还以成本价发售"匡园孝心包"，让学生带给家人……

"规划引领"的发展机制，就是在规划中围绕若干主要方面形成工作项目，以日常具体工作推进项目落实的工作机制。这里要处理好三个方面的关系。一是"大"和"小"的关系，内容大而多的工作都要分解成若干子项目，分解越细，类化越明晰，越易于落实。落实我们创建江苏省高品质示范高中规划，就分为6个版块，36个大项，118个子项，118个工作项目之下还有多个工作任务点。二是"长"与"短"的关系，三年计划要有学期进度安排，学期工作要汇编为学校的月度计划——每月做什么事，何时做，做到什么程序。学校办公处形成了"一月一下发，半学期汇总，一学期考评"的制度，保障规范执行常规运转。三是"常"与"变"的关系，常规工作与临时任务，规划预设与计划变化，都是实际工作中必然会遇到的问题。我的经验是，能想到的常规工作做到应纳尽纳，全部归并入规划，实行项目化管理，不能出现常规工作与规划落实两套路子的现象。在一所高中的学校发展规划中，如果看不到高三教学的影子，这个规划能真实发挥作用吗？临时的、变化的事项，要按内容及时归项装"筐"，重组优化，调整完善。我们建设"双新"国家级示范校的规划，就是在高品质示范高中规划基础上突出重点、归类重组、补充提高形成的专项规划。

三、"目标验核"的行事机制

好的规划、好的决策有了，能不能做出来，体现着学校的执行力、落实力，更深层体现着学校成员的行事风格、行为文化。我们学校会议室墙面上写了四行字：问题、任务、方案、验核。这也是我们基本的议事流程与工作流程。要商议工作，一是必须思考"问题是什么"，聚焦现实问题，找寻问题成因，澄清问题价值，我们的工作才会有的放矢，有针对性地展开，也才会找准入手点。二是必须明确"任务是什么"，解决问题的目标就是任务，任务要清晰、具体。三是必须呈现"方案"，方案就是解决问题、通往目标的路径。"没有方案不请示""没有方案不讨论"，这是我们的议事规则。作为具体负责的同志，不论好方案差方案，好歹要有方案，不要遇事两手一摊等指令；有A方案B方案，也要能说出让大家决策、讨论的利弊点、疑难点。四是"如何验核"，这也是最关键的一点。每一个规划项都要有"验核设计"，每一项工作都要说清用什么标准、方法来证明工作完成了。正如课堂教学中我们抓住"目标叙写—评价设计—证据反馈"几个环节一样，日常工作也坚持"目标导引，评价验核"，让大家学会用实证的方式来呈现工作成效。我的体会是，没有评价就没有落实，没有验核就没法落地。我们借鉴台湾地区同行"评鉴设计"的表格形式，形成了我们目标验核的行事机制（示例见表1）。这是确保每项具体工作落地落实、行事成事的关键。

表1　锡山高中项目规划与验核设计

所属项目					
子项目名称					
目标·内容	（具体叙写）				
受益对象					
预期效益					
进度·预算					
子项目内容重点	2018下	2019	2020	2021上	经费（万元）

责任团队	（负责人，团队分工）				
验核设计	（可观测、可量化的评价证据与评价标准）				

四、"分布式动力源"运行机制

根据美国未来学院院长扬·莫里森在《第二曲线》中的观点，事物发展有其生命周期，从低谷向高峰转而跌落，人们要善于在由低向上未至峰值的时候，把握机遇，启动第二成长曲线，在高点上开启新一轮向更高峰巅的演进，不要等到了高峰再转型。这样就可以一轮一轮地提升，学校发展也是如此。办"好的教育"，需要判断学校所处的发展阶段，发现现行体制所存在的问题，寻找第二成长曲线。

分析师安迪·哈格里夫斯说，分布式管理的领导班子创造了一个良好的环境，在这个环境中，人人都有权力，具有主动性，充满动力，有能力主动实施领导。我们倡导的"分布式动力源"系统，也是如此。

我是 2006 年担任锡山高中的校长的，至今已经十几年了。在这十几年中，我一直坚持这样一种观念，就是如果一所学校什么都听命于校长，那么这所学校的发展多半是不可持续的。我曾数次参与江苏高考语文命题的工作，在长达一个半月封闭命题期间，甚至不可能通过电话遥控来管理学校事务。这一经历促使我倡导并推进分布式的管理机制：将个人化的模式转换成公开、共享的模式。

有人说一个好校长就是一所好学校，我认为那样的学校一定不是真正的好学校，只可能是一个发展中的学校；真正好的学校一定是靠内在机制就能持续推进学校的发展，而校长对于学校的影响不一定会起决定性作用——事实上，中国有许多名校已经实现了这一点。

锡山高中曾实行扁平化的管理模式。所谓扁平化管理，具体讲就是由各个年级部来执行一线实际的管理：每个年级部既要考虑学生发展，又要监控教学质量，还要促进教师的专业发展。从某种意义上说，一个个年级部就是一个个小的学校行政单位。这样的设置，提高了管理的效能。但时间不长，我们便发现一个非常重要的问题，那就是任何一个级部都是为了三年以后的高考目标而存在的——这只能是一个临时性的"战时动员"机制，如果想让这样一个级部来承担学校长期发展的职能，会比较难。

在这样的级部管理体制下，教研组功能被虚化、弱化，教研组不见了，变成备课组的"独联体"。这样的"独联体"根本没办法对学科整体建设发挥应有的作用，关键一点是，学校运行的动力只有行政驱动。我甚至想，如果大学也都按照高中这样的模式来进行管理，分成大一级部、大二级部、大三级部、大四级部，那么，还有大学吗？

亨利·明茨伯格明确指出，一个组织的管理部分有三个：战略顶层、中间层和操作核心。在学校，处在组织核心部位的应该是教师，教师是操作核心，教与学始终居于组织的中心。

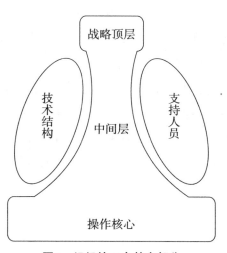

图1　组织的五个基本部分

借鉴先进的组织系统，我们系统变革，推进现代学校治理体系建设，不断完善，逐步形成了行政部门、学科组、项目组三轮驱动的分布式动力源系统。

第一，行政动力源，即实行党委校长室统一领导，副校长分工负责，各部门组织实施的行政工作机制。

学校职能部门设置为：（1）综合职能部门，包括课程教学处、教师发展处、学生工作处、后勤服务处、学校办公处；（2）具体实施部门，包括高一年级部、高二年级部、高三年级部、国际部。

这里还有一个"名"与"责"的厘定问题。费希特说，要把概念放在手心去触摸，触摸至心安理得再去使用。2006年，关于学校机构设置，我确是进行了一番"触摸"，在"触摸"中明晰了部门职能，这里一一来说明。

一般高中负责教学工作的部门称为"教务处"或"教导处"。学校实现教育目标最基本的载体是课程，而我们学校却没有相应的课程领导机构，这也是课程意识淡薄的表现。上级教育行政部门机构设置也如此，有管教研的部门，但没有明确专门管课程开发与审查的部门，虽然教育部门已要求校本课程须经上级主管部门审查。我校在2006年首创设置"课程教学处"作为核心机构，承担课程开发、教学管理、教学评价、学科建设、教学服务等职能。"课程教学处"每年的重要工作，是画出一张图——"学年课程规划"；每届高一新生报到时要交给学生一本书——本届学生使用的《课程修习手册》，介绍三年高中课程门类、学分要求、考评标准与时间。

一些学校设有"德育处"，甚至是"政教处"，我们去"触摸"："德育"难道是一个部门独立承担的职能吗？"德育"可以从"智育""体育"中剥离出来单独进行吗？"政教处"又是何意？思想政治教育也可以独立完成吗？我们还是借鉴大学机构的称谓，设置"学生工作处"，承担训育指导、社团指导、主题教育、生涯规划、综合评价、班主任队伍建设等职能。

一些学校设有"科研处"，我们又去"触摸"：科研能否独立于教学而存在？教学处抓"分数"，科研处抓"论文"？也有些学校把校本课程开发归于"科研处"管理，似乎教学处抓高考玩实的，科研处搞课程玩虚的，这样的两张皮可行吗？我们从促进教师专业发展的需求出发，首创设置了"教师发展处"，承担价值引领、专业支持、幸福提升三大职能。

在这种模式下，学校大力推行计划落实责任体系：年初，学校根据规划制定年度工作纲要；每学期初，各部门根据学校总体要求制订部门学期工作计划和工作要点，然后细化，分解至每月；各行政人员根据学校分工，自己申报个人学期任务；每月初，各部门形成月度工作目标，责任到人，月末则对实施情况进行反思汇总，查找不足、改进提高。

学期结束时，各部门对照学期部门工作重点，以要点式列出本部门本学期工作的完成情况以及物化成果；对照本学期的工作计划、月度计划形成部门总结，每位行政人员对照自己申报的发展目标进行全面自评、考核。

这一制度的实施使学校规划目标分解为每一天的具体人的具体工作，有力推进了各项工作的落实。

第二，学科组动力源系统。大学依赖于知识生产、学科建设，形成大学文化、大学体系，这样就会有牢固的根基。那么，高中难道就没有学科建设的问题吗？学科教研组长在哪里？今天他们在做些什么？这样的追问应该引发我们校长对学科地位、学科建设的高度关注，对学科领袖、学术标高人才培育的高度重视。同时，这也提醒着我们，学校发展不能仅靠行政运行独轮驱动，我们迫切需要装上学科发展的轮子。

有别于大学以完善知识体系为使命的学科建设，高中学科组建设以提高育人质量为旨归。我们提出这一命题，是为了破解大规模的高中学校、年级部、备课组的管理体制下的教研组功能弱化，课程改革深化背景下的学科专业支持缺位，应试牵拉下的教学育人追求偏斜三大难题，探索学科育人的实现路径，让学习真正在课堂教学中发生。

另外，我们还有意淡化学校一级的所谓"校本"教研。我认为，学校一级的校本教研，更多的是一种通识性的、形式重于内容的教研，相较之下，学科组层面的校本教研更有意义和价值。学校所要做的是对学科组教研提供支持：学校针对每一门具体学科，邀请相关的专家和名师来校进行学术交流、专业指导。

我们研制包括学科宣言、学科领袖与专业社群、课程教学、知识管理在内的学科组发展规划体系；组建行业联盟，以呈现具有"普适性"的学科组发展规划实施与评估的样例；重建教研制度，通过国家课程标准分解、促进学习的评价、课堂观察、未来教室等教研项目，全面提高教学质量。

建设学科教研中心，有效教学和课程开发是我们关注的重点。2013 年，我们通过创建学科教研中心，提炼学科宣言，转变学习方式，建设学习团队。2021 年，我非常高兴地看到每个学科教研中心都发布了《学科建设年度报告》。现在我校大多数学科中心的主任都是"80 后"的年轻人，他们把一年来学科整体发展的基本思路、重大成果汇集起来，出了一本厚厚的年度报告。添装学科组发展之轮，学校发展就有了专业驱动力。

第三，有了上述两个动力源，还要再添加一个动力源，那就是项目化管理。学校有一些工作是跨部门、跨学科的，具体的任务都需要有人来负责研究和实施。2019 年，江苏在全省遴选了 20 所学校创建高品质示范高中，我们是这 20 所学校之一。在创建高品质示范高中的过程中，我们共设立了 6 个重大项目，118 个子项目，许多"90 后"担任这 118 个子项目的项目长，他们人人肩上有责任。

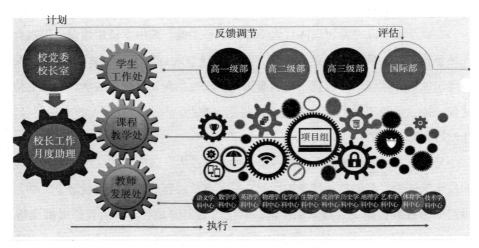

图2 锡山高中分布式动力源系统

为了学校更好地发展，在我退休前，我们挑选了六位年轻的中层部门负责同志担任轮值校长，让他们全面负责、全权决策。办"好的教育"，要形成这样的分布式领导体制，这是一种尊重，也是一种选择。应该选择便于合作共事的一种机制，选择能够充分发挥每个人积极性的一种体制。一支能把这所学校带领到 2035 年的队伍成长起来了，他们正在挑起大梁，这也是这种机制让我深感欣慰的地方！

万玮

上海平和教育发展集团有限公司总经理，上海市民办平和学校总校长，民进中央委员会教育委员会委员。出版"班主任兵法"系列3本，《用服务的态度做教师》《向美国学教育》《教师的五重境界》《40岁，开始学做教育》《学校管理的本质》等专著。

转动学校发展的飞轮

2022 年 4 月，美国大学本科申请基本落下帷幕。业内普遍用美本前 30 的录取数来衡量国际高中办学质量，上海市民办平和学校排名上海第一，全国前三。我在这所学校担任校长已经是第九个年头。

一、成长历程

1996 年，我大学毕业，偶然认识了建平中学的校长冯恩洪，他当时正在上海浦东创办一所民办双语学校。他对我说，一个人有机会参与一所学校的创办，是可遇不可求的。这句话打动了我，于是，我成了上海市民办平和学校的第一批员工，工号是 10。

我从数学老师做起，教过小学，大部分时间在初中，带过几轮毕业班。工作一年多之后开始当班主任，一开始做得一塌糊涂，后来痛定思痛，最后写出《班主任兵法》，成为国内教育界的畅销书。

学校的第一任校长是英语特级教师吴泗，他务实、儒雅，有谦谦君子之风。我无知无畏，有一次在全校教工大会上发言，不知怎么想的，竟然反驳校长。他不着急，不生气，事后也不追究。2000 年，第二任校长恽昭世上任，她是大学教授，学术素养非常高，当时平和学校只有小学和初中，她创办了高中，并果断引入 IBDP 课程，即国际文凭大学预科课程，走国际化办学的道路。我也在 2001 年前后被提拔为学校中层。

2005 年，任国芳成为第三任校长，她是行政干部出身，具备很强的经营管理能力，学校的财务状况有了很大改善。她很赏识我，在 2006 年提拔我担任校长助理，并在 2013 年退休时竭力推荐我继任。当时的我并没有做好准备，数次推托，在任国芳校长几次三番苦口婆心的劝说下，硬着头皮走上了校长岗位。

当时，平和学校已经站稳脚跟，办学质量也得到了社会认可。但学校发展也存在一些瓶颈，如教师年龄结构不合理，学校发展定位模糊，教职工薪酬吸引力不足等。而到了 2021 年，平和 25 周年校庆之际，无论是在校学生规模、学校业务收入，还是教师待遇、师资水平，尤其是学校的影响力，都有了显著提升。我也在这个过程中，与平和一起，收获了成长。

二、校长方法论

副校长与校长是完全不同的两个岗位。副校长只要把分管的工作做好就可以了，实在有困难，还可以向校长汇报。校长就不同了，责任重大，压力巨大，没有别人可以依靠，自己就是最后的防线。

在上任初期，我用了近一年的时间整理思路，思考我自己的长板是什么，短板是什么，我能够为学校的发展贡献什么，学校未来的发展方向又是什么，由此逐渐地形成了自己的四个方法论。

（一）领导优于管理

学校内部的管理，常常是剪不断、理还乱。中层需要管理能力，校长则更需要领导力。

所谓领导力，我认为，在今天这样一个变化急剧的时代，指的是领导一个团队面对未知的能力。这里面有两个要素，首先是有人愿意被你领导，无论你是怎么成为领导的，被指定也好，振臂一呼也罢，到了最后，有人心甘情愿跟你走，你就有了一半的领导力。另一半取决于你把这些被吸引过来的人往哪里带，你需要有眼光、有格局、有见识，你需要认清方向，作出决策。你的决策是否靠谱，跟你走的人是否心里踏实，形成了领导力的另一半。

因此，校长必须是领头羊，不是推着大家走，而是领着大家走。

（二）主动不如自动

有段时间我一直在思考一个问题：学校的主人是谁？一开始，我觉得是学校的领导，后来想到应该是全体教职工，再后来觉得应该是学生。直到我读到经济学家张五常的一篇文章。

在这篇文章里，张五常阐述了"纤夫合约"。这个理论是他提出的，影响很大。张五常观察到旧社会长江三峡上的纤夫，会集体花钱雇佣一个监工，并允许监工用鞭子抽打出工不出力的纤夫。因为纤夫拉船是一个集体行为，如果有人偷懒不太容易被发现，对那些卖力的纤夫就不公平。由此，我想到学校里每一个岗位都很重要，如何激发每一个人的内在动力，才是最重要的命题。如果站在家长的角度，最重要的管理者并非校长，而是班主任及学科教师。一个孩子的成长关系到一个家庭的幸福，学校管理应当帮助班主任与学科教师更好地工作，为社会提供高质量的教育服务。再回头看那个问题：谁是企业的管理者？谁是学校的主人？答案是所有人。管理不分高低贵贱，每个人都为组织的目标服务，各自在不同的岗位上为学校发展作贡献。

后来，在一次面向全体教职员工的开学演讲中，我提到一个观点——"被动不如主动，主动不如自动"。这个观点不仅适用于对学生的教育，也适用于对员工的管理。老子说"无为而无不为"，有为是为了无为，在领导无为的状态下团队呈现出来的状态才是真实的状态。

（三）搭台、成长、赋能

我读过一本书，叫《授权》。作者是美国的一名前海军指挥官，叫大卫·马凯特。马凯特曾经临危受命，担任一艘美国海军核潜艇圣塔菲号的指挥官。当时，这艘核潜艇无论是在技术、管理还是士兵的情绪方面，都处于最糟糕的级别，根本不能执行任务。马凯特接手后，短短的六个月，没有开除一名船员，就把这个倒数第一的团队带成了具备极强战斗力的队伍，并提前获得了作战调用资格。更加可贵的是，马凯特离开之后，圣塔菲号依然延续辉煌，不仅获得了很多荣誉，而且船员与指挥官不断晋升。

《高效能人士的七个习惯》的作者史蒂芬·柯维听说这件事，专门跑到圣塔菲号上拜访，称赞马凯特的领导方式是他所见中最好的，并把这个案例写进了他的《高效能人士的第八个习惯》。

马凯特的领导哲学很简单，他改变了传统的"领导者—追随者"的管理模式，而采用了一种"领导者—领导者"的模式。在《授权》一书的推荐序中，柯维写道：

领导力是一种释放人类才智和潜能的艺术。你也许可以通过支票、职位、权力或胁迫来获取某人的支持，但是才智、激情、忠诚和顽强拼搏的精神只能建立在个人意愿的前提下。世界所面临的诸多重大问题都将被这些热情、释放天性的"志愿者"解决。

我十分认同马凯特的观点。2019年，我出版了一本《学校管理的本质》，初步阐述了我管理学校的思路，在封面上，我写道：学校管理的本质，是搭台，是成长，是赋能。

（四）建构飞轮系统

亚马逊公司总裁贝佐斯将亚马逊商业成功的秘密归结为"飞轮效应"。巨大的飞轮刚刚转动时，要用很大的力气，但是每一点投入的力量都不会白费，等到飞轮慢慢转动起来，过了临界点，不再受力也会转很长时间。

贝佐斯认为，企业的各个部门就像是飞轮的各个齿轮，这些齿轮相互咬合在一起，环环相扣，共同发力，最后让飞轮快速地转动起来。

学校的发展不是靠一个人，而是一个系统工程。校长的职责就是构建这个系统的飞轮，并且集中所有人的力量与智慧，推动这个飞轮慢慢地转动起来。

三、飞轮效应

我做校长这些年，着重构建飞轮的五个叶片。这五个叶片耦合，彼此联动。巨大的飞轮一开始很难转动，然而一旦启动，就能持续地转起来。

（一）理念、愿景、共识

做校长之初，我向一位做领导力培训的专家请教，领导力最核心的要素是什么？

他回答我："简单地说，就是会讲故事。"

"讲什么故事？"我问。

"讲'我'的故事，把它变成'我们'的故事。"他回答。

我听明白了。他所说的"故事"，指的是学校的目标、理念与愿景，一开始是校长讲，然后是中层讲，最后是所有人讲。当普通教职员工的目标、理念与愿景跟校长保持一致，就会真正实现齐心协力，同频共振。

我做了三件事。

第一件事，打造学习型组织。

早在做校长助理时，我就开始构建学校的校本研修体系。我自己热爱学习，坚持学习，做终身学习者，因此，我走上管理岗位后，也特别希望老师们能和我一样养成学习的习惯。

在组织架构变革的过程中，学校专门成立了教师发展中心，负责教师的专业发展。新教师先要参加暑期的入职培训，第一时间感受学习型组织的氛围，明白"学习即工作，工作即学习"。

学校构建了校内的教师职称体系，分为四个等第，每个等第分三个级别，共 12 个级别。级别与等第的晋升有清晰的要求，教师的薪酬直接与校内职称挂钩。学校设有学术委员会，负责教师职称评审。

学校每年拨出超过 100 万的经费，用于校本研修，包括各种培训、教研、课题、走出去请进来等。学分系统也很完备，从日常教研、听评课，到申报校级课题、参与各种学术活动，都能取得相应学分。

我尤其看重中层培训，对每周一下午的行政例会进行了改革，原来的行政例会以讨论具体的事务性问题为主，改革后行政例会成了学习与研修的课堂。教师发展中心在每学期初即制订好计划，每周例会的内容都有安排，大家轮流主讲或主持，相互学习研讨。作为校长，我做总结与点评。在这样的学习氛围中，年轻管理者千峰竞秀，百舸争流。

第二件事，开设官方微信公众号。

2015 年，微信开始流行，并逐渐成为主流的社交工具。一些企业开设了官方微信公众号，及时发布企业的各种动态。我敏锐地感受到这一趋势，果断作出了开设学校官方微信号的决策，并物色了一位青年教师来负责。

这位青年教师教初中英语，名叫陈河清。通过日常接触，我认为她是一名头脑灵活、学习能力很强、非常有上进心的年轻人。微信公众号作为一种新生事物，大家都不了解，年轻人反而学得更快。我找到陈河清，给她提供了如何做微信公众号的线上课程信息，她爽快地把这个任务接了下来。

学校微信公众号取名为"平和教育"，成为宣扬平和教育理念的重要平台。近年来，每年发表推文 200 多篇，关注的用户超过 8 万，时常有点击量超过 1 万的推文出现。今天，如果你关注"平和教育"微信号，会发现推文的主角主要是平和师生，持续关注一段时间，便会对平和学校丰富多彩的校园生活有全方位的了解。许多家长选择报考平和学校，就是从关注"平和教育"开始，并深深地被平和学校的理念吸引。

对我来说，创办"平和教育"微信公众号的初衷并不是对外宣传，而是把学校理念植根于教职工心中。我从普通教师成长起来，知道集中开会统一思想的效果并不见得好，正是"被动不如主动"，当老师们自发地在微信朋友圈转发学校的推文时，他们的心就已经和学校紧紧连接在一起。

陈河清老师也因此脱颖而出。一年半后，她被破格提拔，担任一所分校的执行校长，"平和教育"的编辑任务移交给了另一位青年教师。

第三件事，做开学演讲。

2016年开始，我尝试在每学期开学初的教职工大会上发表开学演讲。之前的教职工大会通常以宣讲工作计划、提要求为主，我认为这是一个宣扬学校办学理念的机会，于是自我加压，迎难而上。每次的演讲，我都认真准备，提前写好逐字稿，做好PPT，然后在会上做脱稿演讲。每次的时间在一个半小时左右，字数在12000～15000字。除了开学演讲，我也有选择性地接受邀请，在校外一些有影响的论坛、峰会发言，每次都认真准备，写逐字稿。我给自己定了一个原则——讲过的内容不再重复。

对任何人来说，这都是极大的挑战。当你每年都要做十场以上的不同演讲，演讲内容在微信公众号发布，言之有物，发人深省，你得有很大的知识储备。"讲"促进"学"，输出促进输入，我利用平时的碎片化时间学习、思考与写作。事实证明，这些演讲不仅宣扬了学校的办学理念，推广了学校品牌，也为全校教职工做了表率。把这些演讲内容整理整理，平均每两年我都有一本教育专著出版。

校长开了头，大家伙也得跟上。每学期结束的教职工大会上，半天属于中层的述职，要求也是脱稿演讲的方式；半天属于不同部门的青年教师，教师们逐一登台讲述他们在各自岗位上的成长故事。

（二）组织架构重组

2013年，我参加了一个中欧工商学院的短期课程，主题是领导艺术。教授带大家做了一个思想实验，教授说：如果你是一个企业的领导，在退休前一天，下属开欢送会，让你总结在这家企业最大的成就，你会说什么？

教授的分析让我印象深刻。他说：答案大致分两种，一种关于事，一种关于人。如果你的答案类似于完成了某个项目、开拓了一片疆土等，那你是任务型的领导；如果你的答案类似于"我"培养了一些人、带出了一支团队等，那你是关系型的领导。

那次培训之后，我暗暗下决心，要把带出一支有战斗力的团队作为我的重要工作目标。

2012年，我出版过一本随笔集《用服务的态度做教师》，其中提到教育就是服务。做了校长之后，我认为管理也是服务，领导也是服务。我将学校的组织架构做了重组，除小学部、初中部和高中部三个直接面向学生和家长的学部之外，其他部门整合成六个中心和两个职能部门。

六个中心分别是：教师发展中心、课程建设中心、文化交流中心、资源配置中心、生活管理中心和膳食服务中心。其中，教师发展中心负责全校教职工的专业发展，灵感来自世界五百强企业内部的培训部门，即"企业大学"。课程建设中心负责统整开发校本课程。我告诉大家，学校是服务业，学生与家长是顾客，学校的产品就是课程，广义的课程，是学生与家长对学校教育的感受与体验的总和。文化交流中心负责学校的品牌运营，包括学校的官网、微信公众号、校内的环境布置、校园文化建设、校友会联络等。资源配置中心在总务处的基础上升级而来，整合有限的硬件资源，为每年大大小小的两三百场校园活动保驾护航。生活管理中心有70多位生活老师，负责全校1000多名学生的寄宿管理。膳食服务中心运营学校的食堂，为全校3000余名师生员工提供可口的食物，"舌尖上的平和"有口皆碑。两个职能部门是校务办和财务室。三个学部为学生与家长服务，六个中心与两个职能部门为三个学部服务。

部门重组之后，我将中层干部重新调配，把每个人尽可能安排到适合的岗位上。正如彼得·德鲁克在《卓有成效的管理者》一书中强调的那样，要"用人所长"，"用人所长是卓有成效的管理者必须具备的一种素质，是一个组织工作是否有意义的关键"。那么，何为用人所长？在德鲁克的思想体系里，管理者最重要的职责之一，就是帮助下属扬长避短、发挥潜能。管理者应该做的，不是用放大镜去发现下属的缺陷，而是要去积极寻找这个人的长处，去发现这个人擅长什么，他在哪方面可以比别人做得更好，然后把他安排在最适合的位置上，让他在这个岗位上有所成就。一旦一个人能充分发挥自己的长处、有所成就，那么他就会获得强劲的自驱力，实现自我成长。

同时我还坚持一个原则：中层能做好的事情，一定放手；中层不能做好的事情，帮助他们做；中层不能做的事情，才是校长的主要工作。

到了2018年，团队的成长非常显著。我又将部门领导的头衔做了更改，原来的小学部、初中部、高中部主任全部升级为校长，六个中心的负责人由主任改为总监。伴随着头衔的更改，是更为充分的授权，每个部门都有独立预算，在预算范围内有自主决定权。部门的工作积极性进一步得到提升。校长室得以解脱出来，进行更重要的宏观思考与决策。

（三）校园文化建设

2020年11月20日，平和学校举行全校教职工定向越野活动，拉开平和建校25周年系列庆祝活动的序幕。主题词是：潮平风正，道远人和。

平和学校一路走来，充满坎坷，很多人问我平和为什么成功，我总是回答六个字"天时地利人和"。"潮平风正，道远人和"八个字恰好涵盖了天地人三个因素，作为平和学校的校庆主题词甚是恰当。当然更重要的，很多人也看出来了，其中嵌入了平和的校名。

平和学校的校名来自两家举办机构：一家是建平中学，一家是信和房产，两家各取一字。

2006年，平和十周年校庆时，决定对校名重新诠释，任务落到作为校长助理的我与常务副校长龚德辉身上，我俩各想了八个字。龚校长的八个字是"平正达礼、和善励新"，我的八个字是"平而不庸、和而不同"。前者成为校训，后者成为校园文化。平和的校名从此有了新的含义。

很多人称赞平和校名起得好，因此，我特别重视用校名来推进校园文化建设。我对文化交流中心提的要求是：对外做品牌，对内做文化。我倾注了相当多的心血，对很多活动的主题词都亲力亲为，用心设计。

早年，我在网易写博客，博客的签名是六个字：平乃安，和为贵。

我们效仿南开中学，在教学楼底层门厅处安放了一面镜子，师生进门的时候，可以对着镜子正衣冠。我写了一联：

平心正容

和气明礼

在给初三和高三学生写毕业赠言时，我都把校名嵌进去。

平心观世界

和气满乾坤

——2019 年赠言

平生多壮志

和睦少烦忧

——2020 年赠言

平心酬壮志

和韵谱长歌

——2021 年赠言

高中部有一个新的校区在金槐路上，本部的校区在明月路上。新校区第一届毕业生请我写毕业赠言，我写道：金槐增和睦，明月照平安。

2018 年之后，学校逐步对校园进行了修整，打造了"双鱼广场"，我写了几句话刻在广场边的铭牌上：

鸟瞰平和建筑，恰似双鱼戏水。

鱼戏莲叶间，海阔凭鱼跃。

平和如水，师生如鱼。

平和双语，水大鱼多。

子非鱼，安知鱼之乐？

平和的理念是，养鱼先养水，学校的文化如同"水"，滋养着学校师生。平和文化交流中心所做的工作，是"水"的重要组成部分。

2019年，平和图书馆新馆开馆，学校请了著名书法家徐宏斌先生题写馆名，我也为平和图书馆写了一幅嵌名对联：

> 平而不庸，和而不同，平和追梦人当胸怀大志；
>
> 知其所短，行其所长，知行合一者必博览群书。

有人说，年轻的学校很难有文化积淀，此言不虚。十年树木，百年树人。作为平和学校的第四任校长，我提炼出嵌入学校校名的学校文化"平而不庸、和而不同"，并且通过各种举措，使之深入人心，是为平和学校成为一所有文化积淀的学校奠基。

平和学校的官网上有一个"校长寄语"栏目，对"平而不庸、和而不同"解释如下：

《周易》曰："天行健，君子以自强不息；地势坤，君子以厚德载物。"既自强不息又厚德载物，是中国古人所崇尚的完美人格，这样的人称为君子。"平而不庸、和而不同"表述的就是君子人格。

平生多壮志，和睦少烦忧。平和人应当具备"五自"精神，即：自主、自由、自然、自省、自信。平和教育人肩负历史使命，致力于培养扎根于中华优秀传统文化、具有国际竞争力的成功的学习者。平和师生胸怀大志，脚踏实地；独立思考，兼容并包；静若处子，动若脱兔；周而不比，泰而不骄。

平和学校行政办公区外有面"故事墙"，把每年发生的大事用故事的形式记录下来。我相信，故事是文化传播的载体。

平和每年都进行"平和人物"的评选，每月一位，一年12位。评选采用推荐制，对象是教工、学生或校友，标准就是"平而不庸、和而不同"这八个字，再具体一些，落实到"五自"精神。这些平和人物就成为平和文化的传播者。

2020年底，我有幸在长三角民办教育一体化发展论坛上代表上海做过一个发言，主题为"水土丰美，百花盛开"。平和正在营造一个充满理想主义色彩的教育生态社区，让教师与学生自主自由地生长。

（四）办学定位聚焦

平和是一所12年一贯制的学校，每年都有上百名学生分别从初三和高三毕业。我自己有16年的时间在初中教数学，深知中考的压力巨大。初中一线教师很辛苦，在生源并非一流的情况下，中考成绩排名在浦东100多所初中学校中长期稳定在前五，大部分时间排名前三。

高中部在2002年创办，引进了两个课程，其中一个课程是加拿大安大略省认证的OSSD课程，即安大略省高中文凭课程，另一个则是IBDP课程。2013年我担任校长时，高中部情况不太好，甚至可以说风雨飘摇。

当时办学规模不大，IBDP课程有3个年级6个班，共150人左右；OSSD课程也有3个年级6个班，共120人左右。生源一般，本校初中优秀学生大多不把直升作为第一选择，外校来报考的优秀学生也不多；高中部主任几年内换了三任，第三位于2012年辞职去国外读书；十年间，其他学校的高中国际课程相继创办，陆陆续续挖走了平和学校许多创校元老，最离谱的是，2010年11月，三位教研组长集体提出辞职……

经过深入思考，我作出战略决策，强化一贯制课程建设，大力发展高中，把高中升学成果作为学校的主要办学质量指标。

学校专门新建了一栋地上五层地下两层的建筑作为高中部教学楼。从2015年开始，高中部扩大规模，到2020年，IBDP课程从每个年级50人的规模迅速增加到200人。OSSD课程于2019年升级成为IEP，即国际课程实验班，招生规模扩大到每个年级4个班，100人，学校额外租了一栋办公楼作为IEP的新校区。

短短六年时间，高中部的规模从270人左右扩大到超过900人。原有的一些内部管理的沉疴很快被高速发展冲淡，每年招聘进来的大量的年轻教师给部门发展带来了活力。我自己则从 2012 年开始，连续三年兼任高中部主任，为部门发展谋篇布局。

2022 年，平和高中的国际课程已经成为国内最有影响的高中国际课程之一。高中毕业生每年的申请结果在同类学校中名列前茅，且稳步上升。福布斯中国、胡润百学每年都会对国际化学校进行排名，平和学校每年都稳居全国前十。

平和高中的成功极大地提升了学校的知名度，在很短的时间内，学生的量与质同步增长，学校的收入接近翻番，教职工的待遇明显改善。因为认同学校理念而来投奔的优秀教师越来越多，平和人的归属感与自豪感油然而生。

同时，这样的一种定位也让作为民办学校的平和学校与公办学校错位发展。当 2020 年中央开始对义务教育阶段的民办学校实行入学摇号等政策之后，平和没有受到太大影响，反而迎来了新的发展机遇。

（五）教育集团发展

当学校的组织架构完成重构，中层团队的潜能得到充分激发时，校长所要做的，就不是向后向下向内实施控制，而是向前向上向外拓展空间。我开始留心开疆辟土的机会。

我上任校长时，刚好 40 岁，校长班子成员年龄与我相仿，并没有年轻多少。我琢磨，等到我退休，他们也差不多同步退休了。中层也是如此，唯有扩大办学规模，创建更多的平台，才能给管理团队提供更多的成长空间。

2016 年，机会来了。光华教育集团找到我，商讨将他们刚刚申办不久的一所同样位于浦东的民办初中光华中学交由平和学校托管。光华教育集团的主营业务是国际高中的 A-level 课程，办学成果斐然，但是对办民办初中没有经验，第一届学生只招了 18 人。

我们很快达成共识，平和派出校长及管理团队，全面输出平和的课程以及管理，我委派了平和的一位李姓校长助理担任光华中学校长，同时提拔"平和教育"微信公众号的首任编辑陈河清老师担任光华中学执行校长，再加上几位骨干教师，光华中学团队搭建成功。利用平和的教育品牌，光华中学在第二年顺利完成招生任务，教学质量稳步提升，办学三年之后小有名气，所有年级全满，当空出一个插班名额时，甚至有超过十名学生去竞争。

2017年，平和用同样的方式，输出团队、课程及管理，在浦东张江新办了一所创新型的筑桥实验小学。短短几年，这所学校就收获了行业内的大量关注，在课程改革方面的很多探索得到了家长与专业人士的高度认可，上海市师资培训中心甚至将筑桥实验小学作为挂牌的师资培训基地，市区教育主管部门的领导多次前来视察，媒体也广为报道。

2018年，平和跨过黄浦江首次输出品牌，在上海市青浦区创办了一所九年一贯的青浦平和双语学校，学校的校园请到了业内著名的建筑设计师李虎先生设计，成为2021年度最惊艳的十大中国建筑之一。2019年，青浦平和幼儿园开始招生，在青浦的办学也十分成功。到了2021年9月，青浦平和双语学校一至九年级的学生总数超过1300名，青浦平和幼儿园的学生数也达到了260名，彰显了平和教育品牌在上海的强大号召力。

分校的管理团队都由总部派出，空出的岗位由原部门提拔新人顶上。对于外派团队，我充分授权，他们的内驱力以及领导力在过去几年得到充分激发，我唯一提的要求就是不要简单复制平和总校的做法，而是要在传承的基础上有所创新。

平和教育集团也在2018年顺势成立，对分校进行集团化管理。分校每年都需要总校派出骨干教师，同时又逢平和高中迅速发展，平和教师发展中心连续三四年每年新教师的招聘数量都在60人以上。正所谓"问渠那得清如许，为有源头活水来"，年轻干部不断被提拔，优秀人才不断加入，平和学校活力四射，蒸蒸日上。

四、结语

2021年，教育部出台了一系列规范民办学校发展的政策，民办教育进入历史发展的新阶段。不少从业者对民办教育的未来担忧，我依然信心满满。过去20多年，在政策的扶持下，民办教育获得了蓬勃的发展，同时也泥沙俱下，乱象丛生。因此，适度的规范乃至矫枉过正不可避免。

我欣喜地看到，平和学校发展的飞轮已经启动，这个飞轮有五个叶片，每一片都缺一不可，且逻辑一致，相互依存。岑参有一句诗，"忽如一夜春风来，千树万树梨花开"，梨花恰是五瓣花。我坚信，只要坚持修炼内功，积累内涵，平和学校就会持续发展，飞轮会越转越快，迎来全面盛开的那一天。

王欢

史家教育集团原党委书记、校长，正高级教师、北京市特级教师、特级校长。党的十八大代表，第十三届全国政协委员、北京市第十二届政协委员等。中国教育学会副会长、教育部家庭教育指导专委会副主任委员、教育部大中小学思政课一体化建设指导委员会专家指导组成员。享受国务院政府特殊津贴专家，获全国优秀教师奖章、全国五一劳动奖章、全国三八红旗手、首都劳动奖章、北京市突出贡献人才、北京市先进工作者等荣誉称号。主持多项国家、市、区级研究课题，获基础教育国家级教学成果奖。出版著作《永远的新校长》《和谐教育》，主编德育、健康、安全、体育、艺术、人文等领域校本教材，在《人民教育》《北京教育》《中小学管理》等发表多篇论文。

守护教育初心

　　"史家小学校长轮岗交流到天永学区革新里小学"，2021年9月1日这样一则新闻标题一石激起千层浪。人们纷纷猜测：名校校长到普通学校担任法人代表是"动真格"，还是"走过场"？也有人质疑：王校长即将退休，在革新里小学任职几个月就走了。

　　时间进度条拉回到2021年8月底，在北京市教育"双减"工作新闻发布会上，北京市教育委员会新闻发言人宣布新学期北京市将大面积、大比例推进干部教师轮岗，东城区是首批试点区。

　　这一改革的目标在于，从过去以学校为单位供给，强调校际间的教育均衡，转变到现在以学区、教育集团为单位进行新教育供给侧改革，着眼于义务教育的区域性高质量发展。干部教师轮岗已成必然，但仍然需要有人挺身而出。

　　当组织把这样一个充满挑战性的任务交给我时，我的心中闪过八个字：责任在肩，义不容辞。对于在教育一线工作了40余年的老教育人来说，从我初中毕业填报志愿时毫不犹豫写上"师范"那天起，我觉得自己天生就是为做教育而来的。只要教育事业需要，只要我余力尚存，即使退休了，我也愿意放下所有，选择到革新里小学实现我的教育梦。从这里开始，以一名普普通通的教育工作者的身份努力工作，"功成不必在我，但功成必定有我"，我愿意在这里书写"办好人民满意的教育"的新答卷。

新学期伊始，当我以新校长的身份站在革新里小学门口，微笑着欢迎全体师生时，有人拍照，有人观望，但所有关于是否"走过场"的猜疑烟消云散。我心里明白，高关注度意味着高期待值。在深度推进教育公平的今天，新的教育时代悄然来临，而我已然投入其中。所有人都在等一个答案：王欢校长没有了大校名校校长的光环，能不能把革新里小学办好？史家教育集团将往何处去，能否承担起带动区域性教育高质量发展的使命？

老校长履新，对我来说并不陌生。我曾经十年之内做了四次新校长；2014年成立史家教育集团，我同时兼任三所学校的法人代表。但这一次履新，我深刻认识到和过去有所不同。

当前，教育领域综合改革不断走向深入，学校的管理方式、组织架构受到人们的重新审视，集团化办学纵深发展，一场关于学校组织的变革正在发生。

作为北京市革新里小学的新校长，同时任史家教育集团党总支书记、总校长，不仅是责任多了，担子重了，而且教育集团发展面临的问题更加复杂，既有推进优质均衡发展的共性问题，也有集团成员校发展的个性问题。在集团成员校拥有独立法人的前提下，如何落实党组织领导的校长负责制？东城区提出三年内100%教师轮岗，如何盘活教师资源而又不影响学校文化的传承？教师流动规模变大，每所学校的教师构成变得复杂，如何解决教师的文化认同及理念共识的问题？教育部提出保障学校办学自主权，激发学校办学活力，史家教育集团成员校如何在集团党委的统一领导下优化学校内部治理模式，变"差距"为"差异"？着眼于"减负增效"的教育变革时间紧、任务重，如何实现改革理念共通共融、组织架构稳定高效、执行路径清晰科学？集团化办学也冲击着原有的教师培养模式，师资流动提速、发展需求多元、晋升路径狭窄，如何让教师成为改革的核心力量，而又让他们有归属感、尊严感和幸福感？

一、"新"校长修己安人，变"管"为"理"

我在新学校履新一段时间之后，总有人关切地问我：各方面是不是基本都捋顺了？我真心诚意地说："顺了，不过不是捋顺了，而是进入学校的第一天就依顺了。"为什么说"依顺"而不是"捋顺"？20年七次新校长的经历让我更加确信：新校长上任或老校长履新，需要捋顺的不是环境、机制或他人，而恰恰是自己——修己安人，理顺自己。只有这样才能使个人的意愿让位于学校或集团的需求，给予学校原有的办学传统和文化应有的尊重。

我曾经收到一位副校长的短信："以前听说换一个新校长，能力素质特别强。新校长没来之前我们特别紧张，担心适应不了要求。新校长来了以后，很快和大家融在一起，我们完全没有感受到紧张和压力。您常说'你们改变我'，大家工作起来没有顾虑，工作开展得很顺利。您平易近人，对学校的干部和老师都非常关心和热爱，非常令人感动。"

这条短信让我思考良久，让我站在干部和教师的角度换位思考。对于普通学校的干部教师来说，名校长的到来会令他们产生许多顾虑和担心：新校长会不会对学校原有的一切全盘否定？新校长大刀阔斧地改革，大家能否跟上步伐？干部、教师们能否适应新校长的管理风格？名校长的管理思想能否接本学校的地气？

基于此，我作为"新"校长，这时候需要做的是：与前任校长进行良好、顺畅的对接，尽可能稳定学校的各项政策，实现学校的平稳运转，同时也给教师们一段适应和调整的时间。这时候，新校长需要以高度自觉的责任心、处变不惊的平常心来接纳一切、理解一切、尊重一切，不要急于去否定、急于去改变、急于去表达和表现。

"不是你们适应我，而是我适应你们"，这是我到革新里小学后常挂在嘴边的话。刚到学校两周，没有外界期待的大动作、大手笔，我以教育工作者的本真状态过每一天——听遍所有老师的课，和老师们、孩子们交谈，参与孩子们的活动……担任校长多年，我早已没有了"掌控一切"的心态——一定要用什么样的管理方式，让教师们达到一个什么样的状态。学校的发展是最高利益，既然已经在既定的轨道上顺畅、稳定地运行，就不能因为某个人而转变轨道。有经验的新校长能够准确地找到学校的中心点，努力调整自己，实现与学校中心工作的同步运转。

校长对教师的价值引领和示范作用不可低估，尤其是新校长的一举一动会被教师们解读，甚至模仿。

校长努力而投入地履职，教师们自然会自觉地工作。校长以行为示范并营造积极的工作氛围，在润物细无声的氛围中，教师们的工作和精神面貌自然会向着理想中的状态转变。行胜于言，校长有意无意表达的积极向上的工作追求，仿佛"磁场"一样吸引着教师们效仿追随。

革新里小学目前正悄无声息地发生着这样的变化：积极解决"双减"工作中的各种问题，主动承担各项改革任务，认真研讨"提质增效"的教学策略……

我是一名工作了40余年的老师，我深深知道，每一位人民教师的内心深处，早就在为教育变革暗暗积蓄着力量和决心。因此，我信任他们。

在史家教育集团推进课后服务的时候，管理团队已经做好了应对质疑的准备，但看到的却是很多老师彻夜不眠，一起讨论课后服务的整体规划、设计，从课程安排、课时安排、教师安排、教室安排、学生选课，甚至学生放学接送地点，对每一个细节都认真琢磨、认真调整。在他们身上，我看到了教育的原生态，看到了教育最本真、最蓬勃的变革力量。

"我是来为教师们和孩子们服务的"，这是我真心的表达。我始终认为，满足孩子的发展需求是校长的天职。管理最终的目的是安人，人的发展永远是学校管理的第一要务。我有一个心愿：老百姓在家门口就有好学上，就是上像史家小学一样品质的学校。我在革新里小学听科学课，问孩子们参加过哪些科技比赛，只有一个孩子说参加过机器人比赛。我知道，孩子们需要更加丰富的课程资源，需要更开阔的成长视野。随后，学校一系列基于孩子成长需求的课程资源建设工作深入推进。为教师创造发展的平台，真心诚意地为教师的发展服务、对教师好，必要的时候弯下腰让教师们踩着向更高处走，教师们也会感知并更加努力工作。目前，革新里小学教师部分团队有了自己的工作室，成为集团"领袖教师"。

校长肯定要为学校的未来发展布局谋篇，尤为重要的是要构建一种科学持久的机制，为学校奠定长盛不衰的基础，为师生一生的幸福埋下可持续发展的种子。但是，教师、学生和家长对新校长的接纳，是学校发展布局谋篇的前提。接纳才能认同，认同才有共识，共识才能同行。大家的接纳并不源自对校长权力的顺从，而是对校长人格魅力和管理水平的认同。

我想，新校长接手一所学校后首先应该思考的是如何将"我"变成"我们"，如何把"我的理念"变成"我们共同的意愿"，凝神聚力，在共识的基础上共为。一句话，校长对自己的角色定位要清晰——不只做管理者，更要做同行人。"要想走得快，就独自上路；要想走得远，须结伴而行。"这句话同样适用于校长进行学校管理或集团管理。俗话说，"新官上任三把火"，但"新"校长需谨记：众人拾柴火焰高。

二、学校变革的前提是"传承"

"我们假装为孩子们做了最好的事情，但实际上并没有。我们只是做了对自己方便的事情，这必须改变。"偶尔在网上看到这句话，我深受触动。学校变革也好，教育改革也好，必须关注学生和教师的实际获得感。站在改革前线，我时常用这个标准审视团队的目标和行动——不能为了改革而改革、而刻意"标新"，不能为了追求改革前后效果的不同而刻意"立异"。

我从教40多年，亲眼见证过许多学校的兴衰。有些本来办学品质很高的学校换了几任校长之后就不再辉煌，有部分原因在于学校优秀的办学传统没有得到有效传承。宋代学者李觏在《袁州州学记》中谈到办学教化之功时说道："孝武乘丰富，世祖出戎行，皆孳孳学术。俗化之厚，延于灵、献。"这与学校办学传统传承有神通之处。

一所好学校的办学品质于稳定中有提高，这常常是连续几任校长励精图治，在传承的基础上不断推陈出新的结果。这才符合学校办学规律，符合育人规律。在教育规律面前，任何人都必须保持敬畏之心。

是不是普通学校的改革就不必考虑传承了呢？当然不是。为什么有些普通学校引进名校长、名校管理方式后仍然发展后劲不足？全盘接受名校的价值观念和管理方式，短时间内可能看到一定效果，但由于没有传承学校原有好的方面，办学理念、管理制度与学校原有工作基础割裂，管理理念与干部、教师行为割裂，发展目标与教师需求和现状割裂，学校发展的可持续性肯定不理想。如果校长不考虑这一点，只想"新官上任三把火"，有可能带来破坏性的后果。对大家认为是荣耀点的地方，新校长要有一种认认真真的尊重。一所有品质的学校，大多有延续几十年甚至上百年的传统，它们是学校的血脉，不能来一个新校长就提一个自己的主张，断了学校的血脉，影响品质的延续。很多校长都希望能提炼出独属于自己的育人或办学理念，但对于一所学校发展而言，最忌讳的就是一任校长换一个主张。

新校长到一所学校肯定会希望有所作为，但也会遇到很多矛盾：如果没有新做法、新主张，校长的能力可能会受到教师们的质疑；如果开展工作时有所变革和创新，无形中似乎是对前任校长的否定；学校发展的机遇稍纵即逝，如果校长急于把握机遇，会给人一种急功近利的感觉，如果任由机会溜走，也会引起教师们不满。

有的新校长把前任的痕迹彻底烧干净，把自己顶天立地地树起来。有的新校长一上任就急于提出自己全新的办学思路，或把自己原来学校的办学实践移植过来，或为了追赶潮流而哗众取宠地提出一些观点，与学校原有的做法和办学思想相割裂、相悖离，甚至急于强调自己的教育理念和观点，为了让教师们接受，刻意强化、扩大自我，有意无意地淡化或抹煞前任校长的做法和成绩。虽然有的校长也在推行前任校长的主张，但也可能是"拉大旗，做虎皮"，是为了突出自我。如果是外来的校长，把学校以前几十年形成的基础打破，忙于建立新的规章制度，工作效果肯定不理想。

"你是在建设'史家'的'府学'，还是'府学'的'史家'？"这是十年前在一次研讨会上，一位参会者向我提出的问题。府学胡同小学和史家小学在北京市都有一定的知名度和影响力，而我先后担任两所学校的校长，大家关注的焦点在于：如何处理保持学校特色与延续个人思想的关系？如何处理继承与发展的关系？我先后担任过七所学校的法人，没有在任何一所学校"另起炉灶"。同时，我也没有把原来的理念和思路照搬过来，学校的特色不可能、也没有必要进行复制。出于对每一所学校的尊重，我首先会了解学校的现状和历史，认真和专注地思考学校的特色和未来，挖掘这所学校的历史中值得传承的东西，力求在继承中创新。学校的特点不同，管理方式、学校发展规划、促进学校发展的策略亦有所不同。

我到史家小学的第二年，正好是卓立校长从教 50 周年，"和谐教育"提出20 周年，我们就开了一个大型的庆祝会。之前，我们花了一年多时间，组织所有教师，把 20 年间他们对"和谐教育"的思考、实践、经验、努力总结出来，编辑成册，出了一套"和谐教育丛书"。庆典上，我们当成"作业"交给了卓立校长。梳理、挖掘"和谐教育"理念，我自己也受益，让大家看到我不是个人想得到什么，而是全心全意扑在史家小学的发展上。我在全体教师大会上讲过多次："好的教育必须'传承'和'坚持'。好的教育必须少说、多做，不能着急。我在史家小学的工作，就是要挖掘这所学校 70 年历史中值得传承的东西。"2010 年我来到史家小学，这么多年来做的最重要的工作就是挖掘、巩固和发扬史家小学的文化品质和资源优势。如今，"和谐教育"理念落地生根，成为史家人共同的精神追求和行为准则。

今天，类似的问题又一次摆在我面前：是不是要把革新里小学建成"小史家"？革新里小学加入史家教育集团后，有了优质学校的光环，但我知道这样的变化还远远不够。因此，我不断观察和思考革新里小学的优势是什么，怎么让学校做得更强大、更有品质，以高质量的办学标准推动"本土"的成长，包括"本土"教师、"本土"学生的成长。革新里小学的课后活动资源非常丰富，"双减"课后服务质量获得家长的广泛认可。学校的艺术教育富于特色，尤其是金帆话剧团在北京市有一定的影响力。基于此，我将两所学校的话剧教育资源进行整合，两所学校的团队强强对话，互相促进。革新里小学团队信心十足，话剧团管理越发精益求精。

新校长在开展工作的过程中有个人教育思想和管理思想的延续，但一定要考虑学校的特点。这并不是说学校与学校之间的发展路径完全割裂，任何一所学校都必须在遵循教育本质的基础上打造特色。学校办学思想和办学目标体现这所学校的发展方向和灵魂，应该理性思考学校的发展，带领全体教职工根据学校实际，实践、总结、提升思想与目标。用思想引领办学实践，走向校本管理，走向自主发展。

我认为保持学校特色与向前发展并不矛盾。社会在发展，教育在发展，学校必定要跟上时代的进步和社会的变革进行发展，从这个意义上说，发展是硬道理。所以我一直以来的心态就是：拥抱变化，激活发展。学校如果停滞不前，那么无论曾经有多么大的优势，结果肯定要落后。在继承中发展，继承是手段，发展是目的，继承是发展的前提，发展是继承的归宿。

我始终不变的理念是：教育的本源不变，教育的氛围和文化环境不变，教育要在孩子的心中播下发展的种子不变，热爱孩子不变。我的使命在于让学校的亮点更亮，优势更强；对于需要改进的部分，我积极引领；氛围变了，人变了，原来的学校文化就被赋予了积极的文化内核，变成可持续、可传承的东西。

三、守护集团每一所学校的文化基因

"一种新文化的有效性取决于新的变革背后人们的力量和现有的文化的力量的对比。"用威特克尔、格鲁奈特在《如何定义、评估和改变学校文化》中的这句话来解读学校变革的深层次问题再恰当不过了。文化既是一种生存机制，又是一种解决问题的框架，学校变革的文化可以形容为"静水流深"，"静水"是可以看见的制度行为，而深层次的是文化属性。学校变革必然会涉及文化革新问题，校长的使命在于在保持学校基本的文化基因的基础上生成新的文化。

学校的灵魂在于文化。优质的文化一旦形成，学校全体成员都会按照一定的标准行事和思考。名校的品牌更在于学校已经形成了优秀的学校文化，其独特的学校文化对教师价值观念、行为方式等方面的影响根深蒂固。是文化的力量推动干部、教师不断探索教育教学的本质，遵循教育发展和学生发展的规律，创新育人途径和方法。这是学校优质办学品质得以延续的基础。

学校文化的形成、发展和创造都有内在的规律，并非一朝一夕形成，而改变它也不能一蹴而就。历史传统是学校文化得以延续的根基，而变化是必然的，没有传统也就没有根基，校长推动学校变革的智慧就在于守护又创造，不能操之过急。一所学校的文化都是随着学校的发展经过长时间积淀而成，凝聚了历任校长的办学理念和思想，内含了学校统一的价值观，新校长的发展只能是在整体的学校文化模式的基础上创新；学校文化具有渗透、沉淀作用，老校长的价值观、管理风格、行为规范、文化的价值取向不可能在短时间内改变。

如果学校的现状与理想中的状态不一致，新校长是急于否定它和改变它，还是真诚地认同它呢？新校长要努力做到对学校现有文化的认同、尊重和保护。校长首先要尊重学校文化以及学校文化发展的规律，在传承文化的基础上有所创新。在文化传承、创造过程中，教师文化、课程文化、组织文化、领导文化之间相互影响，共同延续学校的精神气质。普通学校更需要文化自信和文化认同，而不是对原来的学校文化持摒弃的态度。

基于以上认识，我作为革新里小学的法人，作为史家教育集团的总书记、总校长，责任在于既要把史家教育品牌传承好，也要把集团成员校的文化血脉守护好。每所学校都有自己的历史和文化，照搬照抄名校的办学风格，无异于邯郸学步。当一所学校失去了办学传统，失去了文化基因，所有的创新也就成了无源之水、无本之木。

就史家教育集团而言，我并不赞成"连锁店"的说法，龙头校和成员校之间也并不是"品牌店"和"加盟店"的关系，而是各成员校遵循学校办学规律和育人规律，优化学校内部治理结构，各美其美，美美与共。史家教育集团自2014年成立到2022年已走过八个年头。这八年，是不断探索教育改革的深度和广度，持续推动教育高质量发展的八年，在育人模式、课程创新、管理机制、队伍建设等方面精耕细作的八年。集团化办学后，史家小学变成史家集团，它不是史家小学的扩大化概念，而是一个新的有机整体。

成员校发挥学校自己的特色，在保留自己的文化基因的同时进行文化创生。教育均衡的最终目的是各校都找到自己的发展途径，发展出自己的特色，形成优质的学校文化，每所学校的改革成果才能可持续、可传承。

集团内每一所学校都必须处理好三个关系：继承与创新的关系，当下与未来的关系，效益与特色的关系。时代在变化，学校对教育品质的追求永无止境，龙头校也需要抓住时代赋予的发展机遇，敢于担当和创新，破解教育发展过程中的难题。成员校更应该审视办学过程中的优势和不足，提升品质，达成使命，为学生发展和教师发展负责。

史家教育集团通过各校区的资源共享与优势互补，以及在文化认同、组织架构、教师发展等方面的变革与创新，在"1 + 1"的基础上着力建设一个以理念共识、机制协同、资源整合为行动基点，运行模式从外部推动型转变为内在驱动型的崭新的生命体。这种平行式、分布式、参与式的学校治理结构的实质是，在"聚"与"变"的密切交互中，推动集团每一所学校追求高质量。

史家小学作为名校，不只是进行"文化输出"和"价值输出"，作为东城区乃至北京市的"教育名片"，有责任继续打造教育文化品牌，用品牌力量去辐射和带动。成立史家教育集团之后，史家小学的中心任务是出经验、出标准、出品牌。

史家教育集团有一个品牌中心，专门研究三级品牌，包括集团品牌、校区品牌、学科品牌。这样做的目的在于，集团成员校既共享统一的理念、协同的机制、整合的资源，又鼓励学校守护独特的文化基因，避免集团发展中"千人一面"的"整容脸"。史家教育集团成立以后，一直坚持一个原则，即20%的共同基因，剩下的80%都是校区自主。我们要求每个成员校都有自己的品牌，尤其要守好文化基因。

集团办学过程中，各成员校之间的文化冲突不可避免。解决好各成员校之间文化传承与建设、融合与发展的问题，是集团办学的文化基础。在史家教育集团，我们确立了"和谐＋"的集团建设理念，各校区间相统一的是基本价值观和文化形成机制，不同的是文化特质与优势。各校区的学校文化在对话与碰撞中互补与创新，从而使集团文化更加多元，更有层次，更容易激发文化的内在生命力。

生命体之所以成为生命体，源自其内在的生命基因。同样，集团作为一个生命体，内在的文化基因是集团走向集成的动力内核。学校文化的形成具有长期性与稳固性的特点，在集团范围内进行文化的融合与价值的重构，引导集团人从校区归属走向集团认同，这是集团这一有机体得以生长的生命基础。

四、打通教师成长的"第三条道路"

教师群体在集团化办学改革中扮演着举足轻重的角色。如何看待教师在教育改革中的作用？以前更多地把教师看作是改革的"执行者"，即使对优秀教师也是如此。叶澜先生提出教育改革应从教师本身思考出发，她认为教师不是改革经验的照搬者，而是"有发现的研究者"，教师不是教育变革实践的操作者，而是"有创生能力的变革者"。我非常认同这些观点，教师是研究者，是变革者，他们在教育集团化改革过程中的作用被低估，其专业自主性的发挥也会受到限制。

一位轮岗到史家小学的集团成员校的校级干部的成长也印证了上述观点。史家教育集团成立之初，作为提升成员校教育质量举措之一，教师流动随之推进。当时我们认为，成员校干部管理素养的提升是当务之急。除了史家小学选派优秀的干部到成员校发挥指导示范作用，成员校的干部也到史家小学进行"浸润式"学习提升。

这位校级干部到史家小学后不再担任教学管理干部，而是当班主任，承担教学任务。只有这样，才能感受教育问题的真实情境，教学一线也是学校管理最敏感的神经末梢。这种工作安排对于脱离教学一线很多年的干部来说肯定压力重重。但是没想到的是，这位干部在轮岗结束后再次申请轮岗交流一个周期，理由是她喜欢史家小学的工作氛围，最大的收获还在于打破工作舒适区，找到了工作价值感和成就感。

这位干部的成长使我们意识到，即使教育改革让教师们按部就班的教学工作轨迹受到冲击，工作的复杂性和不确定性增加，但教师的师德修养和专业水准决定了他们不但不是改革的消极力量，还有可能成为改革的研究者和创新者。对教师工作的认知高度不仅要体现在对教师无私奉献精神的高度肯定上，更应体现在充分重视教师自身的价值上。集团应该利用教育改革的契机，做好制度设计，帮助教师将个人的成长与教育改革事业有机结合。集团管理团队把尊重人、引导人、激励人、发现人的价值、发掘人的潜能、发挥人的力量放在首位，为教师提供尽可能多的信息平台，让教师成为信息拥有者、教学决策者；让教师自我诊断，构建积极的价值观、道德观；让教师的才智得到最大限度发挥，责任心、事业心得到最大限度体现。教师轮岗的背后，是资源、空间、平台、渠道的打通，归根结底是让教师的专业自主性得到发挥。教师要想有好的发展，就不能成为被动的执行者，而应该成为主动的变革者、研究者，甚至是领导者。我们所做的是尊重教师、尊重教师对教育的热爱和自觉，让他们成为改革的排头兵。

从教育集团管理的角度，需要做好制度设计和专业支持。关于教师轮岗，我常提到两个关键词——"框架"和"流动"。为保证史家教育集团的每一个孩子都能接受高质量的教育，史家教育集团必须有整体的框架。这个框架既包括清晰的育人目标、明确的质量标准、共享的课程资源，还包括面向集团每一位教师的专业发展规划路径以及开放的、高质量的教师培训资源。

当教师们明确这个框架之后，其归属感便不局限于某个校区，而是整个集团，实现真正意义上的"校区人"向"学区人"转变。一旦实现这种转变，史家教育集团教师资源才算真正"盘活"。不但优秀教师的引领辐射作用得以强化，普通教师也能够拓展发展的空间和平台。所有教师由被动适应改革，转变为主动助力变革。这相当于打通所有环节，整个集团的办学活力得以激活，每一位教师攥起拳头，那就是史家教育集团的力量。集团与教师是真诚合作的关系，共担责任，共享未来。

目前，集团在各校区人员交流的基础上，进一步推动理念、资源、项目等各种教育要素的深度流动、充分融通。史家教育集团的教师流动不只是个人的流动，更多的是团队流动、项目流动，是一体化建设。教师流动后，教育资源共享，优质项目共享，辐射全集团。这是方法的流动、思想的流动。事实上，"人员"的流动不局限于史家本部的外流，还涵盖了联盟学校的内流，如此便形成了一个资源、思想、项目的良性循环，优质的教育也因此有可能从内生长。

为了适应教育集团化改革过程中教师的流动规模提升、流动提速、需求提高的要求，集团在教师领导型治理结构中培育领袖教师群，将具备科研能力、拥有学术影响、形成专业成果的集团教师视为"领袖教师"。领袖教师更多的是一种专业身份，打破了过去教师各自隔离的个体化工作局面，营造出一种合作的学校文化，并生成专业学习共同体，实现基于专业社群的共同成长。赋予教师专业自主性，重构教师权力关系，使全体教师在互相追随、互为领袖的学术生态中得到融合发展。

随着教师共同体的构建、领袖教师的涌现，在教师发展层面我们开辟了职务擢升、职称晋级之外的第三条道路，即依托学术启导、专业话语、文化引领的自我实现之路。通过教师赋权、强化教师的专业影响力和学术领导力，确保各项改革在集团各校区顺利推进，带动教师专业共同体的发展，带动遍及各个领域的专业共同体在科研融合中定方向、定标准、定重点，促进思想、资源、项目的持续深层流动，内在推动集团、教师、学生的同频发展。同时，"领袖教师"群来自群众的身份属性，确保其自身及追随者的育人行为不再由从上到下的行政化来驱动，而是由令人敬慕的学术力来领导。在给"领袖教师"赋权的同时，我们也为全体教师增能。史家教育集团不仅成立了干部教师的专业精修学堂和职业成长基地——史家学院，还通过"史家讲坛"、国博人文培训、家庭教育指导师培训、北师大脱产培训等深度引导教师专业发展。

史家教育集团为轮岗教师赋权增能，教师流动符合教师的成长周期与规律。通过搭建区域内部流动平台，骨干教师走出舒适区，在交流中发现新的职业生长点，逐步成长为专家型教师，而龙头校骨干教师的流出又为新教师成长提供了发展阶梯。史家教育集团优化教师交流轮岗顶层设计，实现有序流动；出台配套政策，实现深度流动；强化技术赋能，探索虚拟流动。在教师交流轮岗中，促进教育优质均衡发展。

集团化办学要深层次地发挥优质均衡效应，就要把集团发展的精神追求、思想引领、理念取向与教师的职业生活和专业发展相融合。在增进全体教师专业发展、职业幸福、事业成就的基础上，改革的活力全面迸发。这种旨在使集团发展从外部推动型变为内在驱动型的改革指向，其实质是构建"动力群"、激发"群动力"，从价值融合、战略融合、运行融合、机制融合、师资融合等几个方面推进集团从管理走向治理，进而形成干部自觉引领、教师主动谋变、团队内在聚合的整体推进态势，让每一个史家人都积极地拥抱变化、激活发展。当前，行进在高速铁路上的史家教育，正在成为一列几乎每节车厢都有电动机组、每个车轮都是动力旋转的高速动车。

集团化办学使命在肩，40余年坚守初心不变——办好每一所学校，成就每一位教师，呵护每一个孩子。回归教育工作者的本真状态，我就是一个圆梦人：要让学校成为孩子梦开始的地方，教师梦拓展的地方，办学梦延伸的地方。

我愿意与集团所有干部同行，激发每一所学校的办学活力，鼓舞每一位干部的责任感和使命感，实现个人价值感和事业成就感的统一；我愿意与教师同行，让教师成为改革的排头兵，强化他们的专业自主性和专业领袖意识；我愿意与学生同行，从学生发展的角度审思教育工作，学生眼里的光让每日的工作充满价值感；我愿意与家长同行，获得信任和支持，扩大教育的格局和视野，家校共育之路行深致远。

　　教育高质量发展旗帜在前，我们都是追梦人！

王建华

内蒙古乌兰浩特市教育局党组成员、乌兰浩特市第四中学校长、乌兰浩特市第四中学教育集团总校长。任内蒙古自治区党代表、内蒙古自治区人大常委会兴安盟工作委员会委员、乌兰浩特市人大代表（常委），教育部国家乡村振兴重点帮扶县教育人才"组团式"帮扶工作专家顾问委员会委员、中国人民大学中小学德育研究所研究员、中国教育学会中小学德育研究分会副秘书长等。享受国务院政府特殊津贴专家。获全国先进工作者、内蒙古自治区优秀共产党员、内蒙古自治区草原英才、内蒙古自治区突出贡献专家、内蒙古自治区优秀德育工作者等称号。

追求有生命质感的教育

教师是厚重的职业，承载着希望，托举着生命，书写着奉献。人们毫不吝惜地把"人类灵魂的工程师"这样庄严而神圣的称呼赋予教师，用"春蚕到死丝方尽，蜡炬成灰泪始干"这样深情的诗句注解教师，孔子践行"有教无类"的尊重生命之创举成为教育人的精神圭臬。在中国人心中，教育是圣洁的存在，酝酿着生命的无限可能和丰沛力量。从走人校园开始，我的梦想便被身边的、书本里的一个又一个师者引领着、塑造着，我的精神是教育培育的，我的生命是教育润泽的，从事教育工作成为我人生路上的一份坚守与执着，教育与生命的紧紧关联成为我对教育的朴素认知。

终于，如愿成为一名老师，又慢慢成长为一名校长，30 年的育人历程让我对教育有了更深刻的理解，对教育之于生命的意义有了更理性的认知，也听到了更多对教育之生命意义的真知灼见，教育是"一个灵魂唤醒另一个灵魂""教育是人的生命质量不断提升的全过程""教育是建立在学生个体生命基础上的活动"。2013 年 4 月，习近平总书记在致清华大学苏世民学者项目启动仪式的贺信中说道："教育决定着人类的今天，也决定着人类的未来。人类社会需要通过教育不断培养社会需要的人才，需要通过教育来传授已知、更新旧知、开掘新知、探索未知，从而使人们能够更好认识世界和改造世界、更好创造人类的美好未来。"在总书记的谆谆话语里,我对教育的重大使命有了更深刻的感悟,在十余年的校长工作中,基于对生命与教育相互渗透、双向赋能关系的探索,逐渐构建了"生命质感"教育思想体系:以"爱与尊重"为核心,"以优秀文化凝聚人,以先进思想塑造人,以高尚人格引领人,以创新精神激励人,以和谐环境温暖人",用理想的教育实现教育的理想。

由衷感谢朱永新教授,让我得以在这一次书写中,认真梳理从教三十载的悠悠岁月和走上校长岗位的十余个春华秋实,用心感受自己对教育的一腔真情,在沉淀和反思中,体悟"生命质感"的温暖与美好。

一、用热情与温情汇聚力量

1993年,大学毕业后回到家乡,在可以选择的众多职业中,我毅然决然地走向了热爱的教育事业,成为乌兰浩特市第四中学的一名高中语文教师,同时担任班主任工作。走上三尺讲台,一站就是17年,我努力钻研、深入探索,荣获了兴安盟语文基本功大赛一等奖、内蒙古自治区语文教学基本功大赛一等奖,被评为盟级骨干教师、市级教学能手、市级优秀教师,多篇教学论文获得区级、国家级奖项。

基于语文课内容没有十分硬性的年级界线,学生可以跨越式学习、掌握各年段内容,我开始实践语文课的大单元教学。我深刻领会、准确把握高中语文教学方向,熟知高中三年语文六册教材内容,对于要求背诵的篇目,我要求自己做到烂熟于心。在此基础上,我整体掌控六册教材内容,按文体、主题、难易等重新整合教材,让语文教材的内容更加清晰地呈现出来。我任课的班级,同学们的手里都是同时备齐六册语文书,我们按照大单元的组合和理念在语文天地里幸福遨游,班级的语文成绩在年组名列前茅。我的语文课通常是意趣盎然的,包罗万象,纵横古今。语文实在太美好了,我想用多姿多彩的教学形式彰显语文学科的独特魅力。一次偶然的机会,我遇到了已经参加工作多年的学生,在兴奋的回忆中,她得意地跟身边的同事说:"当年我们班的语文课是别具一格的，有一节课学习《梁祝》，王老师扛着借来的大录音机走进教室。在他的引领下，一篇文学佳作和一曲经典音乐完美融合，《梁祝》的美，让全班同学陶醉，王老师的语文课是我们一生的幸福记忆。"

除了语文教学工作，我先后担任了年级主任、团委书记、政教主任、教务主任等职务，那时我是学校里最年轻的中层干部。2009年，我被选调到乌兰浩特市教育局任局综合办公室主任。

2011年，乌兰浩特市政府和市教育局致力于振兴城西教育，实现教育均衡发展，把位于城西城乡结合部的第十二中学锁定为突破口，而那时的十二中是极其不被看好的，它所在的兴安盟是内蒙古自治区最不发达的"老少边穷"地区，十二中又是这个地区最薄弱的学校之一。始建于1984年的十二中，在多年的发展历程中，三易校址，几经沉浮，当时正处于低谷状态。让十二中担负起促进城西教育均衡发展的重任，何其艰难。但这是上级领导几经推敲制定的发展战略，当时迫切需要的是一个担当者、执行者。

在上级领导的关注下，市教育局精心组织了十二中校长的选聘工作，几轮竞选过后，我以综合第一名的成绩成了百废待兴的十二中的校长。就任之初，我听到了太多好意的劝阻，也感受到了亲人朋友的担忧，但是，我深知这份选择里寄托了太多的嘱托与期待，也装满了我的理想与热爱，我愿意向着荆棘开辟道路，迎着困难开创未来。

2011年12月12日，我迈着坚定的步伐，踏入了十二中校园，开始了十年零三个月的逆袭之旅。"一个好校长就是一所好学校"，我同样渴望做一个好校长，引领十二中成为一所好学校。当时的十二中是社会不认同、家长不认可、学生不选择的典型薄弱学校，生源质量和升学质量居市区初中倒数第一，优秀教师纷纷外调，教职工士气极度低迷。面对难以估量的困难，面对茫然的师生，一向敢拼敢闯的我横下一条心：让学校好起来，让师生幸福起来！

工作伊始，我对学校情况进行了快速、全面了解，通过与老师们的交谈，我意识到多数老师都渴望着学校的振兴，但苦于学校没地位、生源没质量、未来没希望，大家也就没有了动力。任职不到一个月，寒假来临，在其他人休闲娱乐，为过年而忙碌的时候，我的整个假期都是在校园里度过的，即使是春节期间，也不减缓忙碌的节奏。假日的学校格外寂静，在这份寂静中，我在校园的每一个角落驻足，在众多的教育专著里勾画、思考，在办公室的孤灯下奋笔疾书，全面梳理学校现状，努力寻找学校摆脱困境的出路，仔细勾画着学校未来的发展前景。在近20年的教学和管理中，我积累了丰富的经验，打磨、提炼出了以人为本的"生命质感"教育理念，这赋予我校长工作以有力起跑的助力，加之对学校的深入了解和整个寒假的深思熟虑，我在出征之时便有了清晰的发展路线图。在我心中，一张紧紧围绕"人"而建构的发展蓝图徐徐铺展，教育理想的光芒逐渐照进现实。

文化是学校建设、发展的灵魂，教育家陶行知认为，"教育能造文化，则能造人"，文化需要教育去创生，文化能在塑造人的过程中发挥至关重要的作用，学校、文化、人三者之间具有和谐共生的天然基因，文化在学校与人谋求发展的进程里能够发挥相互沟通、双向促进的作用，与此同时，文化也可以实现自身的不断完善，进而为学校发展、提升持续发力。因此我决定先以文化建设凸显"生命质感"。考虑到当时外界对十二中师生的差评由来已久，教师们以自己是十二中人而感到抬不起头，我便引领教师从相互之间的赏识与关爱中激发力量，用互爱互助建设家园，"家文化"成为解锁十二中发展的第一把金钥匙。

打造家文化，就要切实做到以校为家。我从自身做起，把全部热情投注这片孕育着希望的土地。我的作息表里从没有休息日，每天在校时间超过16个小时，全力以赴地投入学校建设。学校硬件设施落后，我就四处"化缘"，想方设法筹措资金，有时因为时间紧迫，就自己垫付现金。慢慢地，学校设施逐渐完善，校园环境得以美化，那些因为在十二中工作时间较长，对学校有一份难舍情结的老教师们，和领导班子成员一起默默加入努力建设学校的行列中。渐渐地，感人事迹如雨后春笋，在校园里散发着蓬勃生机，学校的全体教职工都在感动中被唤醒、被点燃，十二中校园里开始汇聚起团结向上的力量。

很快，暑假来临，秋季招生难的困难又一次摆在我的面前。因为学校长期处于"不入流"的尴尬境地，每年秋季招生的时候，十二中的老师们要比以往更直接地感受到社会的冷眼，甚至是挖苦、讥讽，丝毫感受不到教师这一职业的价值感、成就感。我深深体恤教职员工的辛酸，就和他们一起下片区、进家庭，向家长详细介绍学校的发展愿景。老师们纷纷放下顾虑，和家长诚挚交流，为学校争取着生源和希望，有的老师还会赶到几百里外的乡镇开展招生工作。一个暑假过去，因为准备充分、组织有力、宣传到位，学校招生工作取得了令人欣慰的成果，付出的真情和汗水有了回报，老师们的干劲更足了。

教职工们的努力与付出，我全都看在眼里，我要举学校之力，尽自己所能，营造温馨氛围，让为学校这个大家庭付出辛苦的教职工，也能从这个家里感受到便利和温暖。我把"爱与尊重"强有力地注入家文化的建设中，采取一系列人性化管理举措：为教师开创环境优雅的休息区和健身区，坚持为过生日的教职工赠送生日蛋糕，帮助家在外地的教师解决食宿问题，让家有高龄父母和年幼、毕业年级子女的教师享受"人文假"和弹性坐班待遇，关注教师心理健康，开展丰富多彩的文体活动……在学校制度之外，当教师遇到经济、就医等特殊需求的时候，我和领导班子成员会向亲朋求助，教师们也会抱团相助，帮助有困难的教师及时解决问题。减轻教师生活压力和心理压力的诸多做法，让教师们深感幸福，深受感动。有了学校大家庭的支撑，极大的职业幸福感让教师们充分释放工作积极性，为学校发展贡献出更多的力量。

十二中的学生们也在家文化的氛围中收获着幸福。兴安盟儿童福利院位于十二中所在学区内，那里的适龄学生都会到十二中就学，我经常自费给他们买生活必需品，老师们也源源不断地把水果、衣服、药物、学习和生活用品送给他们，这些孩子会用默默的劳动为班级和校园的洁净贡献自己的力量。一个理发的故事成为十二中家文化建设的佳话。

我在一个周末理发的时候，发现店内有穿着十二中校服的几个学生在理发，便在结账时为孩子们付了钱。当周一来到办公室门口的时候，我看到一个精心折叠的信封夹在了门把手上，打开来，里面整齐地叠放着理发的费用，工整的字迹表达着学生们对我的感激。欣慰之余，我把这个故事讲给学校全体师生，分享从这些孩子身上看到的独立、自强、感恩等美好情操。十二中校园里这样的故事还有很多，老师们给学生缝补衣服，周末帮学生洗床上物品，带住宿生回家洗澡，在宿舍陪伴想家的学生，班主任让叛逆期的学生住在自己家里……

学生们则把对老师的感激转化为动力，积极劳动，努力学习。学校为学生们开辟了"学生创业空间"、种植实验田，开设了丰富多彩的选修课，建成了校外拓展实践基地等。为了促进学生的全面发展，学校以"六会教育"和"十全十美好少年"落实五育并举，"学习优秀、品德优良、体格刚强、意志坚强"是学生心中的"双优双强"标准；"真诚的态度、仁爱的心灵、勤奋的精神、坚毅的品格、包容的胸怀、开达的思维"是备受推崇的"六大"高贵品质；"醉于读书、乐于研究、精于写作、善于演讲、勇于锻炼、敢于创新"则是师生积极培养的"六大"良好习惯。

在2019年乌兰浩特市教育系统嘉年华活动中，时任市教育局局长的杨华把十二中的"大爷再见"故事讲给与会者，让乌市教育人明白：在十二中，像门卫这样的外聘员工都能做到以校为家、爱生如子，得到全校师生的爱戴，可以想见十二中正式教职工群体的主人翁意识更会是学校发展的强有力保证。

随着家文化建设的不断深入，以"爱与尊重"为圆心，家文化建设的半径得以不断延伸，各方面的管理中全领域彰显着人文关怀。领导视教师如亲人，教师待学生如子女，全校上下一心，充满生机的"同心圆"逐渐构筑。校园里的师生都成为管理自我、管理学校的主人，以校为家、爱校如家、爱岗敬业、无私奉献的价值取向和人无我有、人有我优、人优我精、人精我特的职业追求水到渠成地成为学校每个人的自觉行动。

在理论指引和实践验证下，我越来越坚信：瞄准"人"，寻找着力点，立足"生命"，培育生长点，不仅可以让学校走出困境，更可以助力学校实现更好的发展。于是学校牢牢锁定家文化，不断追求高品质、完善体系链、催生新亮点。经过不断淬炼，学校构建了包含"一心、两色、三种精神、四种力量、五种管理、六项工程、七个意识"（"一心"即以爱与尊重为核心，"两色"即底色和特色，"三种精神"即审视精神、追求精神、坚持精神，"四种力量"即学习力、凝聚力、信仰力、执行力，"五种管理"即榜样管理、目标管理、过程管理、责任管理、精细管理，"六项工程"即精神文化工程、个人成长文化工程、制度文化工程、课程文化工程、环境文化工程、自觉行为文化工程，"七个意识"即质量意识、服务意识、角色意识、发展意识、学习意识、特色意识、团队意识）的家文化建设体系，我们的学校也逐渐具有适合自己的宽厚性格和仁爱精神。

二、用激情与真情创新思路

随着家文化建设的开展，教职工的精神境界普遍大幅提升，业务成长诉求逐渐强烈，我深知一支优秀的教师队伍对学校发展具有何等重要的意义。我想让老师们得到最好的引领，见到更精彩的天地，拥有更宽广的舞台；我想让学校拥有更好的师资，开创更美好的未来。一本书的作者和一所地处首都的名校让我心里生出一个大胆的想法——走出去，寻求优质资源，让老师和学校的发展获得高端引领。

我是一个行动派，有了认定的想法，就会全力以赴，于是，在2012年9月，我踏上开往北京的列车。一路上我的心里充满了期待，我要去的这所学校是中国人民大学附属中学，我读过这所学校时任校长刘彭芝撰写的《人生为一大事来》一书，十二中的家文化建设也融入了刘校长的教育理念。自从看到这本书，我便爱不释手，时常翻阅，书中的故事让我流下感动的泪水，书中的理念催我不断向前，我在书里找到了建设学校的方法，感悟到了教育的真谛。我急切地想认识这位杰出的校长，想走进那所闻名全国的学校，我多么渴望十二中能快速、直接地得到人大附中这所全国顶尖名校的帮助。

因为没有任何能够帮我引荐的人，我便独自一人来到人大附中，向门卫提出了诚恳的请求："只要能让我见到刘校长，给我五分钟时间就行！"我的心愿实现了，短短几分钟的见面，刘彭芝校长被我的诚意打动了，她给了我更多的时间，详细了解十二中的现状和发展规划，她和学校领导班子研究后，决定对十二中进行帮扶。那一刻，我强忍感激的泪水，把一份感恩默默装进心里。人大附中的帮扶像一道温暖的光投射到了地处内蒙古边陲小城的十二中，从没离开过家乡的孩子，走进了人大附中的校园和课堂，住进了人大附中学生的家里；很少有培训机会的老师，在人大附中领导、老师的引领下，获得了跟岗学习的宝贵机会。在人大附中的帮助下，十二中对发展路径进行了进一步的科学规划。

十二中的学生看到了"外面的世界"，十二中的老师看到了实实在在的差距，找到了成长的途径和方向，十二中这所学校也搭建了更稳固高效的前进轨道。从那以后，十二中进一步打开"联系高端，搭建平台"的发展之窗，按照"走出去、请进来"的策略不断拓宽思路，与北京二中、上海沪新中学、沈阳一三四中学、天津大港五中、哈尔滨市实验学校等名校结成友好学校，在教育教学、师资提升、学校管理、资源共享等方面进行全方位、深层次的交流合作。十二中人在"内挖潜力、外联合作、专家引领、借力发展"的办学模式里开阔了视野，转变了办学思维。

对外开放办学中，学校的管理理念提升了。精诚团结的领导团队是一所学校发展的首要条件，在与友好学校交流时，各部门领导分别对接，全方位、多层面了解各所学校的成长历程、成功经验，了解各所学校的管理模式、管理办法。之后，结合本校具体情况，因地制宜地吸纳、借鉴，学校逐渐步入特色发展的快车道。在不断取得成绩的同时，我们保持虚心求教、潜心学习的状态，提升了领导团队的管理水平、合作意识和学习能力。

具有十二中特色的教学模式也逐渐形成。学校引进双师教学、差异势能教育、翻转课堂三种教学模式；在广泛学习的同时，学校教研团队秉承"学生为主体，教师为主导"教学理念，精心打磨出"三导四学五课型"小组合作教学模式，自此开始由多元化教学模式逐步向特色化教学模式过渡，"以人为本"的生命理念课堂在十二中落地生根、发展、成熟。

"三导四学五课型"小组合作教学模式以"三导"为抓手，引领教师深度转变教育思想与理念。"三导"包括"导思、导学、导评"三方面内容，学校遵循课程标准形成科学的"导评"方案，并以"导评"为课改中提纲挈领的发力点和引导全局的控制点，使科学评价为教与学提供"方向标"与"指南针"；课程标准提倡自主、合作与探究的学习方式，学校通过"自学、互学、展学、拓学"

这"四学"，使这样的学习方式得到了全面落实，学习得以真实发生，实现了学生主体性、能动性、独立性的生成与不断提升，学生真正成为学习的主人；紧紧围绕"学生的学"，依据不同的目的与任务，学校借鉴《韩立福：有效教学法》一书，确定了"问题发现课""问题生成课""问题解决课""问题拓展课""综合解决课"五种课型，每一种课型都是生命理念课堂的彰显。

"三导四学五课型"教学模式确立后，由教师自主选择，通过"自下而上、典型示范，成果引领"的方式，让参与改革的教师真心接纳、真正实施；学校通过成果汇报、经验交流、课堂竞赛等方式，在推动课改进程的同时，引领更多教师跟上学校改革步伐。我们倡导模式是路标不是目标，不让模式束缚教师的手脚，让教师们在不偏离方向的前提下进行个性化教学。"三导四学五课型"课堂教学改革让教师们从台上走到台下，由传授者向促进者转变，由管理者向引导者转变；让学生们由以往的单兵作战向紧密合作转变，由"画地为牢"向资源共享转变；让课堂由源于教材向开发课程资源转变，由单项传输向双向互动转变。在一系列的转变中，学生学习方式多了，活动空间大了，思维变得活跃了，学生的学习行为由"被动"转向"主动"，学生的学习情感由"厌学"转向"乐学"，课堂成了师生共情、共学、共享、共成长的绽放生命活力的天地。

教育的所有问题都和教师有关，优秀的教师是提高教育质量的关键。随着学校的发展，教师们的素质实现了整体提升，这使学校的持续发展成为可能。学校努力创造条件让教师走出去，外出学习的老师如饥似渴地学习各种先进的教育教学方法，认真研究先进的教学模式，用所学、所思不断完善学校的"三导四学五课型"教学模式，再与全校教师共同分享，带动整体提升。十年来，学校大批师生先后走出草原，走向全国，体验最先进的教育模式，接触最新的教育理念，感受教育的高端智慧，全国各地名校都留下了学校教师探索的足迹。

我们借鉴学习经验，为教师们建设了设施先进的教室，为教师培训提供便利条件、为学生学习提供优质的教育资源。在课堂上，教师把自己与名校教师的同课异构呈现给孩子，将人大附中教师的优质教学内容植入课堂，进行双师教学，大胆而新颖的做法和优质的教育资源丰盈着课堂，促进着学生的成长。

教师的眼界开阔了，教育教学水平得到了大幅提升，多位教师在国家级教学平台上展示讲课、说课风采，在各项活动中频繁获奖，近年来共有四百余人次教师获市级以上奖项。我校的李骁老师在韩国举办的国际声乐比赛中荣获艺术歌曲 B 组一等奖；王晓娟老师荣获全国优质课一等奖；井颖老师荣获全区中小学信息技术创新应用活动一等奖；在全市英语口语测评中，我校闫淑玲老师连续两年获得第一名；在全国第十二届初中青年数学教师课例展示活动中，张晓鹏老师被中国教育学会中学数学教学专业委员会评定为"最优秀选手"。教师专业水平的提升，有力助推着学校教学业绩的提高，在全市学科抽测中我校多次取得优异成绩。学校近几年中考成绩连年攀升，社会声誉、家长认可度、学生选择性都大幅提升。"全国初中质量建设先进单位""全国青少年品德教育实践基地""全国心理教育实验学校""全国国防教育示范学校""全国学校心理健康教育工作先进实验学校""全国双师教学项目重点实验学校""全国初中课改名校联合体成员校""国家社科基金'人才培养模式的国际比较研究'课题核心成员校""国家基础教育实验中心重点课题实验基地学校""内蒙古自治区有效教学实验学校""内蒙古自治区党建示范学校""兴安盟首批兴安英才团队""兴安盟教育系统先进集体""兴安盟师德先进集体"等殊荣纷至沓来。曾经"不入流"的十二中成功逆袭，终于成长为兴安盟地区广受好评的优质学校。

三、用忠情与深情担当使命

当十二中步入稳健的发展轨道，2022 年初，我接到了上级组织的通知，担任乌兰浩特市第四中学校长。接到通知的那天，我在办公室沉思良久，在十二中的十年零三个月，都化作一帧帧画面在我的脑海中涌现：初来时的孤独与坚定，和大家一同打拼的火热与幸福，在外地"取经"时因奔波而高烧不退时的痛苦和同事关心的温暖，在加班和在外地讲学时因过度疲劳而晕倒，急救时家人同事的担忧与惦念，遇到困难时的咬定青山，学校进步时的欣喜落泪……我的心里装满了沉甸甸的不舍，十二中这片热土浸润着我的拼搏和汗水，承载着我的生命和信念。陪伴十年的办公桌，一个又一个渐渐装满的书柜，做了若干次线上直播的不足十平方米的办公室，和同事们一起设计布置的楼道，用脚步丈量过无数次的校园，亲如一家的战友，可爱的学生……那一刻，我深深地意识到，十二中在我的生命中是多么难以割舍。

因为工作需要，带着对十二中的留恋和对新使命的担当，我又一次开启了崭新的职业历程。十二中微信群里同事们的留恋和祝福，第四中学新同事的欢迎和祝贺，为我的崭新履职供给着强大的力量。

在新的岗位上，我一如既往地践行着校长的职责。任职不久，面对构建高质量教育体系的时代命题，盟市各级领导秉持大胸怀、着眼大格局、融入大战略，在综合考量区域位置、生源分布、教育质量、发展态势等因素的基础上，在东北师大附中悉心指导下，于 2022 年 5 月 22 日组建了包括四个学段、九所学校在内的"幼小初高一体化教育集团"——乌兰浩特市第四中学教育集团，并任命我担任第四中学教育集团总校长。东北师大附中为集团成立与发展提供了全面帮扶，北京师范大学中国教育政策研究院执行院长张志勇，中国教育学会高中教育专业委员会名誉理事长王本中，中国教育学会初中教育专业委员会名誉理事长李锦韬，民进中央教育委员会副主任、北京圣陶教育发展与创新研究院执行院长姚炜，东北师大附中校长邵志豪，呼市二中校长王维真等国内知名教育专家对第四中学教育集团的成立提供了鼎力支持和高端引领。作为集团总校长，我深知责任重大。集团校组建以来，我和集团各成员校，紧紧围绕"一体化"和"高质量"两个工作重心，本着"教育理念、教师队伍、课程教学、环境设施、管理水平、教育质量""六位一体"的信念，瞄准高位、纵向衔接、横向协同，共享优质资源、共创优质教育，不断打通经脉，不断充分融合，努力助推乌兰浩特市教育开创更加美好的前景和更加灿烂的未来。

习近平总书记在中国人民大学考察调研时对思政课一体化建设给予强调和指导，更加坚定了我们在集团化办学过程中的办学信心，并开始致力于将思政课一体化建设与集团化办学有机融合。

承担自己学校发展之外的工作任务，会增加许多工作量，但作为一个教育工作者，我愿意将视线和力量投向更多需要我的地方。从事校长工作以来，作为兴安盟科右前旗、突泉县、阿尔山市教育局顾问，我无偿为三地教育发展献计献策，为他们提供参观考察名校、参加高端会议或论坛的机会；组织本校优秀教师送课程、送经验，全面帮扶科右中旗二中、科右前旗大坝沟中学等学校实现跨越式发展。

2021年7月，在原国务院参事、中央文史馆馆员、创新人才教育研究会会长、人大附中联合总校校长刘彭芝的带领下，我和来自全国各地的39位知名学者、校长受聘为教育部批准的"振兴县域教育保定实验基地"的特聘专家，组成专家团队。我为保定4000多位校长及管理骨干精心准备了一场专题报告，网上观看直播人次达16.4万，收到了良好的效果。2021年10月，我受教育部中学校长培训中心邀请，在重庆珊瑚中学为来自上海、辽宁、山东、江苏、新疆等地的200多位校长和重庆本地数千名校长作了主题报告《高品质学校建设的思考和实践》。2022年初，我受教育部中学校长培训中心邀请，在网上为贵州省教育厅举办的贵州省中小学校长"薪火计划"培养对象班的校长们作了一场

"用好金钥匙政策，解锁高质量发展"的"双减"政策的思考与实践主题报告；受国家"双减"政策监测总课题组组长张志勇邀请，担任《义务教育学校课后服务指南》初中组副组长并任城市初中组执笔人，历时近一个月，高质量完成了服务指南的编写工作。2022 年 8 月，我有幸被聘为国家乡村振兴重点帮扶县教育人才"组团式"帮扶工作专家顾问委员会委员，当我从教育部党组成员、副部长孙尧手中接过聘书的时候，我深知这是一份沉甸甸的嘱托与责任。我愿意以对祖国、对教育事业的无限忠情，担负起各项教育使命，投身国家高质量基础教育体系建设的宏大事业。

莫嫌天涯海角远，但肯摇鞭有到时。从教以来，我用热情与温情、激情与真情、忠情与深情勾勒着三十载时光的年轮，用责任、担当、奉献书写着无悔的教育人生，"生命质感教育"在我的耕耘和探索中逐渐丰盈。未来的征程上，我会坚守"办好人民满意的教育"的教育初心，我会铭记情深义重的帮助与鼓励，我会继续追寻"理想的教育"，实现心中"教育的理想"，不负韶华，不负人民！

王志宏

西安高新区实验小学党总支书记、校长，高级教师。中国教育学会中小学整体改革专业委员会副理事长、中国人生科学协会中小学教育专业委员会副会长、全国中小学STEAM教育研究中心导师、陕西省基础教育教学指导委员会科学教学指导专委会主任委员。先后被授予全国十佳小学校长、全国教改实践先进个人等。在《辅导员》《少年儿童研究》《创新人才教育》《中华儿女》等刊物发表近30篇研究成果。出版《王志宏与高新全人教育》《科创教育实验教材（小学版）》《基于本土化实践的STEM课程教学案例》等专著及原创诗集《竹韵烛语》。

守住一颗朴素的教育心

　　　　站在教育之外看教育，才能看清教育的原本；置身师生之间看教育，才能将"仰望星空"和"脚踏实地"完美结合。

　　我是一个有教育情结的人，这么多年来一直甘心在学校当老师、当校长，当得幸福，当得充实。我常常对自己说，非凡只有植根于平凡沃土，才能结出丰硕的果实；平凡只有孕育于非凡的拼搏，才能盛开朵朵鲜花。西安高新区实验小学（原西安高新国际学校）是一部纯净生命的大书，一路走来，我翻阅着，思索着，规划着，实施着，经历着磨砺，享受着孤独。

　　走在生命之路的两旁，我和我的团队头顶星辰，披星戴月，努力将这20年教学光景点缀得花香弥漫，一间间教室、一方方三尺讲台、一张张欢乐面容……组成了这漫长岁月里最珍贵的画面。

　　此刻，在繁花似锦的古城西安，落座窗前，敲击键盘，育人路上那一个个平凡却又跌宕起伏的教育人生镜头又一幕幕浮现在我的眼前……

一、高新全人教育：激活教育"一池春水"

从这些年的新闻当中，我们不难发现：许多纸上"高能"的孩子，到了现实里却成了"低能儿"。生活不能自理，工作不能创新，情商低得吓人，无法与人交往。更有甚者，冷漠自私，甚至连亲情都丧失了。一个著名大学的学霸，居然向含辛茹苦养育他长大的母亲举起了刀，之后"高智商"地在外逃亡三年。这个学霸在纸上曾一度无限风光，但他活于世的价值在哪里呢？

因此，在建校之初，做学校规划的节点上，在对未来满怀激情和憧憬的同时，我就开始思考：我们的目标到底是什么？我们想让学校往哪个方向发展？我们希望我们的孩子成为一个什么样的人？

基于多年的学习积淀和乐于思考的习惯，在担任校长之初，我就开始关注、审视教育的价值，希望建立一个体系将教育价值完整、合理地体现，进而提炼出自己的教育思想。

我们都知道，校长是要有思想的，校长的思想决定了学校的发展方向，学校的发展方向决定了学生的培养方向，而校长的教育思想来源于对教育规律的正确理解和把握，来源于深入的教育实践。基于此，我将我的教育思想定位为"高新全人教育"。

"全人"主要针对"片面发展的人"而言，而今天真正可能又急迫需要关注的"全面发展"是人的内在全面发展，即"人的人格全面发展"。因此，"全人教育"不仅要培养学生的各种知识和技能，更要注重培育学生的"完整人格"。具备了"完整人格"，学生就拥有了学习各种知识、技能的前提条件和根本基础，才能表现出"全人"的内在特征，这类似于树根对于大树生长的意义。在我看来，用于评价孩子的"分数"，不仅应代表孩子所具备的知识与能力，更应包含孩子在日复一日的训练中学会的坚韧与不屈，在成长过程中建立起的对世界的爱与忠诚，在寻常烟火里始终保持的炽热与温柔。

而校长的专业，体现在他一以贯之的思想与行动中，就是确认正确的办学方向，心无旁骛地做下去。无论风吹雨打、世事变迁，都能不忘初心、咬定青山，以滴水穿石的毅力和自信执着地走下去。这种坚定，无论是一种朴素的教育思想，还是一种深刻的教育理解，都是对教育核心价值的坚守，是教育自觉和文化自信的体现。校长，在教育改革的浪潮中，就应该有这样一种定力——不跟风、不逐浪、不功利，走教育的正道，走办学的大道。

事实证明，"高新全人教育"文化不仅符合国家对素质教育的要求，而且契合未来社会对人才的需求。

在2019年的毕业典礼上，2013届毕业生宋一骜回校给学弟学妹们做分享。16岁考上北大的他，在《最强大脑》的舞台上曾说过："我自愿用我短暂的一生，努力地去做基础科学的研究，为人类浩瀚的知识海洋贡献哪怕是微不足道，但却是崭新的一滴水。"

我当时就红了眼眶。人类社会对教育赋予的天职，绝对不只是为了一场场考试。它一定是为了让孩子们长大之后，将纸上的收获，百倍地奉献给世界，有能力为小到周围、大到全世界的人，做些有用的事情，成为一个有用的人，同时收获成就和幸福。

在这所学校，其实有无数个像宋一骜的少年，他们没能有机会目睹新中国从无到有的沧桑巨变，但他们对社会有爱心，对他人有善意，对生活有热情，对家国有担当。这些富裕的精神特质，并不是由外界强加给孩子的。正是"高新全人教育"这种理念的坚韧、阳光和它所产生的巨大的凝聚力唤醒了他们，引领着他们向前、向上，向着梦想之地，渐行渐近，载欣载奔。

很多来宾和朋友到学校实地参观考察后，在感慨学校特别好的同时，也会产生一个疑问：西安高新区实验小学为什么是这个样子？与其他学校如此不同！有人说是硬件问题，也有人说是体制不同。

在我看来，硬件也好，体制也罢，都不是根本原因，这所学校能够有今天的成绩和气象，皆因"高新全人教育"文化散发出的强大的感召力和吸引力。因为我们从办学之初就确定了目标和愿景——"为每个孩子的完整发展提供更适合的教育"，因为我们始终在思考和追问内心的声音——什么才是好的教育？如何才能为每个孩子的完整发展提供更适合的教育？

比如，我提出的以学习者为中心的"五化"校园，即"生态化、艺术化、文学化、科技化、人文化"为一体的校园。它的本质是以"高新全人教育"文化立魂，以学生为中心，实现人、教育和环境三者关系的重构。

在这里，学校不仅仅是简单的物理空间，而是充满能量的教育场域，发挥着极其重要的教育功能。每一面墙壁都能说话，每一个空间都能生情，每一次驻足都能思考，每一次发现都能收获，每一个注视都能想象，在这种发乎自然、极具内涵的学校生命再造环境下，孩子们的性情获得了陶冶，心智受到了锻炼，生命得以自由舒展！

也就是在这样一个不断追问内心的过程中，我不断地思考和想象这所学校现在和未来应有的样子。大家眼中的震撼，说来并没有什么特别的创举，不过是用敬畏之心，呈现了一所学校应该有的样子，遇见教育的美好。

回顾过去 20 年，我庆幸这所学校能够生长在这个伟大的时代，更感恩自己能够有幸在这所学校里用教育工作者的情怀和境界去实现自己的人生价值与目标。我常常说，我们给予孩子的一定不是急功近利的东西，六年时间，我们要给他的人生作积累，我们所培养的孩子应该是具有高修养、新视野，高技能、新思维，高审美、新情趣，高意志、新气质的高新少年，从而让他们可以在更高、更新的探索之路上成就自己。

二、从一堂好课，开启青云之志

近年来，在"高新全人教育"文化理念的引领下，学校在文化建设、课程建设、课堂教学改革等方面取得了一系列的成果。我带领团队进行了"博融语文"和"智维数学"课堂教学探索，形成了"双导双向五环节"教学模式，成体系地推出了培养学生创新创造能力的 STEAM 课程，全面系统地完善了"高新全人课程"体系，自主研发了"博雅融通人文艺术""格物致知科学研创"两大主旋律课程群，促进了教师和学生的共同发展。

西安高新区实验小学"高新全人课堂"作为西安好课堂的具体实践，积极发挥辐射带动作用，自2017年以来，引领高新九小、高新十一小、高新第二十四小等学校，在教育教学改革、教育管理等方面取得了丰硕的成果，助力西安基础教育再上新台阶，真正实现让优质教育资源在均衡拓展中提升，让教育均衡在优质提升中达成，实现"相同的舞台、共同的未来"的"名校+"发展愿景。

什么样的课是"一堂好课"？不同的学科有不同的标准，但有一个统一的标准为大家所公认，那就是，一堂好课一定是"让学习真正发生"的课，学生发生"兴趣"，掌握"方法"，展现"思维"，产生"元认知"。

2020年12月18日，由陕西省教科院基础教育研究中心与西安高新实验小学"名校+"共同举办了"聚焦学科素养·构建思创课堂"教学观摩活动。活动结束后，我们收到反馈最多的一个问题是：为什么孩子这么喜欢你们的课堂？

今天，在讲述好课堂故事的时候，我依然清晰地记得由张琼老师执教的一年级美术上册第15课《神气的小厨师》，这是一节综合、探索课，通过教学让学生认识美食和知识，学习用超轻黏土制作具有陕西地域特色的美食。

在展示评价的时候，一位学生的发言让人印象深刻。她说："我做的是一碗消气面，要送给班主任党老师。"当时，台下所有人都笑了，老师问："为什么是消气面呢？"小姑娘说："因为老师太辛苦，吃了消气面，就不用和班里调皮的学生生气了！"

还有很多同学进行了分享，比如，"五彩面"要把五彩的美好送给世界上所有的人；"长寿面"送给家人和老师，谢谢他们爱自己，守护自己长大……一节美术课，融合了综合实践、健康、劳动、道法等其他学科课程，孩子们在课堂上生发的原生的状态，自然情感的流露，健康心理的呈现，非常美好。

而这些，在我们"高新全人教学课堂"中，真实地发生，成为常态。这种全新的课堂，是生命成长的课堂，是探究合作的课堂，是动手实践的课堂，是语言享受的课堂，更是"有人性、有温度、有故事、有美感"的新样态课堂。在这样的课堂里，老师的角色已经从"正确答案的提供者"转变为"知识探究的支持者""能力提高的引导者""思维发展的培养者"以及"完整人格形成的塑造者"。

三、每堂课都需要在更大的社会意义中寻找坐标

当我们沉溺于学校自身的优势氛围时，其实应当理性地看到另一面，那就是学校优势要融入世界和国家的教育发展趋势。一直以来，我们都在讨论"为谁培养人？培养什么样的人？怎样培养人？"的问题，但这如何才能得到很好的回应和科学的落实呢？答案是了解世界教育的走向和趋势。

我常常告诉老师们，要更多关注我们所处的这个时代，更多关注这个时代赋予我们的教育使命、教育担当和教育期待，要在具体的教学过程中关注学生"全人格、高德学、新智慧"的培养，每堂课都需要在更大的社会意义中寻找坐标，为国育人，为党育才。

疫情期间，在给老师的一封信中，我曾写下这样一段话：

用好"时代"给我们的课程资源，也许是我们作为师者更重要的能力与责任。我们要帮助孩子看见更丰富、更完整的世界，因为：看见文化，才会成为有文化的人；看见世界，才会成为有世界的人；看见未来，才会成为未来的人；看见美好，才会成为美好的人。

为此，我们的线上课堂发生了一些变化。我们开始以疫情为主题，围绕学科学习支撑，问题解决驱动，引导孩子们在主动探究、深度学习中去关注个体与他人、社会与世界、人类与自然。结合家庭生活、学科特点等，研发实施专题活动课程，驱动孩子们的学习。我们希望，从这里走出去的孩子，不仅是关注天下的思想者，而且是为国分忧的行动者。

从网络到相见，空中课堂 91 天，开发在线课程共计 1099 节。这些课程集知识性与趣味性、实践性与审美性于一体，孩子们畅游在丰富多元的课程里，浸润在"完整人格培养的教育生态"里，昂扬生长。

如今的西安高新区实验小学，已经形成富有"高新全人"特色、开放多元的"高新全人课程体系"。学校"高新全人课程体系"收录于由中国教育科学研

究院基础教育研究所所长主编的《学校课程新样态》一书。

在这里，每天都会有天南海北的教育团队考察、参观，我们始终秉持开放、学习、吸收、反思、提升的态度，常态化地、动态地与来自国内外的教育同行形成研究共同体，毫无保留地让同行们走进真实的课堂、真实的教育常态……

我想，这应该也是好课堂的初衷与意义所在吧！

四、脚步走过的地方：能诞生无限可能

当下，教育有三个思考无法回避，一是"李约瑟难题"：尽管中国古代对人类科技发展作出了很多重要贡献，但为什么近代的科学和工业革命没有在近代的中国发生？二是"钱学森之问"：为什么我们的学校总是培养不出杰出人才？三是从毛泽东提出"中国应当对人类有较大的贡献"，到习近平总书记提出"为人类作出新的更大的贡献"。

基于对这三个问题的思考，我时常在想：我国的基础教育是国策，也是教育体系金字塔的底座，基础教育阶段对创新能力的培养非常重要。如何通过对学生的卓越思维训练，培养具有逻辑思维和形象思维、批判性思维和创造性思维兼具的卓越人才？

越强调创新能力培养，就越应该思考教育的根本。2016 年，我们开始在研究与实践中努力寻找 STEAM 教育的本土化之路。

记得 2018 年暑假，由我校数学、科学、信息、工程等不同专业方向的 16 名教师组成的 STEAM 教材研发团队，进行了为期 35 天的封闭式教材研发。在研发前期，团队遇到了前所未有的困惑，加之南方暑期天气潮热，让团队成员有了急躁的情绪，甚至萌发了放弃的念头！我放下手头的工作，来到团队中间，和他们吃、住、研在一起，我知道当时他们需要的不仅仅是专业的引领，更需要的是校长的带头支持与鼓励。

在攻坚克难的紧要关头，基于对 STEAM 教育理念的理解，我和团队成员一起并肩战斗。累了，就回房间躺一会儿；困了，就趴桌子上打个盹；饿了，就在手机上点个外卖……当时，团队里的年轻同志都担心我年纪大，体力吃不消，老是劝我回去休息。但是，我认为我没有任何不坚持下去的理由，这是我们共同的目标，是我们实现共同理想的逐梦之路，作为大家的领路人，我更要挺在前、走在前！最终，在大家的共同努力下，我们迈出了教材研发关键性的一步。

我们用 35 天时间，完成了校本课程学生用书及教师用书一至六年级共 12 册的编写任务，研发了 58 个主题、110 个项目、315 课时的教学内容，涵盖了之后新的《科学课程标准》与《信息技术课程标准》的核心内容，并在主题与项目中融合了 3D 打印、编程、机器人、智能硬件等技术领域的内容。

2018 年，全国首套小学"STEAM 科创教育系列丛书"《科创教育实验教材》正式出版。国家教育咨询委员会委员、联合国教科文组织协会世界联合会荣誉主席陶西平对该套教材给予高度评价："这套教材的问世和推广，无疑会对加快我国课程改革的步伐、推动中国 STEAM 教育人才培养'新模式'、开创科技教育工程的'新质量'，促进教育现代化作出新贡献。"

时代在飞速发展，事物也在不断进步，因循守旧、固步自封终将被时代所淘汰，与时俱进、推陈出新则是现实的需要与必然。在教学改革的道路上，我一直认为：变，是进取创新之必须；不变，是落伍、迂腐之必然；变与不变间，千里之外，天壤之别，风光无限。从初期探索到顶层设计再到全面实施，领航陕西乃至全国的 STEAM 教育，扬帆正当时。

五、我的教育情怀：责任担当，脚踏实地

教育是神圣的事业，更是平凡的事业。神圣在于它是培养人灵魂的伟大事业，平凡在于它需要日复一日的付出与积累。正因为如此，我渴望在变化中寻找永恒，在细节中发现奇迹，在平凡中得到升华。

作为学校管理者，我在创新管理实践中大胆探索着，逐渐形成自己的管理风格——用文化凝聚人、用共生激发人、用格局包容人、用人格影响人，从而

最大限度地调动学校全体成员的士气与积极性，更有效地整合学校资源和管理要素，使之产生最佳的育人效益。熟知的人常常问起：你和你的团队每一个成员怎么总是像打了鸡血似的？我说，因为我们遇见了教育的美好，共同在追求一种幸福完整的教育生活。

校长要做大事，要注重科学管理，更要关注教育教学的细节。一直以来，我把大部分时间和精力都放在教育教学这件事上。无论是向上级汇报工作，还是与同行交流工作，他们都惊诧于我是如何把学校教学的事情搞得这么清楚的。我个人认为是因为我的心用在了这里，我一直行走在教师团队的中间。

改变人的认识是最难做的事情。为了从思想上改变教师的传统认识，我最常利用美国犹他大学的一项研究结果作为佐证：学生如果单独听课，只能记忆 5% 的内容；单纯读书能记住 10%；如果在听课或读书过程中有听觉或视觉辅助（比如图片、录像），记忆有 20%；如果期间有讨论，记忆会增加到 50%；如果学生有动手参与的机会，记忆会达到 75%；如果让学生有机会当老师去讲授、解释的话，他能记住 90% 的内容。以理服人，让事实说话，是我一贯的作风。在这些数据面前，我们必须变革我们的课堂教学，于是，催生出越来越浓郁的民主氛围——教师之间、学生之间、教师和学生之间……于是，课堂上老师们积极探索，组织有效的合作学习，学生们争做一个又一个小老师参与教学活动，教学气氛活跃了，学生注意力集中了；课下老师在教研活动中各抒己见、畅所欲言。在教学研讨方面，我一直倡导"没有权威""没有必须"，要按教学规律办事，在琐碎中发现关键性细节，在繁杂中找到规律，这才是一个教育者的教育智慧。

在课堂教学改革中，我常常提醒："课堂预设，宛若指引航船前行的希望之灯；课堂生成，有如激越生命律动的智慧之光。""兴趣是靠兴趣来培养，习惯是靠习惯来养成。家长和老师就是孩子模仿的对象。我们在责怪孩子的同时，不妨轻轻地问：自己做得怎么样？"作为一校之长，我参加教研活动，我深入课堂，我和老师交谈。当大家有了共同的感情基础、共同的使命愿景、共同的价值追求时，风雨同行、同甘共苦才会成为可能。因为我知道：有了感情再变革，有了感情好变革！

六、为教育从未卸甲，随时出发

一天天累积，成了一年；一年年累积，成了一生。

从事教育工作，我已走过 30 多个春秋，其中的酸甜苦辣，各种滋味已悉数品尝。在这期间，有过苦恼，有过误解，也有过不被理解，但都被快乐和幸福盖过。

我深深爱着我的事业，深深爱着我的校园，也深深爱着我的学生和老师。我在这个岗位上不断挑战自我，超越自我，数十年如一日，在"理想职业"与"职业理想"中寻求契合点，因为我知道校长这份责任的分量，也正是这份责任成为支撑我孜孜追求、不断努力工作的源动力。我把自己的全部交给了这所学校，也深深体悟到校长这个职业的成就感和无尽的幸福感。就在这份责任、心血、幸福的交织中，我的思考逐步深入，思路逐渐清晰，脚步越来越扎实。

置身于朝夕相处的校园，不禁让我思潮起伏、感慨万千。情感的闸门再一次被历历在目、难以忘怀的往事开启。触摸着校园里的一砖一瓦、一草一木，注视着教室里的张张桌椅，它们的存在，仿佛是在见证学校所有创业者们追寻梦想的足迹。

我可亲可敬的同事们，与他们天天相处的日子里，我无时无刻不被他们感染、感动。从他们身上，我看到了教育工作者的责任：没有豪言壮语，只讲奉献，无怨无悔；没有年华虚度，只争朝夕，风雨无阻。也看到了教育工作者的情怀：披星戴月，乐此不疲；享受孤独，甘于寂寞。他们用自己的言传身教诠释着爱的教育，用自己的纯美心灵浇灌着爱的花朵。

我可爱的孩子们，童真童趣，天真烂漫，快乐健康，蓬勃向上。他们是老师眼中的花，鲜艳美丽；他们是老师笔下的画，绚烂夺目；他们是老师脸上的笑，醉意迷人；他们是老师心中的梦，五彩斑斓。

我怎能忘记，我们的老师们远离自己的家人，怀揣梦想，在追寻理想、成就人生价值的道路上，尽情抒发着"累并快乐着"的博大胸怀。加班加点，他们没有一句怨言；挥汗如雨，他们没有一丝倦怠；学校的每一项工作，他们都倾心竭力，尽善尽美；学校的每一个安排，他们都一丝不苟，精益求精。工作上，大家互帮互学，取长补短；生活上，大家饱含真情，无私关怀。讲台上，有他们呈现给孩子们的张张笑脸，有他们对嗷嗷待哺的孩子们的深情抚育；病床上，有他们那一份对孩子们割舍不下的平凡而伟大的情怀，更有他们对这一方热土从心底迸发的拳拳爱恋！

情是共同走过的辉煌历程，爱是点滴之水汇成的滔滔江河。在情与爱相互交融的岁月里，我们品尝了创业的艰辛，体味到了只有拼搏创造、努力付出才能感受到的甘甜，也更加懂得了如何去珍惜现在所拥有的一切。我们在孩子们那一双双渴求知识的双眸中看到了肩负的责任，我们在家长们那一双双赞许的眼神中感受到了自身的价值。我们在奋进中逐浪踏波，内心有光，为教育从未卸甲，随时出发。

七、不留遗憾，人生亦是圆满

人之抉择，难以处处顺滑，但求不做浮萍。你和我，以及全部人类的全部努力，从某种意义上来说，是为了让下一代踏上与上一代不一样的道路，遇见不一样的可能，活出更为精彩的人生。每一个你我，绝不躺平，绝不认命，要努力在时代与命运的罗盘上刻下印记，以千万个"一粟"聚成洪流，汇于沧海。

搁笔之际，窗外夜色正阑珊。那句"守住一颗朴素的教育心"，既在耳畔，也在心间。在未来的人生中，我还会一如既往地把这样一种品格、一种风骨、一种精神传承下去、传递出去，汇聚和衍生出更多、更强大的能量，为我国基础教育的发展贡献绵薄之力！

吴国平

宁波市镇海中学校长，正高级教师。国家督学、教育部中学校长培训中心导师、国家教育考试指导委员会专家组成员。享受国务院政府特殊津贴专家，曾任中国民进促进会浙江省委员会副主委、宁波市委员会主委，获各民主党派、工商联、无党派人士为全面建成小康社会作贡献先进个人等荣誉。被评为中国长三角最具影响力校长、浙江教育年度十大新闻人物、宁波市杰出人才等，被誉为连创奇迹的浙派名校长。发表论文、随笔等百余篇，出版《个性化诉求：传统办学模式的突围之路》等专著，荣获基础教育国家级教学成果奖等。

教育重在自觉，贵在成全

2000 年 8 月，组织上委派我出任宁波市镇海中学校长。面对这所建校近 90 年的高中名校已有的发展高度以及面临的种种困难、挑战，缺乏普高类学校管理经验的我毅然迎难而上，下决心要将学校办得更好，让更多孩子享受到最优质的高中教育。

社会对高中名校和名校校长普遍给予很多关注，寄予很高的要求和希望，校长常常是任重道远、如履薄冰。20 多年来，出于对镇海中学这一历史名校的由衷尊重以及对教育本质规律、理想状态的不懈追求，我全身心投入学校的守正创新大业中，努力学做校长、做好校长，致力于不仅成为勇于改革、务实高效的"办学实践能手"，而且成为善于创新、睿智深刻的"教育思想达人"。

我通过自觉的学习与实践，借助教育部中学校长培训中心、浙江省教育科学研究院、省市区等各级教育行政部门和学术机构搭建的平台，不断探索、实践、提炼和完善自己的教育思想和管理模式，较为鲜明地形成了"教育，重在自觉，贵在成全"的理念和实践体系。与时俱进的教育思想引领着学校的高水平、高质量发展，从优秀不断走向卓越，镇海中学的办学业绩在全国产生了较大影响力。在这一过程中，我对教育的感悟、理解和情感得到了进一步深化与升华，我的人生价值也在数十载的立德树人工作中得到了较好的体现。

思想不是凭空产生的，它必定建立在实践基础之上，我的"教育，重在自觉，贵在成全"思想包含两个部分，这两个部分正是在办学实践的不同时期先后产生的，最后融为一体，指向好教育、好学校。可以说，重在自觉和贵在成全是"一体两翼"，是相对独立又相互关联的整体。

一、"学科兴趣活动"触发的教育自觉

到任镇海中学后，度过一个相对平静的9月，不久就迎来了十一小长假，如何安排这略显漫长的七天时间？是全部放任不管，还是像有些学校一样利用假期进行集体补课？在教研组长会议上，我提出了自己的想法：假期首先要保证学生的休闲放松，七天中给师生放假四天是很有必要的，确保张弛有度、劳逸结合，后三天学校尝试开展"学科兴趣活动"，也就是向那些想回校学习、想拓展学科兴趣学习的同学开放校园和提供管理指导，遵循"师生自愿、不收费、不上新课"的基本原则。

这项提议得到了绝大部分老师的支持，大家纷纷表示届时会到校参与管理，为有需要的学生提供指导，还能趁着这个机会做些备课、反思、阅读和研究工作。但少数老师也心存异议，有一位资历深、资格老的教师第一时间赶到我办公室提反对意见，认为这种兴趣活动就是变相的补课，是违规的。我耐心跟他解释说明这次活动的出发点、工作原则，一再强调了兴趣活动与补课的区别，并告诉他："若不愿意或假期另有安排，你完全可以不参加，我作为校长绝对不会对你有看法，给你穿'小鞋'，但同时，你也无权阻止有需要的学生和愿意为学生服务的老师参加。"

最后，到镇海中学任校长后的这一次组织的十一长假"学科兴趣活动"不仅顺利举行，而且受到了学生、家长以及教师的广泛欢迎和好评，解决了他们不少现实需求和实际问题。而那位老教师，不仅没有去"检举告发"，还于假期的最后一天来到学校值守，因为他确实看到了此"学科兴趣活动"与彼"补课"是完全不一样的，大家都很自觉，他也不甘落后。

此次活动组织及期间发生的小波折，让我意识到尊重、理解和激发师生的自主、自愿、自觉的重要性、必要性和可行性。此次活动也算我"新官上任三把火"中的其中一把，在一定程度上起到了坦诚沟通、凝聚共识的作用。学校的价值取向、组织氛围、生活形态等开始悄然发生了一些变化。回头来看，"教育自觉"的种子于不经意间埋进了学校文化的土壤里。

此后，每逢小长假或寒暑假，学校总会组织适度的"学科兴趣活动"，满足学生、家长的现实需求，我后来将这项活动正式命名为"教育教学资源开放"，也就是向学生免费开放学校所有的教育教学资源，比如自主学习室、功能教室、学科中心、图书馆、电脑房、运动场、游泳馆等，学生可以来校学习、锻炼身体、阅读经典、欣赏电影、综合实践等，从学科兴趣活动拓展为全生活样态。为了使教育教学资源免费开放活动区别于日常教学及培训机构的有偿服务，我们进一步明确和优化了一开始就确立的三项基本原则：自愿原则，无论是学生来校学习还是教师来校辅导，都由他们根据各自的实际情况选择是否参加；免费原则，学校不向来校学习的学生收取任何费用；学生自主学习原则，教师不能在教室进行任何形式的集体辅导，更不能上新课，以打消不参加学习的学生落下功课的顾虑。

实际上，这一二十年间，"假期怎么过"成为一个让人头痛的社会问题。对于很多中小学生来说，放假并不意味着可以轻松愉快地度过一段自由自在的时光，他们或自愿或被迫地进入各种各样的培训班、学习班。这就导致学生学业负担加重，家长经济负担加重，家教培训机构谋取利益，在职教师心理失衡、不安心工作等一系列负面问题。我对家教培训市场疯狂扩张而广大学生、家长苦不堪言的状况历来是深恶痛绝、十分痛心的，觉得这严重破坏了正常的学校教育教学秩序，还加重了应试倾向，渲染了社会的浮躁气氛和家长的焦虑心态。

在我看来，中小学生的假期总的定位应该是充实而有意义。所谓充实，就是学生放假不等于放纵，每一天还是要有很多事情去充实，当然包括学业的复习和预习，学生的假期时光应呈现饱满精致的状态，而不是无所事事、松松垮垮；所谓有意义，就是学生所做的事情应该是积极向上的，是对自己生命状态的丰富和拓展，每一天能够进步一点点，能有成长感和获得感。总之，各种假期是学生时代非常重要的组成部分，学校、家庭和社会都应协同努力，为孩子们过好假期创造优质的空间和资源。

从这一考虑出发，除推出"学校教育教学资源向有需要的学生开放"活动外，我一直要求教师在给学生布置课外作业时，一方面，要严格控制学科作业量，所有作业教师应该事先做过一遍，做到精选精编，注重作业的质而不是量；另一方面，也注重布置一些非学科的作业，开展各种形式的游学研修和社会实践，比如社区服务、家务劳动、休闲旅游、高校参观、海外游学、院所见习等，以发展个性特长，拓展综合素质。还有很重要的一项作业是阅读，学校语文组、外语组和图书馆、读书会等机构每年都会编制推荐书单、组织相关读书征文活动，引导和激励广大师生在假期里能通过经典书籍的浸润获得知识、心智和情趣等多方面的成长。

这几年，教育部下大决心、花大力气推进"双减"工作，规范校外培训市场，各中小学也纷纷推出课后托管、资源开放等服务。有人对我说："吴校长，这些事情你老早就在做了，真有先见之明啊！"其实，我这 20 多年的坚持，无非是做到了以人为本、尊重规律、坚守常识，抑或拥有一份教育自觉罢了。

二、教育自觉的内涵阐析

我的教育自觉思想或者说主张主要是在镇海中学工作的前十年脱胎成形的。21 世纪的前十年，面对压力与挑战，我不畏惧、不盲从，带领全体师生在继承学校优良传统和学习先进经验、理论的基础上，紧密结合实际，不断扬长避短、开拓创新，一心一意构建以"人文、和谐、自主"为特质的个性化校园，打造具有镇中特色的"品质教育"，创新实施高中新课程，努力开拓名校发展新途径、新内涵、新优势，使学校始终处于高位运行的良好发展态势。学校管理、队伍建设、文化建设、课程改革、教育科研、艺术体育、高考竞赛等各项事业全面进步，亮点纷呈，学校的综合办学实力、整体办学水平、社会影响力和美誉度也大幅、显著提升。作为一所扎根于当时仅22.5万户籍人口（目前为28万）的区级中学，镇海中学成功光环背后凸显的是一代代镇中人践行教育自觉的智慧与心血，展示的是镇中发展历程中承优创新的一脉相承、"以小博大"的胆略睿智以及精益求精的深厚功底。

任何一种思想都有其生根发芽的土壤，在镇海中学这片教育沃土、这方工作平台上，我汲取了许多宝贵的营养，获得了丰富的资源和广阔的空间。我一直非常重视对学校办学历史、文化脉络和教育内涵的挖掘、梳理，从中汲取智慧与力量，并在继承优良传统的基础上创造性地拓展空间、深化内涵、开拓优势、培育特色。我在学习、感受、梳理镇中历史和现状的过程中，越来越清晰地感受到，"走向自觉"其实是百年镇中的历史选择，它贯穿镇中百年的发展历程，散发出镇中独特的历史意蕴。镇中的文化年轮上留有明显的"精忠报国、学成报国"的社会责任自觉、"梓材荫泽、光风霁月"的学校育人自觉、"惩忿窒欲、荡气涤胸"的个人修养自觉的深深烙印。

讲到自觉或教育自觉，不得不提及费孝通先生的文化自觉概念，他把文化自觉定义为生活在一定历史文化圈子里的人对其文化有自知之明，并对其发展历程和未来有充分认识。换言之，是文化的自我觉醒、自我反思、自我创建。移植到我的教育主张、教育思想中，所谓自觉，简单来说就是不加思索地以恒定的方式去做，是意识与行为、内隐与外显之间的有机统一，是个体以一种不需要刻意思考便能自动做出合理有效反应的行为模式。具体到教育自觉，则是对教育传统、教育规律、教育问题和教育发展趋势的了解和把握；是在社会转型和教育变革的过程中，对教育的驾驭能力，使学校适应当下改革和发展趋势，并获得主动地位。

对教育自觉的把握具体可以从以下三个方面理解：第一，教育自觉是指善于用哲学的眼光审视教育的过去、现在和未来，以主人翁的态度明辨当前教育现状与发展趋势，主动发展优势，克服自身不足，在自身原有的基础上做出更好的发展选择；第二，教育自觉是师生主动学习、主动发展、主动建构、主动创造，是学校教育中师生主体的一种积极的能动状态；第三，教育自觉是对功利主义的主动抵制，是对教育回归本质的追求，也是一种朝着发展人、提升人的教育终极目标积极主动、心甘情愿地思考和行动的教育品质。我还给"教育自觉"下了五大要义：（1）注重精神追求，抵制功利性和盲目性；（2）强调价值观引领，做到乐在其中；（3）尊重个体差异，实现因材施教；（4）倡导自主选择，实现有教无类；（5）体验和美幸福，感知教育真意。

目前很多教师、很多学校不能说没有自觉性，不过他们的自觉往往表现为自觉地按照考试大纲的要求组织教学，自觉地追求考试的分数，自觉地追求功利的目标，自觉地要求学生按照大人的意志行事……这不是教育自觉，这是教育的"伪自觉"，甚至是"反自觉"。因为这种自觉已经在客观上游离了教育的本质和规律，割裂了眼前的行为与终身发展之间的关系。真正的自觉是一种在充分认识自我基础上的自我觉醒，这就是说，要懂得自己生命存在的价值和意义，能够自我觉醒、自我反思和自我建构，很多事情知道应该怎么做，知道应该怎样做才能做得更好，是一种有所为有所不为的统一。这是一种主体自我觉醒的主动精神，有了自觉就拥有了一种可持续的、强有力的内在力量。

教育自觉的基点是对人的本质的深刻洞察，是对教育本质的不断追问。对于人性或者人的本质的认识可以说是我们解开教育本质、剖析教育规律的一把钥匙。只有人的本性中自觉能力提高才能使人成长，才能使人生存，才能使人有创新。人生的过程是发挥潜质、满足需要、寻找一条"做最好的自己"的发展通道的过程，是寻求自我存在价值和意义的自我实现的过程。教育必须是能够适应并促进人的全面、充分、自由发展的，它的根本任务就是对人的精神、情感、心灵、人格的关怀、呵护与发展，让求真、求善和求美的价值得以实现。从这个角度上理解，教育自觉的根本目的是实现人的自觉。我校一位毕业于2008年的学生的一番话实质上是对教育自觉的最好写照："无忧无虑地畅游在知识世界里的幸福，同学之间、师生之间毫无保留地给予，还有在校园里担当责任的磨砺——这些无关高考，无关成绩，但它们才是我在镇中三年的全部。"

教育自觉作为一种主体的认识和行为，其水平和境界取决于主体自身的水平和境界，也与具体的时代背景紧密相连。当我们将目光回溯到20世纪前半叶，那个年代的教育人纷纷致力于教育救国，是有大视野、大胸怀、大作为的教育家，在某种意义上说，他们的教育自觉水平高于当下许多教育工作者。当下中国，正处于百年未有之大变局，正处于中国特色社会主义新时代，正处于中华民族伟大复兴新征程，经济社会和科学技术的迅猛发展对教育提出了新挑战、新要求，人的全面、个性、自由、美好的发展及其素质养成便成了时代核心。我们基层的教育工作者更应满怀教育的理想与激情，以更高的视角、更广的视野，以更具科学精神的创新行动，积极开拓学校教育的丰富内涵，全面关注学生的综合素质、终极幸福和终身可持续发展。我们必须着眼于以提高人的素质为根本，让学生真正习得终身有用的必备品格、关键能力，把他们培育成有理想、有担当、有能力的时代新人。我们应更好地满足学生和社会对个性化、差异化、丰富多样、可选择性强的学校教育的越来越高的要求，更好地满足国家对转变人才培养模式、建设创新型国家和人力资源强国的迫切需要。我们只有在这些方面开展深入的、具有开创意义的自觉探索和行动，并取得显著成绩，才能无愧于时代，无愧于人民，无愧于民族的未来。

三、校友文章催生的"教育贵在成全"立场

他们站在人群中，带着小镇知识者的阳光气质，一如我记忆中永远的教师的姿态。

岁月似乎改变了一切，但他们似乎什么都没有改变。他们仿佛一直站在小城的屋檐下，教书育人，迎来送往一茬茬学生。

我的感动在于：他们辛苦、尽职的样子，像家里最希望你好的长辈；他们把一代代孩子送出小城，返身又开始下一季的忙碌；他们像是永不停歇的园丁，他们在对你说，走啊，外面的世界很大，走吧，走出小城，接受人生更大的平台。

而他们自己，在小城的教室里驻守到老。

……小城教师以自己全部的热情、心血和勤奋，在当代中国大城市与小城

镇资源配置不均衡、人生发展机遇不均衡的背景下，为小城一代代青少年争取了人生发展的宝贵通道。当年镇海中学的教师们除了传授人文素养，他们教我们的应试智慧使我们受用终身。

这段文字摘自我校86届校友、著名作家鲁强先生所写的《阳光教师的姿态》一文。时任浙江日报报业集团《钱江晚报》副总编辑的他以媒体观察员的身份参加了在江苏省江阴市举行的第五届中国长三角校长高峰论坛，我带着几位中层干部和一线教师也与会学习。团队中的谢敏海老师恰是鲁强先生24年前的高中数学老师，师生久别重逢，格外亲切。谢老师以及其他镇中老师站立的姿势、流露的气质勾起了这位作家的回忆，情之所至、灵思泉涌，一挥而就这篇后来在镇中人中间传诵甚广的短文。

鲁强校友的这篇文章撰写于镇海中学百年校庆前夕，某种意义上是对镇中教育的百年回望，是感性印象和理性梳理的融合、积淀。我特别喜欢这篇短文以及以鲁强校友为代表的镇中校友对母校的真挚感情。作为镇中教育的亲历者和受惠者，鲁强校友的心声从一个侧面诠释了过去一百年镇中教育和镇中教师的价值所在，展示了他们的整体形态，那是一种与当时中国国情相匹配并取得极大成功的办学模式，足以引人瞩目、令己欣慰，闪耀着"教育成全人"的朴素光辉。该文引发了很多人的共鸣，我在多次讲座、讲话和多篇文章中也经常引用相关段落。2012年，我将"教育贵在成全"确定为镇海中学庄严的办学立场，同年，在进行学校深化新课程改革顶层设计的时候，我将学校的育人目标定格为"综合素质强、个性特长优、学业水平高、社会贡献大的优秀公民"。"立场"和"目标"形成了相互呼应，并且，"教育贵在成全"也是对此前"教育重在自觉"的进一步延续和深化。

"教育贵在成全"的提出，意味着我需要回答两个问题：我们应该致力于成全什么样的人？又该怎样成全人？这实际上是教育的根本问题，国家层面都会有总体的、概括性的规定，比如"三好学生""四有新人""双基""三维目标"以及"中国学生发展核心素养"等，这是我们最基本的遵循。在这个框架之内，每所学校、每个教育工作者还会结合各种实际情况进行更为校本化、师本化的思考与实践，所以我们能看到丰富多样的学校培养目标、校训、教师教育教学主张等表述，这也使得我们的教育对象更加鲜活多姿、个性明显。

在很长时期内，由于教育资源的稀缺、教育观念的落后，分数成为学生、家长、教师、学校以及教育行政部门事实上的"命根子"，成为评判学生优劣的最重要的标尺。我们所有的努力仿佛也全部聚焦到了那精确到小数点的代表成绩的分数上。自然，分数也是学校教育的一部分，代表了学习能力、学业水平，但对于完整的个体成长来说，只有分数无疑是对生命的窄化、异化，对于一所学校来说，一味追求升学率，那它的发展也是缺乏内涵和境界的。所以，我提出"教育贵在成全"，至少包含了两个最基本的部分，不仅要成全高分，更要成全高素质。

对于学生的成长成才，我一直认为做人比做事、做学问更重要，高素质比高分更重要，人格健全、身心和谐比学业成绩更重要。2009 年，我在接受《人民教育》记者采访的时候，提出"镇中教育就是要让学生追慕美好"，因为我深深觉得：人生最美是相遇，教育是最美的相遇，在一个人成长的道路上，最需要的是美的阳光，只有美的力量，才能战胜内部和外部的黑暗。知识有大美，人性有大美，情感有大美。我们的教育就是要把人类最美好的东西强烈而直接地呈现给学生，因为"美中有真、美中有善"，因为只有美好的东西，才能长久地吸引住学生，才能让整个校园充满经久不衰的人性之光。好的学校教育应该注重并能够促成学生的美好品性、人格力量、幸福快乐、自我超越，这也是衡量学生是否优秀、成功的最高标准。成全一个个美好的人，也是"教育贵在成全"的高层次目标。

每个教育者、办学者都会认真思考以下问题，这个班级、这个学校出去的学生会是什么样子的？有哪些与众不同的形于外的言行举止、能力表现？每个学校在核心素养基础上如何赋予学生更具校本特色的东西？自《中国学生发展核心素养》研究成果发布以来，我一直在思考核心素养校本化培育问题，经过几年的研究实践，探索形成了"五力·四途"校本化培育体系。"五力"，是指学习力、创造力、领导力、审美力和自治力；"四途"，是指实现"五力"达成的四种主要路径，即学校文化浸润、课程体系完善、学教方式创新、生涯教育提升。

"五力·四途"的确定经历了一个研究探索、总结提炼的过程，我们采用了调查问卷、个案访谈、学校发展文献梳理等研究方法，提炼出这较为凝练、准确和深刻的学校特色化学生核心素养及其培育途径。这"五力"和"四途"不但包含国家规定的共性内容，更凸显由办学历史、文化传承、价值追求、发展愿景以及生源、师资、区域因素等融合而成的学校特色，不但有对过往成功经验的继承，更有立足前沿、面向未来的前瞻性考量，体现了我校"教育贵在成全"的庄严的办学立场。

四、建设一支拥有教育自觉情怀、能够成全美好教育的教师队伍

这些年，镇海中学取得了令人瞩目的优异业绩，作为校长，我常常被人追问"成功秘诀"。可以总结的成因自然有很多，但我觉得最重要、最关键的是我们拥有一支具有教育自觉情怀的教师团队，是他们在最大限度成全镇中学生的优秀，成就镇中教育的优质。

校长的使命在于引领和创新，当教育自觉、教育成全逐渐成为我个人的办学追求并完成初步的理论和实践构想后，我觉得最重要的工作是将我的这种思想传递给广大师生，让他们获得关于教育自觉、教育成全的认识与行为，升华为学校的集体意识。当然，这种传递不是生硬的灌输，而是一种文化意义上的引领，是校长在不断创新整体办学实践、不断创新实施高中新课程、不断促进师生共同发展的过程中贯穿教育自觉、教育成全的精神内涵，使教师在教书育人的专业发展中，使学生在读书成才的自主成长中，不断进取、超越，不断深化对教育自觉、教育成全的理解与践行的程度。

经过多年用心打造，我校教师队伍在社会上具有较高的美誉度和影响力，

他们身上彰显了具有教育自觉情怀的教师团队的鲜明特征，而这也正是我们在队伍建设中的着力点、聚焦点。

一是普遍具有正确的教师职业意识。所谓职业意识，实质上是一种角色意识，每个职业角色都有其独特的内涵和外延，职业意识就是对角色内容的全面认知和灵敏反应，是一种自我觉察和自我规束。具体来说，教师的职业意识可以包括爱与责任意识、服务意识、师表意识、育人意识、胸襟意识、反省意识等。在这中间，爱与责任意识是前提、基础。我们认为，教师的爱应是一种大爱，是对国家、社会、学校的热爱，是对教育事业和自身教育教学工作的挚爱，是对所有学生一视同仁、科学严格而又无微不至的关爱。因为爱，所以才有担当，才懂得放弃一些名利、安逸和休息时间、对家庭的照顾等，才能对转型期中国社会各种纷繁的欲望、诱惑保持清醒认识和自觉抵制，不断提升自己的教育理想和职业境界。

二是普遍具有高度的教师职业精神。职业精神是与人们的职业活动紧密联系，具有职业特征的精神和操守、能力和自觉。对于教师职业而言，爱岗敬业、廉洁从教、团结协作等是最具职业特征的精神标签。在我校，教师们把"敬业奉献"当成自己的天职，视工作为事业，始终践行"以校为家""全身心服务学生""学生在，老师在""不搞有偿家教、不谋第二职业"。我校教师还具有强烈的团队精神，这是镇中教师具有学校大局观、整体育人观、协同工作观的反映。

三是普遍具有过硬的教师职业能力。职业能力是有效履行岗位职责的综合素质与能力水平的总和。教育的对象是人，而且教师是在立德树人，教书育人。学科教学、班级管理、个性化成长指导等都需要教师深度投入，所以教师的职业能力也有多域性、综合性、整合性、创造性、复杂性、应变性等多重特征。教师需要扎实的专业基础及相关知识，需要过硬的教育教学技能及相关领域的创造和整合能力，需要形成稳定可控的教育教学风格及深具感染力的人格魅力，这些能力要求教师积极修炼、不懈求索、不断精进。

在学校教育中，教师的地位和作用是无论怎么强调都不过分的，因为教育是一种关系学，是美的互动，是生命的辉映，是智慧的共生，而教师在此关系中处于主动位置。故教师由内而外、自然而然呈现的丰富、健康、鲜活、生动、美好乃至高贵，实际上是最宝贵的教育资源、最重要的教育力量、最持久的教育影响……每个人都希望遇到这样的老师。

那么，教师如何实现这样的成长呢？我以为需要修炼三双"慧眼"。

一是看见学生。教育学是迷恋人成长的学问，看见学生就意味着看见每一个学生；看见学生的全部，就意味着能够深入洞察学生的潜能、动机、兴趣、需要、性格、愿望，他们的喜怒哀乐，他们的成功失败，他们的迷茫挣扎。

看见学生的前提是认识学生、认识教育，这就要求教师要较为全面扎实地掌握教育学、心理学的基本理论知识，能深入并且与时俱进地把握教育教学规律和学生身心发展规律。更重要的是，教师能够有效处理学生的独特性问题，能够帮助学生发现和成全其独特性，促进学生的个性化成长。

二是看见自己。人贵有自知之明，不断反思已被证明是教师专业发展的不二法宝。对于教师而言，看见自己意味着教师能时刻保持对自己的审视、反思，并拥有及时改进、完善自我的意识和能力，既看到自己的优势、特长，也能正视自己的不足、局限，尤其要能客观认识自己的能力、性格、心理特征等在教育教学实践过程中可能产生的正向或负向表现；当面临一些冲突性的教育情境时，一定要有意识地给自己提个醒、踩一下刹车，看清楚是否因为自己固有的心智模式和行为习惯阻碍了对事情真相、问题本质的正确认知与妥善处理。

三是看见世界。对于孩子们来说，教师就好比一本书，他们每天都要打开、阅读。这本书的厚薄、优劣、深浅决定着他们的阅读收获，他们在读老师，也借此读世界，教师的世界大小一定程度上影响着他们的世界大小。所以，教师一定要能够看见更广博、更深邃的世界，不能囿于单一的教材、课本，不能囿于狭小的教室、校园，不能囿于日常的琐碎、繁杂，而应用自己的眼睛去眺望，用自己的心灵去体验，用自己的脚步去丈量，看见这世界的种种表层的无限风光和内在的深刻机理。教师看到的世界将会是学生的一个支点、一级台阶、一个放大器，帮助他们认识和走向更大、更美、更好的世界。

看见，然后懂得，并且行动，三双"慧眼"不断交织出教师动态发展的新坐标。这会让教师获得不断的自我更新、自我完善，过上完整幸福的教育人生，并且帮助学生一点点获得知识、能力、身体素质、心理成长、思想、人格发展等有助于成为一个健全美好的人的要素，他将成为学生生命中的重要他人，让学生终身受益，终身铭记。

吴颖民

华南师范大学原副校长、华南师范大学附属中学原校长，华南师范大学教师教育学部首席顾问、广州中学名誉校长。广东省第九届、第十一届人民代表大会代表，曾任广东省人民政府副总督学、督学顾问。曾任中国教育学会第七届、第八届理事会副会长。1996年被授予首批广东省南粤优秀校长称号，2006年被授予广东省首批基础教育系统名校长称号，2007年被授予广东省十大师德标兵称号，2018年被评为当代教育名家。

胸中有国，眼中有人，心中有爱

——一位中学校长对办学育人的若干思考

　　我是一名土生土长的广东人，一辈子学习、工作、生活在广东这片土地上；我也是共和国的同龄人，经历了共和国成立以来的风风雨雨，见证了国家波澜壮阔的奋斗历程，有欢笑也有泪水，有落魄经历也有高光时刻。师范大学毕业后，我一直当教师、做教育，后来又当了13年的副校长和20年的校长，涉足基础教育、高等教育和校长教师培训，历练中有成就也有遗憾，奋斗中有激情也有伤感。现在，卸下一线的重担，回顾往事，品味遇见的人和经历的事，反思教育人生的顺逆得失，尝试着对人才培养做点规律性的概括，我以为是一件力所能及又有益社会的事情。

一、社会本位与人本位的统一是人才培养必须始终坚持的根本原则

　　教育的功能是什么？人才培养的价值取向是什么？是社会本位还是人本位？新中国成立以来，一直到20世纪末，教育的出发点基本上是社会本位的，即学校教育应该以社会需要为导向，培养社会需要的各种层次的建设人才，而很少

关注学生个体个性特长发展的成才需要，也很少着眼于学生差异化的需要而采取差异化的培养策略。直至"文化大革命"结束前，教育的功能就是"为无产阶级政治服务"，培养目标就是"螺丝钉""驯服工具"。

到了21世纪初，党的正式文件中提出了"以人为本"的科学发展观，我国的中小学教育才开始真正关注学生的个体发展诉求，"让学生成为最好的自己"的口号，才越来越多地被中小学确立为办学目标。我认为，这是一个历史性的进步，但这样的表述，需要细化"什么样才是最好的自己"，防止走上个人利益至上的歧途。学校要清晰、明确地告诉孩子们，最好的自己是要把个人的发展意愿、发展目标与国家、社会、时代的需要紧密地结合起来，是大我和小我的统一，而且以才华和智慧贡献国家为最高荣誉。如果不把握好这个统一，我们的教育就可能培养一批才华出众，但缺乏担当的精致的利己主义者。

20世纪90年代，我在华南师范大学附属中学当校长，提出了"以人为本、持续发展"的办学理念和"以完整的现代教育塑造高素质的现代人"的办学宗旨，并以"持续"为关键词描绘了办学育人的发展愿景——"培养可持续发展的学生，造就可持续胜任的教师，创办可持续攀高的学校，实施可持续提升的教育"。这一思想的根本着眼点和出发点是中小学教育是人的素养"奠基"阶段，而适应时代发展和社会需要的后续发展能力才是最重要、最有价值的。完善自我既是个体发展目标，又是奉献国家与社会的必要和前提条件，奉献国家与社会才是成才的根本目的。所以我认为，德才兼备、敢于担当是人才培养的完整目标，德才兼备是从完善自我的角度去理解的"最好的自己"，而敢于担当才是具有社会价值的"最好的自己"。

20世纪末和21世纪的第一个十年，奥赛很热，奥赛尖子生深受名牌大学的青睐，也是学校知名度、美誉度的重要标志。华南师大附中一直重视拔尖创新人才的培养，从20世纪80年代就组织学生参与了国家数学、物理学、化学、生物学这几门学科的竞赛，并取得了不俗的成绩。学科竞赛的培训，既培养了学科领域的拔尖人才，也形成了学校师生的浓厚研究氛围，科技创新活动举办得热火朝天，高考成绩也一直高居广东榜首。每年都有几十位高三学生取得保送资格，大学也希望保送生能提前介入大学课程，加快成长。这批保送生多数是品学兼优、各学科都优秀的尖子生，参加高考也可能拿"状元"、拿高分，对学校高考榜单能增添光彩。学校领导班子成员和高三教师对保送生提前到大学参加预备课程持不同意见。我没有力排众议、一锤定音地支持保送生提前上大学，而是先组织领导班子成员开展讨论：保送生提前进入大学学习的利弊得失是什么？学校的决定应当基于什么立场？最后，大家终于统一了认识：这些保送生都是品学兼优、全面发展且学有所长的优秀高中生，提前进入大学课程学习，能加快拔尖创新人才培养，对国家有利，对学生个人发展也有利；尽管全程参加高考备考与高考，能加深中学基础知识的理解和强化应试心理与能力，但与提前介入大学专业学习相比，价值不可同日而语。虽然从学校角度看，似乎少了一些（可能的）高考状元名声，但教育工作者不能将国家利益和学生发展利益放在所谓的学校利益之上，这应当是教育工作者要守住的底线和初心。从此之后，在这类问题上，华南师大附中都坚守了这样的原则，深得考生和家长的赞誉。

二、"三个面向"是办学育人的根本指导方针

20 世纪 80 年代初期，我国改革开放的浪潮正在兴起，百废待兴，价值多元，人们困惑迷茫。教育改革的方向在哪里？否定了"文化大革命"是否又肯定了"文革"前十七年？在教育界困惑迷茫之际，邓小平同志提出了"教育要面向现代化、面向世界、面向未来"的光辉思想，指明了中国教育改革开放的方向，成为改革开放新时期教育改革和发展的战略指导思想。"三个面向"，可以形象地理解为教育的三维目标，"面向现代化"是当代中国现实发展的需要，而当代中国现实发展是随着时间变化而变化的，是与时俱进的，这是一维（也是一轴）；"面向世界"是将空间拓展到世界，以"地球村"等观念去思考人才培养的需要，这是一维（一轴）；"面向未来"就是以时间为轴去思考科技发展、时代变迁对教育提出的挑战，教育培养的是未来的人才，需要有前瞻性、预见

性、提前量，否则人才的适应性就会出问题。光阴似箭、日月如梭，"三个面向"提出已40多年，今天重温仍倍感亲切和鼓舞。"面向现代化"就是要落实"立德树人"根本任务，培养能够担当实现中华民族伟大复兴的历史使命的时代新人，就是要担当"为党育人、为国育才"的光荣使命，教育的社会本位和人本位相统一的价值取向清晰明了。"面向世界"就是要适应全球化发展趋势，适应建设人类命运共同体的需要，培养展现大国国民风范，具备国内国际交流、合作、竞争能力的时代新人。"面向未来"就是要把握时代发展的脉搏和走向，适应科技进步的需要，用前瞻性的眼光和把握规律的远见去夯实学生的发展基础，去培育学生适应变化、持续提升的能力素养。新时代新征程上，面对当今世界局势发展的不稳定性和不确定性，面对日新月异的科技进步带来的新挑战，深入领会"三个面向"光辉思想，不是倍感亲切吗？

在华南师大附中任校长期间以及后来受聘担任新创办的广州中学校长期间，我都非常重视发展学科兴趣、拓展知识视野的选修课建设，开展研究性学习活动以及制度化的前沿科技大讲堂活动。虽然选修课、研究性学习和学术讲座与高考没什么关系，但学科兴趣的培养，尤其是对学科前沿探索欲望的增长，对学生未来发展意义重大！基础教育不能只盯着眼前的发展，还要为未来发展、终身发展奠定基础，这也是我一直坚守的信念。

三、学校教育、社会教育、家庭教育的和谐统一，是提高办学效能的努力方向，也是新时代好教育的重要特征

学校是人才培养的专门机构，专门从事不同发展阶段的人才培养工作。学校教育是专业化程度很高的活动，需要把握学生的年龄和身心特点，选择适当的学习内容、学习方式和管理方式。学校是一个"小社会"，然而小社会与大社会（真实的社会生活）密切相通、紧密关联。学校教育不仅要让学生掌握放之四海而皆准的科学知识，而且要让学生正确认识、理解、适应真实的社会生活，否则，学生走进社会时，会出现种种的不适应。所以，"适应社会生活需要"是

基础教育的重要目标。好的学校教育，不仅要善用丰富的社会资源，紧密地联系社会生活，还要让学生了解真实的而非虚假的社会生活，做好各种必要的走进现实生活、适应现实生活的准备。要积极主动地走进社会大课堂，让小社会与大社会相互补充，让学生的社会化进程更和谐、更顺畅。在新中国学校教育的发展历史上，我们曾经在学校教育与社会教育关系问题上出现过走极端的现象，或"关门办学"、拒绝社会参与，或"开门办学"、否定系统的学校教育的必要性，削弱了学校教育功能，降低了培养质量，历史的经验值得吸取。

为了让高中学生更好地了解中国是一个发展极不平衡的国家，理解"三农"基本国情，也让孩子们把自己的学习与未来国家发展更好地联系起来，坚定以智慧和力量报效祖国的理想，从 1990 年开始，学校每年组织高中二年级师生到广东省山区参加为期两周的农村社会实践教育活动，与当地农户同吃、同住、同劳动。师生们既参加农业劳动，又结合研究性学习的课题，开展社会调查和课题研究，还开展走家串户调研、慰问"五保户"、科普宣传、支教辅导等志愿服务活动。30 多年来，我校一直坚持开设这门社会实践必修课，从未间断。凡是华南师大附中的毕业生，不论走到哪里，都会念念不忘这段刻骨铭心的历练，这也成为毕业生们日后人生道路上勇攀高峰、担当使命的动力源泉。

家长既是孩子成长的第一任教师，也是孩子教育不可缺少的重要力量，家长应当成为学校、老师的同盟军。家校教育一致性决定人格发展健康程度，家校协同合力是决定办学效能的关键因素。2021 年，国家通过了《中华人民共和国家庭教育促进法》，进一步明确了家庭教育的内涵及其重要性，提出了家庭教育必须与学校教育、社会教育紧密结合、协调一致的原则，以及家长对子女教育的责任义务、方法策略，也清晰地指引了学校教育如何开展对家庭教育的指导服务、与家庭教育的互动互促，对家校共育的推动产生重要影响。随着时代的不断进步，家长的受教育程度也不断提高，家长对子女的教育愈发重视，对子女的期望值不断提高，同时家长掌控子女教育话语权的欲望日益高涨，家长的教育观、成才观常常与学校教育观念产生冲突，家校合作、和谐共育显得尤为重要。我在华南师大附中工作期间，从 20 世纪 90 年代开始，就开设了系列化的家教讲座，开发了系统的家长课程，组建了家长委员会、家长义工团、家庭教育兼职讲师，设立每学期的家长开放日和全校（分年级）家长大会。家长与学校之间有了更多的沟通渠道，有了经常性的、全方位的、深入的相互了解，实现了学校教育与家庭教育的高度和谐统一。其实，这既是华南师大附中长期高位稳定发展的秘诀，也是实现学校高质量发展的好制度、好办法。

四、促进教师专业发展是学校育人的题中之义，必须把教师队伍建设作为学校发展的第一工程来抓

教师观是校长对学校功能观、育人观、质量观的集中体现，同时也是学校能否持续健康发展的关键因素。毫无疑问，学校育人功能首先体现在学生的成长进步上，没有学生的成长进步，学校也就失去了办学的意义。但是，教师作为学校办学的重要资源和要素，是决定办学质量的关键要素，推进公平而有质量的教育，物质条件和经费是重要因素，而决定性的因素是教师。在过去很长一段时间里，教师只是被当作学校教育的必要条件之一，是正常办学和提高质量的保证；教师不是学校育人目标任务的一部分，只是作为保障条件加以强调。而这种对学校育人功能的片面认识，不仅导致了教师队伍素质水平的退化（或者停滞不前，或只是经验的积累），专业能力不能胜任不断变化的科技进步、社会发展、生源特点变化所带来的挑战；而且导致了教师来源的弱化和队伍总体水平的下降。2000 年以前，学校预算经费中，能用于教师发展的经费少之又少，有的学校在这方面多用了经费，还要受到批评和问责。高等师范院校对优秀高中毕业生的吸引力不高，生源堪忧。党中央"以人为本"的科学发展观提出之后，推动了学校教育界教师观的转变，这是一个历史性的巨大进步。党的十八大以来，以习近平同志为核心的党中央，在推动经济社会高质量发展、推动实现"两个一百年"奋斗目标的伟大征程中，坚持把教育摆在优先发展战略地位，把教师看作教育发展的第一资源，把教师队伍建设作为基础工作，极大地提升了教师的社会地位和经济地位，极大地调动了教师教书育人的积极性，也极大

地推动了教师专业发展。今天，无论是教育行政部门、校长还是学生家长，都意识到教师的素质及持续成长是学校持续、健康、高质量发展的根本保证，学生与教师共同发展是学校育人题中之义。不仅教师是学校第一资源，是学校核心竞争力所在，是教育质量的主要保证，而且教师发展已然成为学校不可或缺的育人目标，同样是办学质量的重要评价指标。重不重视教师发展，是校长办学思想、理念是否端正的重要表现。我在华南师大附中任校长期间，向社会筹集的第一笔慈善资金就用于教师发展，鼓励和支持教师参与课题研究、参加学术活动、进修培训、提升学历甚至到国外进修学习。后来，我发起成立了广东省中学首个规范化的教育基金会，根本目的也在于加大扶持教师发展的力度，更好地促进教师成长，让教师更安心也更优秀。退休之后，我应邀担任广州中学校长，募集的第一笔社会慈善资金，也是用于教师发展，鼓励教师践行高尚师德，积极参与教育教学改革创新的理论和实践研究，提升专业水平和育人成效，努力成为最受学生敬佩和爱戴的楷模。实践已经证明也正在继续证明，把教师发展作为学校发展的第一工程，必定是学校教育高质量发展的重要保证。

五、构建学校育人文化是校长的根本职责，学校育人本质就是文化育人

学校文化对于学校教育具有重要意义和深远影响，我以为校长、老师对此是没有疑义的；但是对于什么是学校文化，学校文化建设的范畴、重点是什么，还是存在着不少不同认识。有些人把学校文化建设窄化为校园文化建设，关注的是环境文化和行为文化建设。在教育部颁布的《义务教育学校校长专业标准》中，校长主要职责之一是"营造育人文化"（不是建设育人文化），而"营造"一般落到环境、氛围、风气上，自然就把学校文化建设局限在环境文化和行为文化上。尽管对学校文化的分类有多种表述，但我坚持认为，学校文化的核心是精神文化，是办学育人的价值取向，是办学理念与追求。学校精神文化决定学校办学方向、育人规格、培养方式、评价标准。它要解决、要回答的是"为

谁培养人、培养什么人、怎样培养人"的根本问题。而体现精神文化导向的决定性要素是课程体系和规章制度，所以，学校文化另外两个重要组成部分就是课程文化和制度文化。课程决定培养规格，制度决定培养过程与结果的质量标准。行为文化（包括教师文化、学生文化、干部文化、管理文化等）决定学校人的行为方式和准则，而环境文化通过建筑物的布局、造型、色彩和功能，以及自然景观和人造景观的熏陶，创造学校育人的物质条件和环境氛围。我以为，这才是学校文化的完整内涵。学校文化建设是学校持续健康发展的根本保证，是最重要的基本建设，是学校育人的本质要求。课程建构是实现育人目标的根本保证，课堂转型才能实现创新人才培养，制度完善、文化认同才能保持长盛不衰。

学校就是学习的地方，只有校长、老师以身作则，爱学习善学习，学生才会爱学习善学习。也就是说，只有校长、老师好好学习，学生才能天天向上。所以我认为，确立并把握学校办学育人的核心价值观，树立科学的、正确的、适应时代要求的办学理念、办学思想，并将理念、价值观层面的要求化作学校课程建设的实际行动，构建一个既体现国家意志，又满足学生个体差异化需要的、丰富多彩的、规定性与选择性相结合的课程体系，并建设完善的、规范化的、体现育人导向的、包括操作指引和评价标准在内的制度体系，才是校长抓学校文化建设的重点工作，才是校长引领学校发展不可缺少的关键职责与使命。

2017年夏天，在正式退休三年后，我又受广州市天河区人民政府的盛情邀请，担任了新创办的、以广州城市命名的广州中学校长。我到广州中学工作之后抓的第一件大事，就是编写《广州中学文化理念手册》，通过编写手册，确立了学校办学育人的核心理念，提出了学校"一训三风"，提炼了学校精神，明确了学校办学愿景等。在这个基础上，我进一步梳理了课程与教学工作、德育与学生发展、体育、美育、劳动教育、科技教育、教师发展、后勤服务、党群工作等领域的工作理念、规章制度、常规工作、重大活动等学校文化体系，使学校各项工作遵循办学核心理念要求、服务于育人总体目标。建校以来，广州中学坚持贯彻核心办学理念，不断完善课程体系建设和制度建设，弘扬敢为人先、与时俱进、开放包容的广州精神，加快数字化校园建设。学校稳步健康发展，我以为与学校文化的顶层设计有着密不可分的关系。

六、积极主动地运用新技术新工艺，是科技迅猛发展时代提升教育质量的必然选择

20 世纪 90 年代，中国正式接入了国际互联网，互联网开始走进千家万户。20 多年来，互联网和数字技术被广泛地应用于经济、社会等领域，改变了众多企业的生产方式和经营方式、政府的管理方式、人们的沟通方式和生活方式，可以说是革命性的变化。可是，互联网与数字技术对教育的影响和改变却极其有限，虽然大多数教师会制作 PPT，会使用大屏幕一体机，但更多的还是停留在用 PPT 替代板书，用白板替代黑板。学生电子终端的使用仍不普遍，使用的时间和场景也受到限制，实际上，互联网和数字技术在基础教育上的应用还停留在浅表层面。事实上，互联网上海量的学习资源（尤其是国家开通了全国性的智慧教育资源平台之后），可以弥补校际之间教师素质的差异，促进教育公平；网络（线上）教学超越时空的随时随地随需沟通的特点，能极大地拓展交流、分享的空间，从而有效地增加互动与分享，更便捷地创设以教师为主导、以学生为主体的学习环境；网络（线上）教学还对推动先学后教、以学定教的先进教学方式，创造了更为便利的条件。一句话，互联网、大数据、云计算、人工智能等新技术的发展，还会继续给教育带来深远影响，对此，我们必须以更敏锐的嗅觉、更开放的心态迎接新技术给教育带来的新变化。

这些年，国家十分重视教师信息化素养的提升，不断推动教师信息能力的培训，但对课堂变革、课堂转型的影响不大。当前，国家又积极推动教育数字化战略行动（我以为这是一个十分正确的举措），但上热下冷的状况如何改变？这值得认真调查分析，找出症结。我以为，根本原因是教师对新事物不敏感，学习新知识、掌握新技能、运用新工具的热情不高，注重传统套路、惰性严重，应运用评价指挥棒去推动，同时让更多的教师尝到运用新技术之后的甜头，像

人们学习智能手机使用一样，让新技术新工具的使用，成为教师教育生活的一部分。

1996年，国际互联网刚接入中国，建设校园网并尝试着应用的只有部分高校。当时，我强烈地意识到互联网等新技术将给教育带来颠覆性的冲击和影响，必须及早谋划，抢占技术应用高地。1997年，我带着华南师大附中的几位信息技术科的老师到清华大学等学校考察校园网的建设，回来之后迅速谋划建设校园网。当时要建先进的校园网，实现校园无线网络全覆盖，需要一大笔钱，但财政经费有限，学校每年的总开支，财政拨款只能占六成左右，还有四成左右要自筹。当时政府对校办产业还支持，对自筹经费行为还管得不严，学校每年都能筹集到两三千万元的办学经费。而自筹的办学经费中，一部分用于提高教职员工的待遇。要花一大笔钱去建设先进的校园网，不少人想不通，很多人也不赞成。怎么办？信息化是一次机遇，也可能是教育的一次升级换代，不能错失良机。于是，我请了这方面的专家到学校给全校教职员工讲互联网及其应用，描绘信息化可能带来的生产劳动、社会生活、各行各业的深刻变化和美好远景，让大家对信息化有所期待。同时，我承诺建设校园网，一定不影响大家的收入，而未来一定会给老师们提供更多的培训机会，配备更新更好的信息化工具。我描绘了一幅学校未来令人向往的工作场景。经过一番努力，我校成为广东省第一所建立ATM校园网的中学。教育信息化的先行一步，也造就了华南师大附中十多年来长足进步、持续领先的奇迹。我到广州中学任职之后，同样强力推进信息化建设，建设了WiFi全覆盖的校园，师生人手一个平板电脑，推动了教学方式、师生互动方式、教育资源共建共享机制的深刻变化。广州中学建校以来，也呈现了持续高速健康发展的态势。

长期以来，教师是个体劳动者，缺乏协作的文化传统，而协作素养是21世纪人的核心素养之一。传统的教师基本功，重教学过程的语言表达、板书技能，轻教学过程的情景创设、兴趣激发、技术应用和数据分析，显然不适应信息化、智能化的教学环境和多样化、个性化的发展需要。所以，必须高度重视教师运用新技术新工艺提升教学能力的培养培训，没有新技术参与的教学活动，既不可能实现高效率，也不可能满足差异化、个性化发展的需要。

当然，提高教育质量，不仅要高度重视教师信息素养的提升和信息技术在教学上的广泛、有效应用，而且要高度重视信息技术在管理上的应用。比如排课系统，在赋予学生一定的课程选择权和开展走班教学之后，学校排课的难度和复杂性大大提高，没有信息技术的加持，就不可能有更科学、更合理的课表。又如质量分析，如果有了完整的信息采集系统，就可以利用大数据和人工智能技术，精准地对学生个体的学习状况、教师的教学水平、班级和学科的教学质量，作出诊断和分析，予以正确指导，帮助及时改进。当今时代的质量提升，一定不能再走拼体力、拼时间的高消耗低收益的老路，而要向科学技术要质量，让教育成为更具科技含量的工作。

七、持续提升教育领导力是校长真正
成为师生的精神领袖的保证

人们常说，校长是一所学校的灵魂和旗帜，是推动学校发展的设计师和引路人，我深以为然。《义务教育学校校长专业标准》《普通高中校长专业标准》中对校长的职责作了明确的规定，即规划学校发展、营造育人文化、领导课程教学、引领教师成长、优化内部管理、调适外部环境，这是一个能力为重的职责体系，也是校长教育领导力的结构体系。我个人认为可以归纳为五大领导力，即愿景领导力、课程教学领导力、文化领导力、资源整合领导力和道德领导力。

愿景力：校长必须是有教育理念、教育理想和教育情怀的人，校长的这些核心素养，对学校发展关系重大、影响深远。所以，校长对学校的领导，首要表现在对办学目标（愿景）的定位上，并基于目标定位作出合理的、符合实际的、可行的发展规划。要洞察教育发展趋势、把握发展机遇、善于整合资源、远中近结合地规划学校发展，善于以美好未来愿景激发师生奋发图强的热情，共同追求更高的目标。在这方面，中国共产党是最好的榜样。

课程教学力：奋斗目标、培养目标确定之后，关键是构建与培养目标相匹

配的课程体系并有效实施，这就是我们常说的"以教学为中心"。以教学为中心，包括课程规划、课程建设、课程实施和课程评价。这项工作，关系到学校培养什么人的根本问题，即培养规格、标准，也关系到怎样培养人的问题，必须引领育人方式创新，推动课堂变革，创新教学组织形式和评价方式，最大限度地调动教与学的积极性、主动性。只有充满活力的教学关系，才能培养能够持续发展的人。这是校长的核心领导力。

文化力：学校文化是学校育人的有形的和无形的要素的总和，是一个系统。所有对学校育人产生影响的要素，都可以理解为文化。我在前文已经讲到，我理解的学校文化系统，主要包括理念与价值观方面的精神文化，以课程体系为核心的、有多种样态与特征的课程文化，以规章制度为治理特征的制度文化，以引导学校师生员工行为方式为宗旨的守则、教风、学风、校风、干部作风等构成的行为文化，以物质存在为主要形式，包括学校布局、建筑、色彩、人造景观、美化绿化等的环境文化。校长要深刻理解学校文化内涵，以先进理念引领发展，注重课程建设、制度建设、风气建设、环境建设，这才是校长角色最重要、最本质的责任担当。

整合力：办学是一个复杂的系统工程，需要多种资源的支撑及保证。善用可利用的资源，善于整合各种资源，对于学校发展、教师发展、学生发展关系重大。影响学校发展、决定办学水平的资源是多方面、多形态的，主要有学校占地、建筑面积、设备设施、教师队伍、经费、办学历史、影响力等，合理配置这些资源，充分发挥这些资源的效用，无疑是有许多学问的。除此之外，我认为还应该思考如何整合和利用如文化传统、校友、家长资源、社区资源、慈善机构、媒体、公共图书馆、博物馆、纪念馆等社会资源，要善于利用社会资源，重视家校共育，努力实现学校教育、社会教育、家庭教育的一致性，营造一个价值取向相同的育人环境。

道德力：既然校长是学校的灵魂和旗帜，那么校长的一言一行自然会产生更为广泛、更为深刻的影响。为人师表，应当成为校长的座右铭。常言道，学高为师、身正为范，校长要成为师生的楷模和表率，最重要的是要有远大理想和坚定信念，这才配得上是学校的主心骨；校长要严于律己、宽以待人，这才能真正树立威信；校长要爱学习、勤思考，才能培育良好的学风和教风；校长要敢作为、有担当，不随波逐流，不趋炎附势，学校才会有正气，有改革创新的勇气。

习近平总书记在中央人才工作会议上指出，当前，我国进入了全面建设社会主义现代化国家、向第二个百年奋斗目标进军的新征程，我们比历史上任何时期都更加接近实现中华民族伟大复兴的宏伟目标，也比历史上任何时期都更加渴求人才……综合国力竞争说到底是人才竞争。人才是衡量一个国家综合国力的重要指标。国家发展靠人才，民族振兴靠人才。我们必须增强忧患意识，更加重视人才自主培养，加快建立人才资源竞争优势。

人才培养靠教育，自主培养人才更要靠中国本土的教育。教育要更好地担负起服务中华民族伟大复兴的光荣使命，就要在提高人才培养质量上下功夫。尤其要按照习近平总书记在全国教育大会上提出的要在坚定理想信念上下功夫、要在厚植爱国主义情怀上下功夫、要在加强品德修养上下功夫、要在增长知识见识上下功夫、要在培养奋斗精神上下功夫、要在增强综合素质上下功夫。基础教育是人才成长的奠基工程，基础教育工作者要不忘初心、不辱使命，以人才培养的高质量为强国安邦夯实基础。

奚亚英

江苏省常州市武进清英外国语学校教育集团总校长。中国教育学会小学教育专业委员会理事、江苏省教育学会管理专业委员会委员，江苏省校长培训基地、常州市义务教育学校奚亚英名校长培养基地领衔人等。先后荣获全国基础教育科研先进个人、常州市劳动模范等称号。一直致力于平民教育研究、教师专业发展研究、学校课程改革研究，在《课程·教材·教法》《人民教育》《中小学管理》等刊物发表近50篇研究成果。著有《一所好学校是这样炼成的》《我的平民教育情怀》等著作。

以"中国式思维"打开"育人"格局

> 以"最中国"的思维育人，以"最中国"的方式成人，重塑"最中国"的学校，讲好"最中国"的学校故事。
>
> ——题记

从 1994 年开始做校长起，到 2022 年已经是第 28 个年头，细数自己一路走来的办学管理经历，我觉得管好一所学校的密钥在于发现管理过程中"人"的重要性。让每个人出现在最适合他的岗位上，尽情发挥他的才能，从而让事务变得简单，让工作变得高效。而这种看似十分简单的管理学思维，却包含了中国人最为精彩的哲学思辨，那就是关于"易"的研究。于是我带着学校的管理团队开始着手于"大易管理"的研究，试图从《易经》中找寻自己近 30 年关于学校管理的理论内核，并开启一段属于中国式学校管理的全新旅程。

随着全球化进程的加快，中国企业要在空前激烈的国际竞争中取胜，就必须有立足本民族的思维及行动模式的特点，有面向全球性文化空间的中国式管理理论作指导。当下，华为、阿里巴巴、小米等中国企业的成功事例，让越来越多的人对"中国式管理"产生了兴趣。甚至曾有人预测：到 21 世纪 20 年代，中式管理将撼动世界的管理潮流。试想：对于中国人而言，如果不将这些管理的大义挖掘出来，对国家、企业、学校、个人都是重大的损失。我们应该站在"中国特色"的角度，亮出自己的管理智慧。

一、面对西方管理学异军突起，我们要看清什么

记得西方现代管理学奠基人德鲁克在《公司的概念》一书中，首次将"组织管理"融入现代管理领域之中。至此，组织学诞生了，管理变得有章有法。于是有了20世纪50年代美国式管理的异军突起以及20世纪70年代"日本第一"的日式管理的扶摇直上。纵观这些历史阶段，很少能听到有关"中式管理"的"只言片语"。在那段时间里，"讲人情""重面子""模棱两可"一度成为中国管理者们挥之不去的"耻辱"标签。

难道中国没有成功的组织管理模式吗？恰恰相反，世界上最成功的管理案例就在中国，那就是拥有百年历史，9804.1万名成员（截至2022年底）的中国共产党。从组织管理的制度、文化、结构来看，中国共产党始终保持着先进性、科学性，并且愈久弥彰。从组织管理结果上看，中国共产党在自身的系统化建设、自我更新上，也呈现出一种蓬勃向上的内在动力。

中式管理的"大义"究竟在哪？区别于西方的"刚性管理"，中国更趋近于"柔性管理"，也就是更有"人情味"。这股"人情味"不是"矫情"，也不是"随意"，更不是"圆滑"，它代表的是中国人为人处世的一种基本态度，是一种"以人为本"的情怀。这种"人情味"是扎根在中国人骨子里的，是历经五千年文化积淀而形成的一种"基因表达"。追本溯源，中式管理的"人情味"源自何处？著名管理学家曾仕强教授指出：中国人是《易经》的民族，因而我们的管理行为主要的依据即为易理，那么，我们所奉行的便是"大易"管理。

或许是行之日久的缘故，我们早已把这套理念内化于心、外化于形，久而久之却知其然而不知其所以然，最终直接或间接地模糊了我们对于管理行为的依据探析与辩证。今天，我们"朝花夕拾"，试图透过《易经》来解密中式管理的密码，也为今后的学校管理提供宝贵的理论依据。

二、"大易管理"研究：超越管理本身的意义与价值

习近平总书记指出："现在我国改革已经进入攻坚期和深水区。"而社会各界的组织管理变革也在悄然驶入"深水区"。其中，学校作为一个小型的"社会组织"，该采用怎样的组织管理变革让师生获得最大的发展，是每一所学校管理者面临的最大难题。而当垂直管理、扁平管理、错位管理、差异管理等新理念涌入学校时，我们发现效果总是不尽如人意。某种程度上的偏移、背道、曲折让管理"上不来、下不去"，究其根本，是"舶来"的"管理理念"多半从企业经营经验中总结得来，企业的管理目标是"获利"，而学校的管理目标是"育人"。两者目标不同，运用同种管理手段，必然导致管理结果的大相径庭。

这些现象无疑也带给我们许多的沉潜与思考：学校究竟需要什么管理？究竟什么管理才能适合学校、适合师生的发展？我认为，中国的学校管理应该是扎根于学校本身的，应该带有学校文化特质的，更应该直接指向"人"的发展的管理。"管理离不开自己的文化"，这句话唤醒了我们对"自己的文化"的遐想。是的，我们需要以一种"最中国"的方式来打开我们的管理格局，让更优秀的民族文化融入我们管理的细节。于是，我和老师们一起重拾经典、重温经典，在先哲的智慧中找到启示——大易管理。这不是秀名词、秀概念，更不是故弄玄虚，而是在中华民族最优秀的传统文化精髓中汲取营养、获得新生——借助《易经》的易理来进行管理。它给我们带来的是一种全新的管理境界，促进我们更为冷静、深刻地去思考、去探索、去实践，找到一种关于"易"的思想与行动的豁达。

第一，大易管理告诉我们，管理本身是一门"科学的艺术"。

它的科学性体现在三个方面。

一是管理思维的整体性，而这样的一种整体性从某种角度又呈现管理本身的全局性、开放性和综合性，正如习近平总书记在给北京大学考古文博学院2009级本科团支部全体同学回信中所指出的："'得其大者可以兼其小。'

只有把人生理想融入国家和民族的事业中，才能最终成就一番事业。"《易经》的"大格局"对应了学校的"小社会"，学校层面梦想的实现，往往就是师生梦想的达成。这种向大处着眼、小处着手的管理思维正是现在学校管理所缺乏的。

二是管理方式的有序性，管理不是一蹴而就的，它需要有过程，需要有一套循序渐进的流程设计，它是有逻辑的、有依据的。《易经》中提到，天下事物莫不循序渐进而成，万物生化，非一日之功，当不争不躁，脚踏实地，顺应四时而化育。育人是最急不得的，学校管理也应脚踏实地，稳步向前，虽然看似距离目标达成路远迢迢，实则道路更稳，"利益"更久。

三是管理效果的直观性，以事实为依据，在整理、归纳、分析和验证的每一个环节中都能以真实来还原结果，呈现最本质的东西。总体而言，管理的科学性应该印证在用人之道上。例如，A教师善于与人沟通，面对家长的问题都能妥善解决好，深受家长的信任，但是在学生管理上总是不够细心，导致班级学生间出现的小问题不断。B教师上课兢兢业业，对待学生一丝不苟，但是因为个性的原因，面对家长，总是显得不够"热情"，在家校沟通方面总是不尽如人意。如果让这两位教师各自担任班主任的话，两个班级都难以提高。当发现这样的问题后，校长让两位教师同带一个班，A教师负责与家长沟通，B教师负责学生管理，在两人的分工合作下，家长投诉消失了，学生常规也变好了。

学校管理者需要通过长期观察总结，优化组合，找到理论和方法，注重加强培养自己驾驭人才的潜力，知人善任，进行科学搭配，以达到"科学用人"的效果。我始终认为，管理是一门"科学的艺术"，这个观点重在阐述管理是聚合的过程，个体聚合成群体，优点聚合成优势，这个过程不是割裂的，旨在强调管理中的每个单元都是一个整体，而并非是整体中的一个部分，强调圆融性，每一个环节都是下一个步骤的铺垫，或者说每一个步骤都是上一个环节的印证，彼此相辅相成，互为依据。这样的一种"你中有我、我中有你"的管理格局也是当今学校管理"以人为本"的最佳体现。

第二，大易管理告诉我们，"管是为了不管"。

现实中，我们发现有的校长往往管得太多，大到制度建设，小到卫生常规，统统"一手抓、双肩挑"，以显示自己的率先垂范和决策高效。但是一段时间下来，学校的改变并没有达到预想的效果，最终的结果就是校长"不达目的"，中层"不明其由"，教师"不知所措"。事实上，对本不该自己负责的问题作决策，或超越自己的权限作决策，会破坏组织的运行秩序，影响甚至伤害他人的情绪，造成管理的停滞。

《易经》中对于这一现象给出了简洁有效的指导，爻辞中强调了三个字，即：志、中、道。"志"即心志、志行，从管理的角度来看，表现为管理者的意志取向；"中"即中正、中庸，中就是"合理"，中正、中庸就是"合乎情理的合理表现"；"道"即路径、方法，就是支配人事的理则，合乎理则为"中道"，否则就是"失道"。而用"志、中、道"三元合一能够阐述一个观点，就是"修己安人"——修炼自己的人格魅力从而去影响他人、成就他人，就是给人创造成功的机会。当校长充分信任每一位中层、每一位教师时，他们表现出来的态度和能力往往会带给校长莫大的惊喜。

在武进清英外国语学校，我倡导把每一位老师都视为"领导者"。借鉴"子贱放权"，在级部管理中，不再是所有级部的事情都由级部主任负责，领导角色也不再是一个人，而是由多个人共同承担。通过制定项目，学校在级部中设立项目负责人。而原先的级部主任已经改为"教练员"，负责为项目提供指导与咨询服务。这样的改革不是"新瓶装旧酒"，而是通过任务特点匹配最适人选，同时，项目主管的角色是动态更替的。比如，在一年级学生入学时，学校设立了"就餐礼仪"项目，并设立该项目的主管来指导新生安静有序地用餐，到了二年级这个项目就没有了，新的项目新的主管可能又诞生了……我们认为一定程度上的"放手"是为了下一次的"握手"。每一位领导者能够把每个人都当作领导去尊重，把每个人都放在心头去关怀，把每个人都视为学校教育未来的接班人，无限地去相信他们、支持他们、成全他们、成就他们，让每个人都找到属于自己的定位，自然而然就形成了"无为而治"。

第三，大易管理告诉我们，管理其实就是在找"平衡点"。

心理学家卡尔·古斯塔夫·荣格在谈到《易经》这一人类智慧宝典时说：我们所得出的定律常常是短命的，或被后来的事实所推翻，唯独中国的《易经》亘古常新，至今依然具有价值。为何如此，是因为《易经》中的"智慧"达到了一种与时俱进的"动态平衡"。根据这个启示，学校中许多管理元素可以更新换代。

记得在 1998 年，我第一次向湖塘镇的教师要"节日礼物"，那时的我真诚地对老师们说："对一个初来乍到的校长，你们能不能在中秋佳节这个团圆的日子送我一份'礼物'呢？这份'礼物'的要求可能会很高，那就是'我与校长说句悄悄话'，恳请大家认真准备，坦诚相见！"虽然是小小的一段"悄悄话"，但让我看到了大大的世界：教师的文采、教师的能力、教师的品德、学校的现状、学校的问题……当时一共收到"悄悄话"73 份，为了解学校，为今后的发展制订方案奠定了基础。

来到清英后，这份中秋"礼物"有了新的"包装"，不仅有"悄悄话"，还有"校长茶话会""校长请你喝咖啡"等，形式多元，教师可以选择多种渠道，用最放松的方式向学校管理层提出自己的建议与思考。而这种方式也更加贴近"80 后""90 后"教师的心理特点。所以，我们应当沿着"易理"去追寻学校管理中一些恒常性的或者是与时俱进的元素。以"不变"为原点，以"变"为生长点，在"变"与"不变"之间不断地建构与发展，进而形成新的平衡点。当然，在我看来，这个"平衡点"一定是"简易"的，体现在管理中的化繁为简、化难为易原则，能够聚焦本质因素，并且关注核心问题，从而实现其创造性转化与创新性发展。

三、"大易管理"特质：追求管理共性中的个性

思考怎样的学校管理才符合大易管理这个很难去直接定义的概念，就像是拿着套马绳去追逐一匹飞驰的骏马。"大易管理"还在不断变化之中，还需要一

个漫长的实践过程来验证其有效性。这段等待"被定义"的过程也留给我们更多的空间和余地去思考。但是暂不定义不是"不去定义",我想就目前学校管理实践中得到的收获去对"大易管理"做些描述,进行解释,概括它的一些特质。

(一)关于管理中的"易理"析出

《易纬·乾凿度》指出:"《易》一名而三义,所谓易也,变易也,不易也。"郑玄又将此三义概括为"易简(易)、变易、不易"。对于学校管理而言,"简"与"易"聚焦了管理的本源性与发展性;对于管理中的人而言,"简"与"易"关注了人的发展的基础性与阶段性。所谓"变易",即"变化",万事万物皆在"变易"之中,无论是教育还是管理,当下唯一"不变"的就是"变化"。在学校中,人在变化,环境在变化,时间与空间也都在变化,需要面对的事件更是瞬息万变。正是由于诸多变化,管理理论并不是一劳永逸的工具,而是一个不断实践,并且在实践中及时进行修正,周而复始的过程。

作为一个真正的学校管理者,我始终觉得:管理的核心思想并不在于学校管理者具有高深的理论,也并不在于丰富的经验,而是在于实践,并随着学校环境的改变而不断改变自己,这就是管理中一再强调的"唯一不变的就是变化"!而"不易"则是相对于"变易"而言的,它体现万事万物的另一面,即"恒常性"。所谓"恒常",就是在变化的过程中有规律可循。聚焦到学校管理的规律,应该是教育规律、学校管理规律、人的身心发展规律和社会发展规律这四者叠加,这样的规律的内在应该具有一定的稳定性。大易管理,不是"易"与"管理"的简单叠加,而是以"易"为管理的哲学出发原点,以规律的探寻与把握为核心,以变易达简易的管理思辨为行动,不断地让管理支持人的最近发展区。

(二)管理的基本特征是"简易"

谈到"易",最容易让人联想到简易、平易、简单,让管理变得"轻装上阵"是未来学校管理的方向。管理的制度化、规范化、标准化、信息化、普及化，是"简易"的路径。因此要着力在以上方面进行"简易突围"。"简易"还体现在人际关系方面，学校是"育人"的场所。在过去金字塔式的管理结构下，最权威的决策和指令来自"塔尖"，一些简单的事情，要经过中间几个层次如迷宫般"弯弯绕"。许多一线的迫切需求传达到具有决策权的领导手中，再经过层层审批传递回来时，老师们早就精疲力竭了。再加上事物本身就处在不断变化之中，如果将精力都消耗在"跑腿"上，就算决策下来了，事情也早就不再是原来那件事了。因此追求"简易、直接"的管理模式是有现实意义的。

自 2016 年起，我们根据"简易"原则，撤销了原有的包含校长室在内的行政办公室，依据社会组织形态，构建了"三会一院"（"三会"即发展委员会、指导委员会、自治委员会，"一院"即教育研究院）组织机构，形成了多个集决策、管理、执行于一体的低重心组织系统。相比之前，各部门之间的分工更明确，目标更清晰，减少了部门管理者的无效劳动，师生的需求通过"发展委员会"和"自治委员会"以最快的速度得以反映。实施"三会一院"模式，副校级的干部都要兼一个年级或部门的主管，而不是分管，分管就容易增加层级。这样，教师、学生的事可以直接进入决策层面。

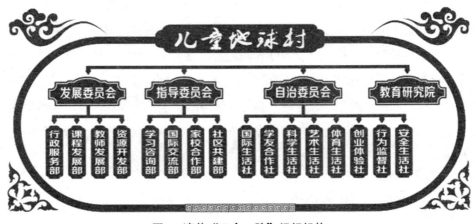

图1　清英"三会一院"组织机构

（三）管理的主要内涵是"变易"与"不易"

《易经·系辞传下》谈到："《易》之为书也！不可远，为道也屡迁，变动不居，周流六虚，上下无常，刚柔相易，不可为典要，唯变所适。"说明了世间万物皆在变化之中，变化与固定同样重要，换而言之，世间变化才是不变真理，是事物发展的源头，正如《易经·系辞传下》所道："《易》穷则变，变则通，通则久。"面对瞬息万变的现代社会，只有适应变化才能在变化中成就自己。而"不易"指的是学校管理中各种规律和原则的确定不易，即变中的不变。我始终认为，管理的最高境界是"无为而治"，即通过教师的内源动力，激发其工作热情。而想要达到这样的管理境界，学校创设了多元化、人性化、柔性化的管理制度，以激励教师主动献身与创新的精神。

例如，在沟通机制上，我们建立了"双心制"，提倡管理者与教师之间的双向沟通，靠理解和尊重，靠高尚的人格和互动的心灵建立管理者和教师之间的关系，并通过这种心灵沟通和感情认可的方式，让教师在自觉自愿的情况下主动发挥其潜在的积极性与创造性，愿意为之献身，尽心尽力为学校工作，为学生服务。

（四）管理的实践策略要透过"象、数、理"厘清脉络

"象"即"现象"，一切管理（教育）的发生一定是基于"现象"；"数"即"数据"，象数思维是《易经》中最精华的思想内核，也是中国最早的辩证逻辑思维；"理"则是道理，"按照道理去做"看似模棱两可，却是决策最佳的判断依据。学校管理者应该找出数据，对数据的表象进行分析，依据必然的道理推演出可能存在的结果。这类似于今天的"大数据分析"，不同的是，由于"象"始终处在变化之中，"数"也在不断演变。

因此，我们需要用始终处在"动态"视角下的"象数合一"的观念来审视事物变化的过程和规律，这样才更具有时效性和现实指导性。在某种程度上，"象"趋向于"抽象思维"，"数"则类似于"具象思维"。管理中的一切事物都

有其"表象"和"内因"，也皆有"质"与"量"，质变导致量变，而量变最终也会引发质变。《易经·系辞传上》说道："参伍以变，错综其数。通其变，遂成天下之文；极其数，遂定天下之象。"

回到学校管理理论中来，我们应该明晰，实践中需要根据"定量"与"定性"相结合的方式，运用量化的管理目标指导管理工作，同时也要在管理实施之前，确定问题性质，采取"定性"的管理策略，并给予特定问题以针对性处理。例如，在"双减"政策出台之后，新的学期，教务处的作业公示制度更加常态化，建立作业公示平台，优化作业管理，严控作业时间。任课教师每天在班内发布作业内容和用时情况，家长查看，发现问题及时与教师沟通、协调。作业系统管理让教师们和学生们的负担都减轻了，以往教师们"随心所欲"布置作业，把自己陷入作业堆中，陷入作业的重复布置与批改中。如今，教师们将更多的精力放在自身专业发展上，用在课堂的精讲高效上。

四、"大易管理"归旨：发现管理中的"人"

中国共产党能够在不同的时期始终保持高度的"组织活力"，很大程度上取决于组织纲领的清晰、持久、独特。

我们认为学校也应具有配套的"纲领"来概括一所学校的未来发展目标与核心价值追求，即明确三个问题：我们追求什么？为谁追求？如何追求？而问题的最终指向应该是关乎对于学校中的"人"的发现，不仅是教师，还应该是学生，是学校的保安、清洁工、食堂员工……只有管理中有了"人"的位置，管理才能真正有效落实。那么如何在学校管理中发现"人"呢？

《易经》认为"天""地""人"三才互相影响，没有天地，人无法依存，但没有了人，天地也没了存在的意义。将"天、地、人"三才理论套搬过来，如果把校长看成"天"，行政领导看成"地"，那么普通师生、员工则为"人"。有许多学校管理者过分夸大了"天地"的作用，而忽略了"人"的作用，导致"人"这一层永远是"执行层"，久而久之，"人"执行力的高低也成为评判"人"

作用大小的唯一标准。

天、地与人是一个和谐的宇宙，人在效法天地的过程中求进步，天、地、人三才，并不意味着人要与天、地三分天下，而是人长大了，有了参赞天地的能力，才会分担天地之道。正因如此，学校管理者的重心要放在"发现人"和"成就人"上，要始终把人的发展、人的培养置于首要地位。为此，我们提出："以'简易'为原则，'仁义'为先，简化程序，快速响应师生需求。"

比如，在资源建设中，我们坚持"将每一分钱花在利于师生成长的地方"。我们构建了"迪士尼排练厅""语言学习馆""国学馆""科学主题教室"等多功能学科教室。在决策方面，我们坚持"让专业的人做专业的事"，让有能力的人站在决策的顶端。在管理者素养中，我们强调"仁义为先"，每一位干部都要明确自己的服务对象，强化"仁义待人"意识，并且注意从服务对象的角度思考问题、处理事情，要有马上行动、立即解决的作风。为落实工作，及时改进，我们在每一次行政会议上都会采用如"鱼缸会议""群体雕塑"等形式，对各个部门的工作进行对照、点赞、提醒、改进。为满足学生的需求，我们把学校"德育处"改为"学习咨询部"，利用"云班牌网上选课""CCtalk直播"等平台资源对学生进行线上教学；利用"木工教室""方言馆""乐高园"等多功能教室引导学生个性化发展；利用"好声音""金话筒""童话节"等活动给予学生展示自我的舞台；利用"心理咨询室""发泄教室"等场馆帮助学生正确疏导心理问题，帮助他们健康成长。

我发现，在管理中追求幸福是人的本能和终极目标。幸福是什么？在我看来，幸福感与价值感紧密相连。

人的价值主要体现在因"做事"带来的成就感和因"做人"带来的归属感。它们就好比"人"字的一撇一捺，共同撑起一个充满幸福感、大写的"人"。因此"天地"的任务应该是让教师在工作中获得成就感和归属感，让学校这座由人组合起来的"金字塔"中，每个人都能找到自己不可或缺的位置，每个人都是这个集体中重要的一员，通过最佳的优化组合聚"人"成"众"，让更多有才的"人"去"参赞天地"，做到人尽其才、才尽其用。实现"人"生命价值的同时，让"天、地"存在的意义更加深刻。

五、"大易管理"愿景：善易者不"占"

任何决策者，当象、数、理相当明显的时候，应该通过象数的研判，推出相应的道理，并且依理而行。而对于事理了解得十分透彻的管理者，凡事自然遵循其中原则进行推进，事实上也用不着"占"。

"知易者不占"，指的是既然通晓了事物变化的规律，便能掌握事物发展的结果，也不需要特意去预测了。如果说"象数"为管理者提供了现象和数据，那么"理"则为管理者提供了哲学依据与管理方法，而"占"考察了管理者"预测"管理结果的能力。

在我看来，成功的管理应是激发出每一位师生的内动力，而不是追求对管理结果的"把控"。当管理者在管理的力量中掺入威严和权力时，管理的结果必然能"占"得到，而我追求的是"占"不到的管理乐趣，这种管理包含了每一位师生发展的无限可能，也涵盖了对师生潜能的等待与唤醒的过程，更强调了管理者博大的精神内涵。

《易经》中有一句话点明了学校管理者应具备的精神力量是什么，即"精义入神，以致用也；利用安身，以崇德也"。意为通晓了宇宙万物的道理是为了用于实践济世，服务他人，并且在这样的过程中再次提炼自己。因此，我认为学校管理者首要做的应该是发现与改变。把学校管理中的"警察""保姆"角色的成分脱去，构建每一位师生为自己负责的教育管理机制。

我们提倡每个人都应变为"三者"，即自成者、为他者、领导者。随着"级部主任""班主任"的消失，取而代之的是"项目主管"与"共同体主任"。我们级部管理中实施了以咨询、服务、指导为职责，以培训、对话为主要方式的"教练制"；在行政管理中去除了冗杂的金字塔管理层级；在资源管理中融入了"以人为本"的服务理念；在学生管理中改变了许多"禁止""不许"等字眼，多角度、多方位正确评价学生发展……

虽然期待管理成效的过程是漫长的，但是管理的旨归应该是在管理中发现"人"。管理为了人，为了人的自由发展、品格提升，在这旨归的尺度下，"大易管理"才会是一次"美丽的日出"。

夏青峰

北京中学校长，正高级教师，数学特级教师，特级校长。曾任江苏省江阴市华士实验学校校长、北京市朝阳区第二实验小学校长。曾任北京市朝阳区教育委员会副主任。兼任北京市特级教师协会副会长、中国教育学会中小学整体改革专业委员会学术委员会副主任、中国陶行知研究会副会长。当选为朝阳区第十三次党代会代表、第十四届政协委员。荣获朝阳区教育领军人才、北京市优秀教育工作者称号。

让学生创造性成长

岁月不居，时节如流。几十年的教育岁月，似乎一眨眼就过去了。反思自己，挺奇怪的，做校长的时间越长，越发觉得自己不会当"校长"了。教育实在是太复杂、太宏大了，以至于我个人很难谈得上有教育思想，特别是在诸多的教育先贤面前。只不过由于组织的信任，我幸运地一直在做着校长。在做校长的过程中，也时而模糊、时而清晰地形成了一点自己的办学主张、原则、思考与实践。

一、确立办学主张

作为校长，我提出的办学主张是"让学生创造性成长"。要引导和支持学生创造性成长，关键在于激发学生的学习动力，而要激发学习动力，关键就是坚持对美好生活的向往。通过教育，引导学生坚持对美好生活的向往。我们要让学生好好学习，内驱力一定是最重要的。而提升学生学习内驱力有三种路径：第一种是强制，第二种是功利性的竞争，第三种则是激发学生对美好的向往。显然，让孩子们始终保持对美好的向往，才是最强大、最持久的力量。比如，在北京中学，我们着力建设学校的核心价值，形成了"世界因我更美好"的校训，倡导"和而不同，乐在其中"的校风，鼓励学生成长为一个"仁者不忧，智者不惑，勇者不惧，乐者不疲"的人，并拥有这样的核心品格。

在校园中，我们积极践行三句话，那就是"让人成为人，让自己成为自己，让世界因我更美好"。通过这样一种文化的建设与价值的引领，我们在孩子们的心智力上下功夫，让孩子们的格局变大，让他们在内心始终涌动着一种自强不息的精神，从而产生强烈的、持久的创造的愿望，进而支撑他们创造性成长。

二、形成办学原则

围绕上述办学主张，我也逐渐形成了几条办学的基本原则。在做校长的这些年里，我一直努力地遵循这些原则，尽量让学校在办学原则的指导下有序运行。

办成什么样的学校不是目的，培养出什么样的人才是根本。这是第一条办学原则。办学是为了育人，办学是手段，育人才是目的。学校发展是一种载体和平台，学生成长才是根本和目标。这时刻提醒我们，不能将手段和目的颠倒，不能将教师和学生变成工具和手段，而要把学校的发展当成目的。我们只有把握好这个关系，才能清晰地认识到自己为何出发，才能永葆初心；也只有把握好这个关系，我们才能更加聚焦于人的发展。

用确定性来应对不确定性。这是第二条办学原则。我们一直在思考变化，但是在思考变化的同时，更需要思考不变。在人类历史的长河中，一代人从学校走上社会，成为时代发展的主力军，其实也只有短短的几十年时间。时代对人的素质要求的变化是逐渐的，而非突飞猛进的，稳定是大于变化的。在学校的教育改革中，我们需要处理好变与不变的关系，抓牢一些稳定的、规律性的东西，以确定性来应对不确定性。

过什么样的生活，就是接受什么样的教育。这是第三条办学原则。教育与生活必须一致，不能"两张皮"，不能相互矛盾，要让孩子们体验到真实的教育、真实的生活。我们要促进孩子们成为创新型人才，就需要想方设法地让他们过上一种创新型的生活。

三、优化思维方式

要落实上述办学主张和办学原则，校长的思维方式特别关键。在工作中，我逐渐感悟到以下三种思维方式，这是学校得以发展良好的重要因素，也是我不断促进自己深入思考的抓手。

（一）系统的观念

系统观念是马克思主义认识论和方法论的重要范畴，是一种重要的哲学思维。从某种意义上说，系统观念的本质是整体思考，也就是从整体性的角度来理解和处理问题。

1. 站得高一点

"不谋全局者，不足谋一域。"建立系统观念，首先要看得到事物的全貌，要有对全局思考的能力。毛泽东同志曾说："因为懂得了全局性的东西，就更会使用局部性的东西，因为局部性的东西是隶属于全局性的东西的。"校长要办好学校，就必须让自己的思想和认识站在高处，更好地理解和把握全局。

要"上接天线"。虽然身处基层一线，校长也要心怀"国之大者"，时刻关注党中央在关心什么、强调什么，要深刻领会什么是党和国家最重要的利益，不断提高政治站位。

要"紧扣目标"。系统的三要件是"要素、关系和目标"，其中目标是制高点。牢牢抓住目标不动摇，就是站在了制高点。学校这个系统的目标是什么？是立德树人。校长要始终站在立德树人这个高度去思考学校的发展，才能真正把握全局。

2. 看得远一点

"不谋万世者，不足谋一时。"建立系统观念，需要发展地看问题，需要有前瞻性的眼光和动态思考的能力。立足现在的同时，校长一定要将眼光看向今后的五年、十年、五十年。

要看见未来。这批孩子长大走向社会以后，世界将会是什么样子？未来到底需要什么样的人才？我们要进行预判分析和合理想象。学校在传承过去的同时，必须面向未来，必须培养孩子们适应未来挑战的核心素养，用确定性来应对不确定性。看见未来，不是总想着未来要做什么，而是多思考现在要做什么才有未来。

要看见可能。孩子们还是未成年人，校长不能机械、静止地看待眼前的学生，一定要看见他们发展的可能性。儿童的另外一个名字就叫可能性。要着力在孩子天赋所在的领域里点亮一盏灯，鼓励孩子朝这个方向去追求，我们在后面为他加油。同时，要不断创造条件，想方设法让孩子们的可能性不断地变为现实。

3. 想得全一点

系统观念的重要特征是统筹，统筹系统中的各个要素，它是"既见森林，又见树木"的艺术。校长在思考学校的课程改革时，一定要尽可能地想得周全一些，让整体中的各个部分都能得到应有的发展。

要关注个体的全面性。学生的发展，一定是德智体美劳全面发展。我们在日常工作中要经常性地反思，在学校的课程建设与学生生活中，孩子们的"五育"是否并举了？是否融合了？还是自觉不自觉地偏失了哪一块？

要关注群体的多样性。"物之不齐，物之情也。"孩子们的禀赋、特长都是不一样的，我们需要关注不同的孩子，支持全体孩子。校长不能总对"办学特色"感兴趣，更不能通过学校内部的相同，形成学校外部的不同，从而建立自己的"特色"。我们需要为不同的孩子搭建不同的平台，开辟不同的路径。

要关注生态的共生性。学校是个复杂的系统，A 作用于 B，却可能影响着 C 与 D。校长不能简单地使用线性思维，而应在推进某项改革、开展某项活动时，一定要考虑到它所带来的连锁反应；要尽量运用正向反馈机制，促进生态的共生共荣。

要关注系统的开放性。我们不仅要考虑整体与部分之间的关系，还要考虑整体与外界环境之间的关系。陶行知说过，不运用社会的力量，便是无能的教育。我们作为校长，必须为学校营造一个良好的外部环境，同时还要积极主动地争取外部资源为师生所用，让学校能突破围墙的界限，实现开放办学。

4. 理得清一点

结构决定行为。系统中，各要素是如何连接的，形成了怎样的关系与结构，往往就决定了系统的性质及特征。建立系统观念，需要不断地透过现象看本质，要有深度思考的能力。

要多追问为什么。系统思考，就要"知其然"且"知其所以然"。要不断地反思与追问：现象背后的原因究竟是什么？要区分开问题的表象和问题背后的根本原因。系统中的反馈回路是有延迟效应的，学生发展以及学校治理过程中出现的问题，其原因往往不在现时而在过往，不在要素而在结构。多在结构上找原因，才能厘清根本。

要多建构思维框架。从某种角度来说，系统思维其实就是用框架来进行思考与表达。校长要学会把系统中的要素以及要素之间的联系用简化的框架建构起来。教与学究竟是一种怎样的关系？学校治理究竟采用什么样的机制？多用些框架表达它们，学校发展的思路会更加清晰。

（二）平衡的智慧

学校管理，重要的是为师生营造一种良好的教育生态。我理想的教育生态是"致中和"，即"致中和，天地位焉，万物育焉"。要持中、致和、达美，校长需努力让学校的每个人与每件事，随时能在行动中自我调整，并需和其他人与事相互调整，使之不会冲突，各得其所，各遂其生，而恰如其分，恰到好处，这就需要校长有平衡的智慧。根据我的体会，校长要重点平衡好以下三对关系。

1. 理想与现实

我们一定要有教育的理想，并坚持不懈地为这个理想而奋斗。但在实际工作中，需要注意以下两点。

其一，校长最重要的职责是全面贯彻党的教育方针，为党育人，为国育才，不能把学校变成个人教育思想或理念的试验田。因此，管理一所学校，我们首先想到的应是，如何才能真正有效地促进学生的德智体美劳全面发展，如何才能真正培养出社会主义的建设者和接班人，要自觉地把自己对教育的理解和探索纳入对党的教育方针的贯彻之中。

其二，为了民族的未来与孩子们的明天，我们必须高度重视并大力探索核心素养的培育，但也不能轻言"分数无用"。在整个升学、就业机制没有得到完全改善的情况下，帮助孩子们在中考、高考中取得好的分数，让他们升入心仪的学校，是校长的重要工作。有了高的核心素养，就会有高的分数，这是很好的理想，也是追求的方向，但现实与理想毕竟还有一段距离，忽略了这段距离，对于孩子们来说，可能会造成不可弥补的损失。

2. 改革与坚守

教育必须面向未来。校长一定要站在未来思考现在，进行大胆的教育教学以及管理机制的改革。

其一，坚持目标导向与问题导向相结合。改革是为了实现目标，是为了解决问题，千万不能为改革而改革，或者打着改革的旗号，干着很多反教育的事情。面对未来不确定性的增多，我们更加要在确定性上做文章，以确定性来应对不确定性。在探索改革的同时，要认真思考哪些是需要坚守的，只有想清楚那些不变的东西，才能保证改革的不折腾。

其二，在中国传统文化中汲取智慧。我们需要顺应时代变化，学习并运用很多新思想、新概念，但也要防止新概念泛滥，或者一味地追崇新概念，结果在盲目追崇中失去了自我，失去了初心。中国传统文化中关于教育的经典思想，是值得我们深挖、笃行的，比如有教无类、因材施教、长善救失、知行合一等，这些思想比很多新概念更加博大精深、更具有适用性。

3. 特色与规范

学校需要特色发展，但又必须遵守一定的规范。学生需要个性成长，但个性成长应建立在全面成长的基础上。平衡好特色与规范的关系，对于校长来说，是一门大学问。

其一，让学校更加有特色，是我们追求的一个方向，但需要注意的是，我们做的是打基础的教育。从招生方式来看，小学、初中是免试就近入学，普通高中以分数为主要依据入学，也就是说，学校是按照"地段"或"分数"招录学生，而不是按"特色"招录学生。面对这样的学生群体，我们就不能以"特色标准"来要求和培养学生，不能让全校所有的学生都围绕特色去忙碌，不能以学校内部都相同的方式去追求所谓的外部不同。我们要研究"地基是否筑牢了""根部是否扎深了""底子是否打厚了"，多探索那些"别人看不见的地下发展规律"，而非总在思考"地上的如何与别人不一样"；多做一些让种子静默生长的工作，而少出现一些拔苗助长、搬用各种方式催生早熟果实的现象。

其二，学校管理中，我们一定要把时间与空间尽可能地还给学生。不仅是授鱼和授渔，更重要的是把学生带入一个宽广辽阔、有风有浪的渔场，让学生自己下水捕鱼，在亲身体验与实践中提升智慧与能力。要让学生下水捕鱼，就一定要多给他们自由，让他们更加自主，亦步亦趋就会失去意义。但有自由，就必须有规范，自由是需要底线与边界的，要清楚地将底线、边界、规则告诉学生，并辅之以严格的惩戒，让学生学习、生活在"严格而自由"的环境中，他们才能全面和谐地成长。

其三，中小学阶段，我们还是要在"广博"上做文章，让课程更加具有丰富性与选择性，让学生去认识、体验、尝试更多的发展可能性。所以，无论是在学科学习，还是在校本课程、选修社团、社会实践等方面，我们都应该鼓励学生参与多个项目，在机制上尽可能地给学生调换课程、项目予以方便，不能把学生的发展限定在某个领域。但同时，我们也要防止学生总是浅尝辄止，没有深究与坚持的精神，一遇到困难就放弃或重新选择。在"广博"的同时，我们需要引导学生在"精深"上做文章，更加具有钻研精神，更多地开展深度学习。"广博而精深"，应是学校课程建设需要遵循的原则。

（三）包容的品格

学校是最需要包容的地方。校长必须具有包容的品格。

我们面对的是未成年人。"人非尧舜，谁能尽善"，何况是未成年的学生。

孩子们一定会犯错误，从某种角度说，"错误"往往是学生成长必备的"维生素"。校长若不能包容学生的错误与不成熟，就会使学生变得谨小慎微，没有安全感，内心可能总是紧拧着，不舒展，不真实。

我们面对的是众多的孩子，他们的性格、爱好、禀赋、认知水平与方式、家庭成长环境都不一样，差异是客观存在的。校长需要承认差异、尊重差异、运用差异，换句话说，校长的内心要足够宽广，能够包容、悦纳这么多差异。校长的包容心越大，学生就越能成长为最好的自己。

我们需要培养有思想的创新型人才。思想的形成，来源于学生能够独立思考、自由交流并敢于表达自己的不同想法。这就需要自由的氛围、包容的环境。校长只有能不带偏见地倾听不同声音、包容不同观点、认真思考各种意见，才能为学校营造出一种自由的环境，学生才会敢于尝试各种创新的设想与实践，创新人才的培养也才能得以实现。

校长应具有的包容品格，既是对学生基本的理解与尊重，也是开展学校教育工作的前提与基础。校长要做到包容孩子，在具体的思考与实践中需把握好以下几点。

1. 换位思考

校长要有包容的意识。要包容孩子，首先必须理解孩子，多站在孩子的角度去思考问题。因此，校长要养成换位思考的习惯，在设计、推进某项教育活动时，一定要提醒自己并进行反思：如果我是学生，在面对这项活动时，我会有什么样的反应？我会喜欢吗？我能在其中有实际获得吗？我会有哪些不适应、不舒服？我会有哪些困难？我最希望的活动方式是什么？我喜欢这个活动，别人也喜欢、也适应吗？经常这样反思与追问，可能会让活动方案的设计更加贴近学生，也能提前考虑到学生所面临的问题，真正关照到学生的方方面面。

2. 深入现场

校长要有包容的能力。包容孩子不仅是一种意识，更是一种能力。校长要真正读懂孩子，能站在孩子的角度思考问题，就必须刻意练习这种能力。这就要求校长不能总是坐在办公室、会议室搞教育，而是要持续不断地深入教育现场，在教育现场理解孩子。首先，每天都尽量深入孩子们中间，保持与孩子们紧密的沟通与交流，随时倾听孩子们的想法。其次，在开展教育活动时，要想办法亲身参与进去，哪怕只是去转一圈，也比只在办公室听汇报要好。此外，校长们还要多多阅读孩子们写的活动感受，通过间接现场了解教育活动开展的情况，同时把握孩子们的语言方式，理解孩子们的思维视角。

3. 建构机制

校长要建立包容的机制。校长仅仅理解孩子还不够，更重要的是建立起机制，让更多学生更深层次地参与到教育活动的设计与实施中，这是对学生更大的包容。首先，要畅通交流的渠道，搭建交流的平台，让校园中有更多的学生声音、教师声音，而非校长一个人的声音，包括学校的校务会、专题会，都可以邀请学生们发表意见。其次，要建构学生参与的机制，在设计各项教育活动时，尽量动员更多的学生自主设计方案，并通过招标、答辩的形式，吸收学生的智慧，按照学生的方案开展活动。在此过程中，不能对学生的方案以及活动过程吹毛求疵，不能总以成人的标准、视角来要求学生。当学生的方案与理想的方案有差异时，不能简单地否定或直接替换，而是要运用智慧，引导学生发现方案中可能存在的问题并积极改进。

4. 丰富课程

校长要建设包容的平台。校长不需要整天想着自己如何去包容学生，而是要把学校的平台建设得高大宽广，足够让每个学生都能在其中找到自己需要的成长空间与支撑，最重要的抓手就是让学校的课程更加丰富。在横向层面，要能真正让学生的德智体美劳都得到发展，五育并举；在纵向层面，要能让学生在全面发展的基础上，建立起自己的爱好、特长和追求方向，这就要求学校的课程设置要尽可能地观照学生发展需求的方方面面。此外，学校课程还要增强选择性，高丰富性与高选择性一定要很好地结合起来。

5. 柔性治理

校长要实行包容的管理。要包容学生，校长在教育管理中就一定要有弹性，要有灵活度，要多些柔性治理。学校制度一定要有，但学生的不成熟是客观存在的，他们也会不断犯错，因此在执行制度的过程中，校长如果太刚，总是上纲上线，那么就可能严重地伤害到学生。这就要求校长一定要在把握原则的基础上，根据不同的情况做出不同的反应，根据不同的学生做出不一样的处理。核心标准是什么？就是对学生的长远成长是否更有利。执行制度是第二位，学生的成长才是根本。包容的力量，有时比惩罚的力量强大得多。

四、推进办学实践

所有的主张、原则、思考，都需要通过办学实践来实现。在实践方面，围绕"让学生创造性成长"，我们这些年重点推进了三项措施。

首先，营造"致中和"的校园生态。这项措施主要是解决学习环境的问题。学生的成长，实际上是学生生命的内在动力与外界环境互动的过程。学校很重要的工作就是要营造一种积极的学习环境，在土壤上下功夫，在生态上下功夫。所以我们特别倡导"致中和"的校园生态。"致中和，天地位焉，万物育焉。"天地万物都是那么有秩序，每个人都各就其位，而且每个人又得到生长，这是多么好的事情。如果我们的教育都能抓住根本，掌握规律，达到这样一种致中和的状态，我们自然就不必为学生的生长发愁。

其次，改革供给侧，激活需求侧。这项措施主要是解决学习方式的问题。我们需要处理好课程、学生、教师三者之间的关系。以往是专家编订好课程教材，然后培训教师，再由教师传授给学生。如果我们从消费的视角来看的话，学生实际上是消费者，课程是消费品，但是消费者与消费品之间不是直接联系的，中间有一个"二传手"。我们要改革，让消费者与消费品之间产生直接的联系，让学生能直接面对课程，不需要再经过"中间商"。那教师做什么？教师先要作用于课程，我们可以称之为"改革供给侧"，然后要作用于学生，我们可以称之为"激活需求侧"，这两个方面都要发生作用。

在改革供给侧方面，教师要建立系统的思维，对整体的学科课程进行分解、分类，形成不同的要素，建立不同的结构，指导横向上如何拓展，纵向上如何贯通，让学生在学这门学科时能够在脑海中构建一个整体的学科结构。

在激活需求侧方面，我们要解决被动等待和低阶思维这两个问题，最重要的是让学生体验到"主人"的感觉。学习过程中，如果学生不能按照自己擅长的方式去学习，不能按照适合自己的节奏去学习，不能学习自己喜欢的内容或者想学的内容，而总是按照教师的统一要求，总是处于被动等待中，那么学习的主体地位就无从谈起，学习的效率也会大打折扣。

最后，"致广大而尽精微"。这项措施主要是解决学习结构的问题。我们要在教学的细微处着眼，在教学的结构上着力。在明确教与学的结构关系时，我们总结了三个关键点：第一，教是为了学；第二，学是需要教的；第三，教在学的需要时。在此基础上，我们还需要把握学习内部要素之间的平衡。

第一是多与少的平衡。我们给孩子的知识是越多越好还是越少越好？怎样通过少而精的核心概念把知识提炼出来？

第二是长与短的平衡。每个学生在学习上都有长有短，学习到底是扬长还是补短？我们如何通过扬长来增强学生的自信心，进而带动他们的全面发展？

第三是分与合的平衡。人类当初的知识是合还是分？为什么要将知识"分"了？现在为什么又要强调"合"呢？多思考这些问题，我们才能更好地把握分与合的平衡。

第四是进与出的平衡。知识进入我们的脑海，为的是将来能够出来解决现实中的问题，也就是说，"进"是手段，"出"才是目的。首先要整理"进"的知识，让知识在大脑中变得有体系、有类别、有顺序；其次要让知识从大脑中多出来几次，多进行"出"的演习，以知识的外化促进知识的内化，实现"可见的学习"。

在一个办学主张的指引下，我逐步形成了三条办学原则，优化了三种思维方式，推进了三项办学措施，努力让学生创造性地成长，这也算是我这些年做校长的一点体悟吧。

杨刚

北京市海淀区中关村第三小学校长，正高级教师，北京市特级校长，北京市特级教师，北京市人大代表。教育部"国培计划"卓越校长领航工程实践导师、北京师范大学校长培训学院兼职教授、北京教育学院北京市中小学优秀校长工作室实践导师、首都师范大学初等教育学院小学教育专业硕士研究生培养实践型指导教师、中国人民大学伦理学与道德建设研究中心中小学德育研究所研究员。荣获北京市优秀教育工作者、首都劳动奖章，教育部首期中小学名校长领航工程最具领导力校长、第四届明远教育奖、全国百名教育管理杰出人物、中国可持续发展教育开拓者奖等称号。

桃红李白，心暖花开

2022 年 1 月，在北京市全面推进义务教育学校校长教师交流轮岗的背景下，我从中关村第二小学调到中关村第三小学任校长。这一年，首都教育迎来了改革发展的新局面，于我而言，也迎来了崭新的篇章。这一年，是我担任校长的第 19 个年头，回想 19 年来我与学校共同成长的点点滴滴，往事历历在目。

一、成长历程

1995 年 7 月，我毕业于首都师范大学初等教育学院，来到海淀区乃至北京市的名校——中关村第二小学，光荣地成为一名小学教师，一切都是那么新鲜。可是从 9 月 1 日正式走入教室开始，我才深刻知道，不管以前经历的见习或是实习工作，都是理想的局外人，我们没有真正走入教师的常规工作，只是一种实践体验，真的上手了，才发现出入太大了。原来上课没有想象的那么简单，师范的学习和教师实践完全是两回事。

我教的第一个班是从四年级一直带到六年级，连续教了三年，这在学校也是开了先例，而且紧接着我又连续教了三年的六年级毕业班。对于我这样刚参加工作的年轻老师，学校给予了我极大的信任，我想这就是学校优秀文化的具体体现吧。这种经历直接影响着我之后走上校长岗位的思想，那就是尊重每一位教师的价值，让每一位有梦想、有能力的教师都有实现自身最大价值的舞台。

在校领导对青年教师的信任和培养下，在老教师手把手的传帮带下，在团队伙伴给予的支持、帮助下，我从一名数学教师成长为团支部书记、德育主任、分校负责人……

2003 年 2 月，我被海淀区教委聘任为中关村第二小学的书记和校长，从此开启了我的校长之路。当时我只有 28 岁，这对于我来说绝对是一份沉甸甸的责任，更是巨大的挑战。我自己那么年轻，凭什么敢做这个校长，我想源于我对教育的追求和强烈的责任感。到了 2021 年中关村二小建校 50 周年之际，她已经发展为"一校七址"的教育集团，过程中参与了 11 所学校的发展和建设，在首都集团化办学中始终保持着引领和示范作用。在这近 20 年的时间里，我与中关村二小一起收获着成长。

二、校长之道

走上校长岗位，我最大的感触是，以前在工作中都有师父或者领导带领我工作，现在没有别人可以依靠，我是领头人了。学校每一步需要怎么走是我要面对的首要问题。经过一段时间的学习和静心梳理，我渐渐梳理清楚：留下好传统，大胆往前走。于是我确定了"学校要在传承中发展"的总体思路。

（一）家园文化引领学校发展

传承什么？首先是传承学校优秀文化。中关村二小，从我走进她的那天起，我就深深地爱上了她。这里有宽松的工作氛围、和谐的人际交往、不用扬鞭自奋蹄的工作作风，每一个人都是这里的主人，每一个人都在追求卓越。这种感觉已经浸润在每一个人的心田，并外显于行动之中。那么中关村二小形成的这样好的氛围是什么样的文化呢？我认真查阅资料不断学习，同时研究一些优秀企业的文化。

1. 家园里的人情味

我认为，一个好的文化是让人向往和眷恋的，一个好的理念是让人舒心和幸福的。因此，在多年办学实践中，我不断梳理、提炼学校已有的文化和理念，进而推进学校文化的持续发展，最终形成学校的办学风格和特质，促进师生全面、健康、可持续发展。

2003 年 6 月，我在全校教师大会上首次提出了"用家园文化引领学校发展"的理念，提炼出家园文化的指导思想是"以人为本、关注发展"；家园文化追求的目标是"自我管理、自我发展、自我超越"。

家园文化的提出，源于我在学校的经历，特别是作为教师时的亲身感受和经历。校长不是一家之长，高高在上、发号施令，而是要心中装着每一位教师。每一位教师都是学校的主人，都担负着各自的教育任务，都要面对自己所教班级的每一个活泼可爱的孩子；每一位教师都需要被关注、被重视；每一位教师都需要得到支持，获得发展。

我认为，家园文化像一种强有力的凝聚剂，让大家产生归属感。它能够借助精神纽带和心理场来唤醒和激发每个人对学校的深厚感情，把大家紧密联系在一起，从而在校园内建立起团结和谐、信任理解的人际关系，并达成对真理和学校目标的共识与追求。

2. 二小是大家的，二小的发展是为大家的，二小的发展是靠大家的

随着中关村二小多校区办学规模的扩大，我在办学过程中不断面临着新的问题和挑战，这也促使我不断思考：如何缩小校区间的差异？那就要缩短心与心的距离。于是我提出，坚持用"家园文化"引领学校发展，不断分析和吸收来自不同学校的办学思想和文化。

渐渐地，"家园文化"的力量不断推动多校区发展，我们的各校区资源共享、文化共融、品牌共创、合作共赢。

在实践中，我们的"家园文化"得以进一步确立，我解读为朴实的三句话："二小是大家的，二小的发展是为大家的，二小的发展是靠大家的。"目前，这

三句话已经成为每一位"二小人"欣赏、推崇并以此为行为原动力的共识。在多校区发展建设中，面对承接、合并校师生时，中关村二小心怀海纳百川的胸襟，这个大家庭用她特有的大气与包容，接纳了合并学校原来的所有教师，并给予教师们充分的信任与理解、关心与关爱。

3. "桃红李白，心暖花开"的美好愿景

什么样的教育才是好的教育？这是我作为教育工作者一直思考的问题。我认为，真正落实"以人为本"的教育是好的教育，每一位学生都有适合自己成长和提升空间的教育是好的教育。

从 2013 年起，我带领班子成员开始进一步梳理、明晰学校的育人理念，我们希望家园里每一个人都能够在中关村二小感受到自身存在的价值，都能够在中关村二小绽放最美的自己。我们把这样一种美好的教育愿景凝练表述成"桃红李白，心暖花开"，我想，这既是我们的家园梦想，更是我们的教育追求。

这短短八个字的寓意是什么呢？

"桃红李白"，表达了桃李之间和而不同的自然属性，寓意是每个生命都是独一无二的个体，这既是教育的起点，又是教育的结果；既包含教育的方法，更蕴含教育的过程和教育的智慧，体现了尊重生命个体差异、因材施教、因人而异的教育主张。"心暖花开"，喻示着每一个孩子都是花蕾，含苞待放；每一朵花蕾的盛开都需要悉心呵护、用爱守候。我们的学生作为生命的主体，其情感、心灵和个性都应得到尊重和理解，每一颗心灵都享受到阳光的照耀、雨露的滋润，进而聚力而开，绽放最美的自己。

（二）集团化办学之路

2003 年 2 月，在我做校长伊始，学校由三个校区组成：一个是中关村二小本部；一个是 1998 年接手的位于海淀区高科技园区上地信息产业基地的中关村第二小学分校——上地实验小学，这是一所农村学校，随着产业园区的发展搬入了新的教学大楼；还有一个合作的民办校——海淀外国语实验学校，这所学校的小学寄宿部由中关村二小派出师资进行承办。

2003 年 7 月，学校合并了一所薄弱校——成府小学，承接了一所新建的小区配套小学，我们叫它"华清校区"。

2009 年 7 月，学校合并了一所农村校——西北旺小学，承接了海淀北部新建校——百旺校区。

可以说，如此多的校址办学在海淀区是独一无二的。

1. 绝不能把浓茶变成白开水

我至今还记得，当时办学局面的复杂性是前所未有的。本校是老校区，肩负着学校发展的带头重任；分校上地实验小学年轻、有活力，老师们又有较高的追求目标，向着本校看齐；合并的薄弱校的老师们有点诚惶诚恐，不知未来会怎样；新建的华清校区、百旺校区的家长对学校寄予了很高期望；在民办校工作的中关村二小教师觉得特别辛苦，面对住宿的孩子、服务要求较高的家长，压力巨大，身体吃不消。

面对这样的办学现状，我感觉身上的责任巨大，学校遇到了前所未有的挑战。我想着：学校的发展和辉煌可不能毁在我的手里、我千万不能让中关村二小的浓茶变成白开水……的确，在我心里，每一个校区都是同等重要的，我要对每一个校区的发展负责。因此，我确立了多校区办学的"三个一"原则，即一个二小、一个标准、一个质量。

随着学校的发展变化，我通过管理变革，实现多校区多元治理，最大限度地确保多校区同步、优质、均衡、特色、可持续发展。

首先，在校名上做文章。用"校区"传递"大二小"的治理理念。我们把位于中关村的老校址命名为中关村第二小学中关村校区；把承接的华清家园配套学校命名为中关村第二小学华清校区；把承接百旺新城配套学校命名为百旺校区；同时，三个校区一至六年级的班级编号也是从"1"班开始，依次顺延。

这一举措从名称上就把"本校"与"分校"的概念去掉，很好地体现了我校一贯倡导的"校区之间只有地理位置不同，没有先后顺序之分，也没有身份地位之别。有的是统一的管理、充分的接纳、平等的待遇，突出每一个人在中关村二小的主体地位和对学校发展的重要意义"的办学思想，与学校"多个校区、一套班子、一个二小"的"大二小"治理格局形成一致。

其次，构建立体管理网。相较于单一校区办学，多校区办学的管理难度更大，问题更加复杂。如何进行有效的管理，保证校区间学校工作整体推进、教育教学规划同步实施、教师发展研修制度一视同仁、学生培养目标同步落实，这是实现多校区同步、优质、均衡发展的关键。为此，我带领老师们探索实施了"家园文化"下的网状管理结构，即是：以横为主、以纵为辅，横纵结合，构成立体管理网。

"横"体现学校在教育、教学、后勤等方面对各个校区统一的扁平式管理，它保证了校区间的同步优质发展。在管理过程中，我的工作重心是抓全校各项业务而不是抓校区，弱化校区行政功能，确保三校区各项工作齐头并进。"纵"是指行政纵向管理，体现学校对各个校区发展的科学放权，允许校区结合自身特点因地制宜，实现校区的特色发展。

最后，深化管理人员的职责分工。为了让管理人员既能从微观层面管理好校区内工作，又能从宏观层面加强校区间联系与促进校区间优质均衡发展，学校在管理人员的职责分工上充分发挥了职能交织的作用。这种网状的组织管理结构和管理职能交织的分工方式，确保多校区是一个整体、一套班子。同样的管理政策和制度，同样的管理办法和评价机制，保证了校内管理的一致与和谐。

2. 如何实现高位均衡

我深知，校区之间的发展历史不同、文化背景不同、周边环境不同、学生来源不同、师资水平不同，种种不同也引发了社会最为关注的问题：如何才能使中关村二小的教育不仅不缩水，而且还能达到高位均衡？这就要求我与管理团队必须站在更高的角度进行理性思考，必须尽快构建并出台一系列标准统一且切实可行的多校区同步发展的治理制度，才能确保"一个二小、一个标准、一个质量"治理目标的实现。

我想，破题的关键点在于教师，提升质量要从教师入手。于是我带领班子成员充分调研，反复论证，总结出统一人员调配的"三需求"原则，即依据个人意向需求原则、依据学科岗位需求原则和依据校区发展需求原则。

具体来说，在个人意向需求方面，学校每学年会根据教师子女入学的实际情况、个人家庭住址的变动情况和个人专业发展的需求情况，为教师调整校区或调换岗位；在学科岗位需求方面，学校会根据每学年岗位设置需求，安排教师进行合理流动，尽量使教师们适应各个校区中岗位的要求；在校区发展需求方面，学校会在确保每个校区、各个年级组骨干教师数量相对均衡的前提下，为新接收的校区配备更多的骨干教师，让他们担任各年级、各学科教研组长、大组长，最大限度地发挥他们的辐射引领作用，尽快地促进校区之间的优质均衡发展。

3. 一根光纤带来的突破

多校区优质办学的一个最现实难题就是如何克服空间上的距离，来实现校区间的统筹管理与同步发展。这个难题，必须突破。怎么办？集中力量办大事，搞信息化建设。

2006 年 2 月，我们成功开通了中关村和华清两校区的视频会议系统，解决了教师们跨校区开会难、教研难的问题。与此同时，学校的信息化建设也实现了飞跃。

随着学校的不断变化，2009 年，一条穿过北京五环、连通三个校区的光纤的顺利启用为我们实现了校区间的高清视频会议，这在当时可谓首屈一指。

近年来，随着办学规模的不断扩大，原有系统逐步扩展，学校可以同时召开多组视频会议，随时进行远程会议、教育教学研修等，有效满足了异地同步会议、同步教研的需求。

中关村二小采取"教育＋互联网"的模式，逐步完善了校园网络管理系统，充分利用现代信息技术的优势，为各校区统一搭建多维的技术联络立交桥，打破校区的空间限制，实现教育教学和行政等工作的全面、实时、零距离沟通。

2013 年 11 月 5 日，学校在海淀区成功召开"一校多址"办学实践研讨会，向全区、全市推广学校的办学经验。我可以非常肯定地说，在中关村二小，没有本校与分校的概念；在中关村二小，没有选择校区的烦恼。只要学生走进中关村二小，在任何一个校区都可以享受到中关村二小的优质教育。

4. 总校引领、共同发展的集团化办学新样态

随着学校的不断发展壮大，我们在 2019 年承接了中关村第二小学万泉河分校和中关村第二小学昌平学校；2021 年又承接了中关村第二小学科学城北区分校和中关村第二小学科学城北区幼儿园。至此，学校形成了"一校七址"的集团化办学规模。

于我而言，一切已进入新的发展阶段。我担任集团总校的校长，集团党委书记，担任万泉河分校和昌平学校的法人校长，两名集团副校长分别担任科学城北区分校的校长和科学城北区幼儿园的园长。这就意味着学校由单一法人发展到了多位法人协调管理阶段。

我知道，新的难题已经摆在我面前。如何让中关村二小教育品牌持续增值？如何输出更优质的教育和管理理念？我提出要充分发挥中关村二小教育集团的名校引领作用，充分发挥集团总校的品牌影响力和文化辐射力，通过优质资源共享，实现集团成员校的优质、均衡、特色发展；充分发挥集团名校的辐射带动作用，借助党团、工会组织开展工作室、沙龙等创新活动，促进集团各成员校的新增长、再发展，实现中关村二小教育集团的可持续发展。

如何实现集团引领？为此，我成立了 11 个校级部门，作为集团业务统筹部门，肩负中关村二小教育集团的发展使命，将原中关村、华清、百旺三个校区定位为总校，新承接承办的学校定位为成员校，集团内各成员校围绕教育集团发展目标，坚持"党委领导、总校引领、自主成长、共同发展"的基本原则，遵守中关村二小管理制度，履行岗位职责。

怎样保障高质量落地？要找共识、建规则。于是，在 2020 年，我带领班子成员制定了《北京市海淀区中关村第二小学关于推进集团化办学的指导意见》，共同明确了集团业务管理模式划分，确立"集团统筹、统筹＋自主、自主＋指导、校内自主"四大管理模式。与此同时，集团定期召开党委会、校务会，研究审议集团发展规划、教育教学资源统筹、干部教师统筹调配、集团专项经费使用、人才培养等工作。我带着集团部门走访各分校，开展调研诊断，全面督导分校办学情况，当然也听困难，积极寻求办法。如今，这样的模式，已经成

为集团发展的新样态。

（三）让每一位教师最大限度地实现自我价值的提升

作为校长，在办学实践中，我始终坚持把重点工作放在教师队伍建设上，因为我深知，没有好的教师，学校的一切都无从谈起。教师的工作是有灵性和创造性的，但我们很多老师由于多种原因，发展被限制，甚至是被动地工作，缺乏自主性和创造性。设想一下，如果老师没有了工作的激情和工作的乐趣，我们怎么可能培养出热爱生活、具有创造性的学生？

为此，我们通过构建"立体覆盖＋自主选择＋自我提升"的培养模式，帮助教师不断更新教育观念、知识结构和思维方式，提升专业素养和研究能力，赋予教师专业发展权利，激活专业发展活力，让每一位教师都能够在学校最大限度地实现自我价值的提升。

1. 一个团队凝聚教师发展之力

一滴水怎样才能够不干涸？哲学家回答说："把它放到大海里去。"这简短的对话揭示了一个深刻的道理：个人与他人之间是相互支撑的，只有得到团队或者别人的支持，才会有无穷的力量，才不会轻易干涸。因此在中关村二小，每一位教师都至少属于一个团队，如学科专家工作室、班主任工作室、党团工作室、科研项目组、青蓝之约、青年教师沙龙、教师俱乐部等，都能在团队中找到自己的位置和发展的空间。教师在团队中碰撞思想、分享理念、增进友谊。每一位教师都在团队中前行，感受着来自集体的力量和智慧。

经过多年实践，我们把这样一种团队文化不断传承、发展为"1&N"的教师团队发展模式。"1"代表团队中的核心，他可以是校长，也可以是一名干部，还可以是一位教师；"N"指团队中的若干个成员。在"1"的带动下，整个团队共同发展进步。每个成员可以是团队中的"1"，也可以是团队中的"N"。任何成员在"1"的位置上，都有一个团队在背后支持；任何成员在 N 的位置上，都在为团队提供支持，也在团队中共同成长。

我希望在学校里出现更多的团队，希望更多的老师成为"1"，更多的老师体验团队中"1"和"N"的相互配合和支持；希望多个团队形成更大合力，生成更大的生命共同体。

中关村二小就是由若干个"1"带动若干个"N"形成的一个大团队。在大团队中，真正实现聚全校教师之力，让教师生命共同体持续发展。

2. 一张课表突破教师再发展的瓶颈

心理学的研究表明，人在积极健康的状态，干自己喜欢的事是不觉得累的。从 2015 年开始我们首创了教师的个性化脱产培养工程，针对每一位教师个体的发展需求，制定有针对性的个性化培养方案，满足教师个性化发展需求。

"个性化脱产培训"是属于每一位教师的"私人订制"。每期培训的时间为两个月，一个学期共安排两期培训。培训的时间虽然有限，但对助力教师的发展有着非常重要的作用。因为，教师个性化脱产培训，不是学校统一安排的规定动作，而是针对教师个体发展需要的私人订制；不是面向少数教师的个别培养，而是自主申请、全员参与的个性培训；不仅有面向教师专业成长的培训，而且有面向教师个体发展的多方面提升；培训内容不是静态不变的，而是因人、因需动态调整的。每一位教师都独特，每一位教师的成长需求都不一样，因此，每一位教师都有一份专属的课表。这一张张专属的培训课表，是在充分尊重参加培训的教师自身发展需求的基础上，与学校对该教师的发展要求相结合，在不断地沟通和反复研讨中形成的。在前期的沟通中，教师们纷纷提出希望能够进一步走近学生、了解学生；更希望能够跳出教师角色看教育，能够跳出学科观课堂。因此，学校为他们请了班主任师父，走进班级管理实践；多学科骨干教师向他们开放了自己的课堂……学校最大限度地帮助每一位参加培训的教师从综合育人的角度，重新理解教育、理解学生、构建课堂。这种尝试得到了全校教师的充分认可和支持，个性化脱产培训也成为中关村二小教师职业生涯中的"加油站"，帮助他们实现跨越式成长。

（四）让每一名学生都能够绽放最美的自己

我曾经听过这样一个小故事：小胖回家说，学校要选小朋友跳舞，还要选几个敲鼓的。小胖想去跳舞，说如果老师不选我跳舞，我就去敲鼓。我力气大，敲鼓会敲得很响。过了几天，小胖兴冲冲地回家宣布："我选上啦！"妈妈问："是跳舞还是敲鼓呀？"小胖脑袋一偏，说："都不是，是观众。"爸爸小声咕哝了一句："观众还要选吗？这老师，糊弄小孩儿呢。"只有外婆跟小胖一样高兴，说当什么都行，只要高兴就好。看小胖多高兴啊！

这个故事感动了我。我欣赏这位老师，她以春雨润物般细腻的方式让孩子们接受了一个道理：不可能每个人都参加跳舞和敲鼓，演出不仅需要演员，还需要观众。有观众的欣赏，演出才有意义。从这个角度说，观众也是一个虽然普通却很重要的角色。投入地观看演出，为演员鼓掌欢呼，那就扮演好了自己的角色。

同样，在校园生活的情境中，并不是每个人都可以永远当主角，也不是每个人只能做永恒的小人物。特别是这些还不满 12 岁的孩子，人生的精彩才刚刚起步，谁能说哪个孩子日后会有怎样的一出戏呢。我们实在无需在成长阶段就给孩子们选定主角、配角，分出三六九等，更不敢轻易地剥夺任何一个孩子成长的机会。

1. 属于每一个孩子的开学典礼

从 2009 年 9 月开始，学校每年的开学典礼都是几个校区的学生聚集到一起，共同开启新学期的开学第一课。为什么要劳心费力、大动干戈地集中在一起？不仅是基于学校"一个二小、一个标准、一个质量"的价值引领，更重要的是，我们的初衷是让每一名学生都享受到中关村二小的优质教育。开学典礼对学生来说是重要的活动，孩子们应该在一起共同经历。有很多一校多址办学的学校采用的是各个校区错时进行开学典礼，校长赶往各个校区，当然这样比较简单。但我觉得这种形式在各个校区存在很大差异，不利于学校整体工作的同步发展。

为了让每一个孩子都能成为开学典礼的主人、主角，都参与其中、收获在其中，我们学校统一的开学典礼经历了全校在一起设立一个大舞台，发展到六个年级六个分舞台，体现每个年级的孩子同等重要。

到 2013 年，我们又专门为一年级学生开设了新生入学礼，为二至五年级学生准备了"开学总动员"活动，让每一位学生真正参与其中。

我认为，从开学第一天起，每一天的学校生活都应该是属于孩子们的，学校从第一天开始就把学习的主动权还给学生。

2. 属于每一个孩子的"最佳现场"

在我们的校园里，主角永远是学生，而校园生活就像他们自主成长的大舞台。这个舞台有多大，学生的发展就有多大的可能性，这也是我带领德育团队打造"最佳现场"的初衷。

"最佳现场"是为学生展示自我而打造的专属空间，这里没有专家学者，所有的主讲人都是学生。同学们自主申请，自选主讲内容。在这里，每一个小主讲人分享的是他们独特的成长经历，获得的是自信地表达，同时，启发更多的伙伴发现自己的与众不同，为绽放各自的美丽而积蓄力量。像"最佳现场"一样受学生欢迎的还有"文明礼仪开讲啦""少先队宣讲团""科技创新论坛"等，这些都是为全校百分之百的学生搭建的展示风采、交互学习的舞台。

其实，孩子们的潜力是无限的，只是缺少发现潜力的人。每个孩子都有长处，我们只是需要发现并支持孩子的长处。如果做到了这一点，我们就会发现我们的孩子在某些方面，已经是从优秀到卓越了。可以自豪地说，在中关村二小的舞台上，每一位学生都是主人，每一位学生都是主角，每一位学生都参与，他们成长在校园，他们以主人的姿态让校园变得更加美好。

三、结语

著名教育家苏霍姆林斯基在《和青年校长的谈话》中写道："领导学校，首先是教育思想上的领导，其次才是行政上的领导。"可见，校长的教育思想就是一所学校的"校标"和"校魂"。我在多年的办学实践中始终坚持"以人为本，关注发展"的办学思想，充分尊重每一位教师的发展权，充分尊重每一位学生的成长权，让每一位师生能够体会到被关爱、被尊重、被需要、被认可的幸福和自豪，能够在校园里健康快乐地生活、学习和工作，能够从容自信地获得发展。展望未来，任重道远，作为一名教育工作者，我还要不忘初心，砥砺前行，为教育高质量发展贡献力量。

尹超

北京大学附属小学教育集团总校长，北京大学附属小学党委书记、校长。北京大学光华管理学院硕士。国家督学，语文特级教师，特级校长，正高级教师。曾获北京市首批中青年骨干教师、北京市教育领军人物、北京市杰出校长、北京市先进工作者等荣誉称号。被评为第三届海淀区杰出人才贡献奖、第三届明远教育奖、全国语文情境教学大赛一等奖。主持并参与十余项国家重点课题，出版著作《为了爱和自由的教育》《走向生命发展的课程创生》等近20部。

为了爱和自由的教育

　　1984 年，师范毕业的我怀着对北京大学的憧憬与向往来到北京大学附属小学，至今已 40 年。是北大附小培养了我，让我从一个一线语文教师兼班主任，到年级组长、教学主任、校长助理、主抓教学的副校长，再到 2002 年 6 月开始担任校长。我生命中最美好的年华都与这所学校、这里的师生紧密相融。在这片教育热土上，我建立起了对儿童、对学校、对教育的全部理解与热爱。

　　怀着这样深厚的情感，做校长以后，我的一个强烈愿望，就是要把北大附小办成一所与北京大学相匹配的，国内领先、世界一流的小学；一所无论在自然环境，还是在文化气质上，都与北大息息相关的真正意义上的附属小学；一所孩子们快乐学习、教师幸福工作的精神家园。

　　"为了爱和自由的教育"，是我在北大附小提出的教育理念，也代表着我的教育理想和教育价值观。在北大附小，爱和自由，不仅是蕴含于我们学校文化中的历史传统，也是融汇在师生骨血中的人格精神。爱和自由，不仅是我们勤奋耕耘的土壤，更是我们赖以生存的空气。

　　在北大精神浸润下的爱与自由，是意义丰富的、深远的。爱，是一切教育的灵魂，没有爱就没有教育。爱，既是一种素质，也是一种能力，它需要我们细心感受，用心传递。而自由，不仅是尊重孩子，而且是尊重生命，它意味着以无限的可能性看待孩子，以不断成长的生命态度对待孩子。爱和自由，其实就是给师生充分的关爱、呵护、欣赏和信任，让他们在宽松、惬意的环境里专心地学习，痛快地游玩。

"专心地学习，痛快地游玩"，是著名作家冰心奶奶给北大附小学生的题词。在我们看来，这两句话所概括的是我们教育实践中最珍贵的传统，也是北大附小爱和自由最生动的体现。为此，师生们一致同意，将这两句话作为北大附小的校训。同时，"专心地学习，痛快地游玩"并不只是学生的专利，它也是教师的权利，是所有教育工作者的权利。在这里，老师们全身心地投入教学，把自己的智慧和心血毫无保留地献给孩子。孩子们在专心地学习的同时，依然能保持天性不变，在痛快地游玩中享受童年、珍藏童年。

这一切都启示我们，教育要向儿童靠拢，小学生活要向童年靠近。正如师生创编的《北大附小三字经》中的一句话，"顺其性，驰其想"，也就是说，教育要顺应天性，因材施教。我们的校园环境、学校课程、德育活动，都要从孩子的天性和个性出发。

有了这样的理念，我和我的团队一起努力着、快乐着，20多年来推动并见证了北大附小一系列重要的发展变化。

一、明晰以人为本的办学理念，制定阶梯式发展规划

自担任正职校长起，我的脑海里就有一个很明确的目标，即想把北大附小打造成在自然环境和文化气质上都与北大真正匹配的一流小学。

北大附小地处北大燕东园内，虽然在布局上独立出来自成一体，但在建筑物的色彩、格调和自然环境的意蕴上都保持了北大的主要特质。学校虽然几经修缮，但始终坚持修旧如旧，以"青灰古朴"为学校的基本色调，古朴典雅中透出浓浓的人文气息。而北大思想自由、兼容并包的学术理念，自由民主、科学进步的人文精神，以及兼具古今、融汇中西的学术精神，则在更深的层面上决定了北大附小的气质和面貌。自建校之日起，北大附小就自觉秉承北大文化

的精髓，将之有机地融入学校的办学理念、培养目标等价值体系之中，力求通过民主和谐的学校管理、多元开放的课程体系、自主探究的课堂教学、丰富多彩的课余活动，创设自由发展的环境和氛围，最大限度地开发学生的资质和潜能，使他们快乐学习，幸福成长。

对于一所学校而言，什么才是最重要的？是分数还是素养？是"人"本身的发展还是学校的荣誉？是应付当下还是着眼未来？我们认为：健康的体魄、健全的人格、快乐的童年、乐观的人生态度，绝对比单纯的考试成绩和知识更加重要。因此，学校不简单用成绩评价老师，而给老师们以信任和尊重，让他们充分体验到教育教学的幸福和创新的快乐；老师不用成绩约束孩子，而对有差异的孩子予以同样的尊重和重视，"舒张其自由，鼓动其求知，赞赏其创造，促进其成长"，用鼓励、包容和欣赏传达一种价值观，让他们在学校享受到快乐、阳光、尊重、爱和自由。

这样的价值观进而决定了学校办学的朝向和培养的目标，决定了校长与老师、老师与学生相处的方式和做事的方式。学校确定了"以人为本，让师生在爱与自由中快乐和谐发展"的办学理念，确定了"为使之成为健康的、幸福的、有价值的中国公民和世界公民奠基"的办学目标，让孩子们养成快乐、进取、儒雅、大气的品质，能够纳百川、怀日月。《北大附小三字经》中的"顺其性、驰其想、言儒雅、行端庄、体健康、心坦荡、专心学、痛快玩、行天下、观万象、少年郎、亦自强、卓不群、合相长"，正是对这一理念的生动诠释。

在这里，"专心地学习，痛快地游玩""快乐是师生的权利""尊重老师的个性以及个性化的生活方式""每个人都是重要的，但没有一个人是最重要的""只有完美的团队，没有完美的个人"……已成为看得见的符号，内化到每一个人心里，体现在每一个人的言行举止中。

2002年至今，北大附小共经历了五个发展阶段：第一阶段，2002年7月—2006年7月，是以硬件建设为主的内涵发展阶段，提出"夯实基础、苦练内功、广泛汲取、韬光养晦"发展战略；第二阶段，2006年7月—2011年7月，是以软件建设为主的主动提质阶段，提出"抓细节，促内涵；搭舞台，推名师梯队；拓视野，与国际接轨"的战略方针；第三阶段，2011年7月—2015年7月，是硬软件建设并行的阶段，提出"科研引领，课程助力，特色发展，多元开放"的战略规划；第四阶段，2015年7月—2019年7月，以集团发展为主，提出"文化润泽，课程助力，名师引领，集团发展"十六字方针；第五阶段，2019年7月至今，以创新发展为主，提出"创新引领，科研助力，夯实内功，优质均衡"的发展战略。

二、建设有北大气息、让孩子们能自由呼吸、心灵释放的花园式校园

2002年，此时的北大附小，其发展水平与蒸蒸日上的北大相比，无论是硬件还是软件方面，都显得滞后：平房漏雨，楼房塌角，上课时天花板坠落；全校2000多名学生挤在六个不同区域做操，体育课上学生只能围着教室跑步。这种状况严重制约了学校的发展。看着50年未曾改变过的校园，我的心隐隐有点痛，改造校园环境，建设一流的硬件环境，成为我必须跨越的一步。

大规模的整体改造，一体化的建设，需要大量的资金投入。在北大六天的中层干部会中，我深深地感到，北大要创建世界一流大学，处处也需要钱，为了筹集资金，大学领导已经殚精竭虑。所以要改造北大附小校园，指望大学全部投资几乎是不可能的。但是学校要发展，我们不能等，我们也没有时间等待；不能怨，因为埋怨无济于事，而放弃则是庸人哲学。唯一可行的就是我们应该主动出击，去寻找自己发展的空间和资源。我们要走出井底，跳出去、蹦出去、闯出去，去张开我们自己的大网，去开辟我们自己的一片天地。

经过无数的不眠之夜，北大终于批准了学校的改建计划，建立了北大附小发展基金会；七部委也明确批文，北大附小自筹资金改建校舍。

梦想可以扬帆起航了，但是这艘承载全校师生梦想的大船如何打造？在茫茫大海中又将驶向何方？我和班子成员们日思夜想，一次次开会，提出了"依树建校"的思路，立志在全国的学校中率先建起4000平方米的生态楼，争取让孩子们一年四季不出教室也能呼吸到清新的空气。

北大附小历史悠久，校园里有古树 176 棵，许多国槐、栾树的树龄都在百年以上。我们觉得这些古树是学校的财富，在建校过程中要保留下来，所以我们提出了新校舍必须依树而建：在校园建设过程中，对 100 多棵古树保持原封不动，不动迁一棵古树，不破坏一棵古树，人为树让路，最大限度保存其自然形态，形成生态教学楼倚树而建、错落有致的独特格局。

细心的人会发现，北大附小现有的建筑都是不规则的。在整体风格上，北大附小沿用了北大建筑的特点，以青灰色为主色调，彰显着古朴、深厚、凝重、典雅的人文气息，同时，注入了现代的生机和活力。我们还别具匠心地设计了"校园十二景"——奇石萌发、南极标赞、励志箴言、古松情深、乳燕初飞、百草嬉戏、五色沃土、水墨栲柳、海棠春韵、翦老故居、王家花园、放飞理想，错落有致地分布于校园之中，与北大的"一塔湖图"遥相呼应。

生态楼的建设过程充满艰辛。因为 2003 年时生态楼建设尚处在研发阶段，对于预期效果谁都没有把握。不仅如此，生态楼的花费比一般的校舍建筑要高出许多。面对各种质疑和压力，我和班子成员都咬牙顶住了。那段时间，我几乎每天都六点半来到学校，图纸、设计这方面的知识原来一点都不懂，但学校的图纸我一张张地看，光笔记就记了四大本。我坚信，责任不怕，压力不怕，怕的是不肯下功夫，不肯吃苦。

2005 年新学年，学生全部搬进被誉为全国第一座生态教学楼的新楼上课，一年四季不出教室就能呼吸清新空气。一幢幢蓝瓦灰砖的教学楼掩映在苍松翠柏中，典雅、凝重，传统与现代在这里得到完美融合。亲身感受着学校的变化，老师们感慨："以前不敢想、不敢做的事，短短这几年，全都想到了，也做到了。"孩子们像一只只欢乐的小鸟，在迷宫般的大楼里转来转去，眼睛发光。

十多年过去，继学校生态楼建成之后，我们又十年磨一剑，建立了高品质的现代化综合场馆——泡泡馆。它的设计充分契合儿童需要与师生人性化需求，是大家一起从 70 多种建筑方案中精心挑选出来的，泡泡馆包括报告厅、游泳馆、羽毛球馆、武术馆、跆拳道馆、京剧排练厅、舞蹈排练厅、合唱排练厅、戏剧表演厅等近十个专业文体活动室。泡泡馆的主体颜色继承了北大古朴典雅的青灰色，其设计汲取"方圆合一"的中国传统文化精髓，朴质的外观上点缀着大小不一的圆形玻璃泡泡，朴质中散发灵动，宁静中蕴藏无限生机与活力。

如今，生态楼和泡泡馆成为百年老校的美丽风景，与176棵古树相依相偎，诠释出北大附小尊重生命、人与自然和谐统一的丰富内涵。"不动迁一棵古树""不破坏一棵古树""人为树让路""建筑为树让路"的思想也铭刻在北大附小的历史里，印刻在孩子们的记忆中，成为一代又一代北大附小人永远珍藏的精神财富。

三、构建一支"宽口径、厚基础、大视野"的多元异质的教师队伍

北大附小的文化重在团队的"和谐共升"，营造"尊重个性、包容异见、宽容失误、鼓励创新"的自由和谐的氛围。一方面，学校积极提供条件，放手让老师们去做想做、有兴趣做、有能力做的事情。另一方面，学校也让老师们察觉到个人智慧的有限性，希望老师们能够纳百川、怀日月，在团队合作与研究中碰撞提升。老师们既是专业学习的共同体，更是彼此之间展开对话和合作研究的有机体，从而上升到"超越个人，将个人和团队合为一体的和谐共处的精神层次"。

我们的教师团队有一个明显的特点——多元异质。其中有国内著名院校毕业的，也有海外留学回来的；有师范院校教育学专业的，也有学新闻、出版、法律等非教育学专业的；有专门学经济学的老师，也有在其他单位工作过的英语老师。因为专业背景不同，这些老师能够跳出教育看教育，跳出国门看教育，在教学工作中始终保持着宏阔的视野和旺盛的创生能力。

北大附小教师队伍多元异质还表现在男女教师的比例上，这两年，学校的男教师占到40%，这样的组合让小学教师队伍多了一些男性特有的思维和视角。

除了教师团队的"宽口径"，在"厚基础"上，我们也有自己的规划和追求。随着课程建设和改革的深入，学校的特色课程建设越来越需要有专业引领的教师，如近些年我们专门挑选了国际关系学院笔译专业毕业的国家二级翻译

李东、在中国水墨画上颇有功底的清华美院的李辰等。尽管老师们在入职前就已经有了良好的积淀，但为了进一步拓展老师们的视野，北大附小每年都会选派教师到国外交流学习。目前，学校所有老师基本都有过国外交流访问的经历。不仅如此，学校还选派了两位老师到美国攻读教育与创业硕士学位，四位老师到英国进修学习。2013年，学校加大了教师国际交流的力度，选送了十位老师到印度尼西亚金光国际学校跨国任教。"重文化、宽口径、厚基础、大视野"的教师团队为学校发展积聚了强劲的动力，学校发展有了更开放的空间。

目前，学校共有教师近200名，其中硕士研究生109人（占教师总人数50%以上），市区学科带头人和骨干教师53人，我们自己培养的"土生土长"的特级教师4人。如何凝聚这支多元异质的队伍？在人性与原则发生冲突的时候怎么办？是考虑所谓的"成绩"和"面子"，还是更多地关注人的价值与发展？我认为，人的发展高于一切。

一次海淀区的赛课，一名年轻教师代表学校参加，虽然几经磨课，效果却总是不理想。赛课之前的一天晚上，数学组长忍不住了，给我打电话，提出要么换课，要么换人，不然的话，成绩很难保证。当时我的态度很坚决，既不能换课，也不能换人。因为人比课更重要。年轻教师渴望被尊重，被认可。可能他的想法还不成熟，或者不切合实际，但这正需要团队去呵护、去尝试、去激励。成绩很重要，但不是最重要的。最重要的是，团队的思想相互激荡、共同成长的过程。

为什么这些想法会在我的脑海里扎根？这是因为我自己耳濡目染北大的文化，有过深刻的体验。记得20世纪末，每到六一，一位退休的北大老校长骑着一辆晃晃作响的老式自行车，来到北大附小，将一些光盘、书籍送给孩子们。刚开始我以为老校长有什么事情，但他一直没有开口。此后过了几年，我才知道，老校长是想找我咨询孩子上学的事情。

他是德高望重的院士、校长，咨询孩子上学的事打一个电话就可以，或者不亲自来学校，让秘书转达也可以，但他没有这么做。自始至终，老校长对北大附小，包括对我都无比尊重。多年过去了，他的背影一直萦绕在我的心头。

为此，我十分感谢让我成长的北大赋予了我这样一个被爱和理解包围、自由成长的空间，也正因如此，我才得以真正地理解与内化北大的精神内核，在北大附小的校园里深耕自由、民主、包容、开放的精神，涵养多元异质的教师团队。

四、建构学玩合一、多元开放的生命发展课程体系

进入 21 世纪以来，我国进行了第八次课程改革。2011 年开始，乘着国家课改的东风，北大附小进行了课程体系的全面改造。之所以决定对学校课程进行改造，不是上级的行政命令，也不是突发奇想，而是基于北大附小人十几年的教育改革实践，基于我们的教育价值认知，是一种教育行动自觉。如前所述，学校课程要顺应学生天性，因材施教。换言之，学校课程要为学生的生命成长服务，因学生生命发展的需要而改革，因社会发展的需要而改革。这样的改革，应该是基于学校育人目标的课程体系的全面创新。

具体来说，我们重构学校课程体系的动因，有以下几点。

首先，这是我们对北大教育传统和文化基因的继承。作为一所文化底蕴深厚的百年小学，北大附小百年来受北京大学学术精神影响，在办学思想和教育教学中非常注重人的和谐与完满发展。北大独特而鲜明的文化基因启示我们：只有兼顾个性化与通识性，构建遵循儿童身心发展规律的生命发展课程体系，让学生在玩中学，才能最终促进学生的生命成长。

其次，这是对办更高质量教育和多元化教育需求的回应。北大附小的家长多为北大教授或各界精英，素养较高，见识较广，对教育的期望值也更高。生活在这样的家庭背景下，生长于信息时代，孩子从一入学就已经不是一张白纸，带着一定的知识积淀、生活阅历和情感体验，也有更加敏锐的问题意识，有着更加鲜明的个性和多样化的成长需求。这无疑对学校和老师提出更高要求，需要我们重新审视学校的发展目标、课程设置，改革原有的课程体系。

最后，这是基于我个人数十年来对教育问题与困惑的反思。社会各界对教育多有抨击，这促使我思考，我们的教育哪儿出了问题？我也曾带团到美国、

芬兰、英国、德国、日本等国进行教育考察和对比研究。我发现，中国教育有值得骄傲的地方和应该保持的优势，这是我们在与西方国家的教育者交流中，从他们对中国教育的研究中得到的认可与反馈。许多学者也强调指出，中国经济社会飞速发展，基础教育功不可没。但同时，也不得不承认，中国教育又具有单一化、标准化、机械化、僵化的另一面，对个性化的教育需求关注不够，缺少鲜活的生命气息，也限制甚至制约了学生创造性的发展。

结合学校的核心价值，我们以爱、包容、自由、尊重为核心思想，构建了"三层五类"课程架构模型。"三层"指的是面向全体的基础类课程、面向群体的拓展类课程和面向个体的研究类课程；"五类"指的是人文素养、科学素养、健康艺术、社会交往、国际理解五个学习领域。"三层五类"课程体系一共包括10多个学科群，25个课程模块，145门课程。

量身打造的生命课堂为孩子们打开了一个全新的兴趣窗口。几年来，学校核心学科群体课程门类数达145门，其中外聘教师22名。随着年级综合实践活动的开展，四年里，全校2000多名孩子共享受400多次主体化、系列化的活动，获得了空前的自主选择机会和自由成长空间，这些活动受到了孩子们、家长们的认可和欢迎。

实施"双减"政策以来，学校有了更多的时间和空间，为孩子们开设了《百家讲堂》课程。200多位家长授课，真正实现了大学教授走进小学课堂。课程内容涉及文学、科技、经济、医学、健康、法律、国际理解等多个主题领域，共203门课程，如"科学小实验""走进宇宙的世界""神奇的大脑""科技改变生活""小学生的情绪管理""医学的奥秘""财经素养知识""汉字里的文化""国际理解教育""趣味植物学""有趣的纪录片"等，深受孩子们的喜爱。

1991年，冰心老人给孩子们题字"专心地学习，痛快地游玩"，现在这句话已深入老师们的心田，融进孩子们的日常生活，体现出深刻的玩中学、玩中教、玩中做的特质。

北大附小的孩子们最会玩，这不仅体现在课堂教学中由不同经典文本组成的奇妙拼图游戏、身着节日盛装的红毯秀，还体现在有趣的户外探索课程中。

每年抢课率超前的《观鸟》课程，就是在北京大学、圆明园的树林里开设的；寒暑假时节，孩子们还玩到了世界五大洲，甚至到了南北极。自从30多年前北大附小学生杨海兰在南极设立了唯一的少年儿童标后，孩子们就多次踏上南极，去和海豚、企鹅共舞。依树而建的生态楼，方圆合一的泡泡体育馆，宽松民主、包容开放的文化氛围，都是在玩中生发的。在这样的广袤空间里，孩子们在玩中得到熏陶和化育，玩得有张有弛，有声有色。

五、推动教育均衡发展，让优质教育惠及更多的家庭

放眼天下，心怀人民，始终是北大的文化精神，北大人应有开放、包容、共生的胸怀，让更多孩子享受到优质教育资源。多年来，北大附小始终是国家教育均衡发展战略的积极响应者、践行者。

2015年至今，为响应国家教育均衡战略号召，学校先后承办了三所公办分校、两所民办学校、一个市级师训中心，形成了集团发展的新格局。

回首过往，过程无比艰辛。我们为每一所分校配置强有力的管理团队和教师团队，真派、真管、真支援。我们无私地输送理念、文化、课程等资源，尽其所能，源源不断地为他们提供着人力、物力、财力上的各种支持。

外派干部和教师抛家舍业，远赴分校。身体上的疲惫容易恢复，但文化上的冲突、碰撞，心理上的相通、相印却是难上加难。六所分校分属不同的地域，有着不同的体制、机制，不同的管理方式，不同的文化传承，要跨越这样的心理鸿沟，做到上下齐心、团结凝聚，可以想象是何等艰辛。

对于新建学校，从一次次讨论合作方案，到学校规划、建设，再到组建管理和教师团队，宣传、招生、启动开学，完全从无到有，经历着前所未有的考验和挑战。例如，海口分校筹办期间，我带领班子成员往返海口20余次，每次都是赶乘第一班飞机，从早到晚，紧锣密鼓，从未在凌晨两点前睡过觉。暑假期间，全校各学科骨干教师投入海口分校的校园文化建设以及开学的筹备工作中，连续作战达十天之久，每一位老师都不分昼夜，汗流浃背。

为了让北京大学肖家河教师住宅顺利开工，学校克服重重困难，毅然承接了海淀区最薄弱的打工子弟学校肖家河小学。为了把它办成与北大相匹配的一流小学，我们从北京市政府筹措 3.5 亿元，重新建设新校园。规划、设计、拆迁、周转，召开各种会议，前后累计上百次。

几年来，北大附小团队面临着难以想象的巨大挑战，经历了无数的焦灼和不眠之夜，但每一步既是磨砺，也是成长。当压力、责任、挑战成倍增加，我们都经历了涅槃重生的过程。

2016 年六一前夕，作为北大附小多校区师生融合、共同发展的见证，集团五所学校一起在北京大学百年讲堂举行大型演出《放飞理想》。在这个舞台上，北京大学老师的孩子、军人的孩子、打工子弟的孩子、印度尼西亚雅加达金光国际学校的孩子……同台演出，不分你我。不少家长纷纷感叹：如果不是北大附小，他们的孩子可能一辈子也难有机会登上北京大学百年讲堂的舞台！

孩子们的融合与共长，是对老师们最大的慰藉，也是对我们北大附小成长共同体最好的馈赠。

20 多年来，作为校长，我有一个深刻的感受，就是"不打动人心的德育不叫德育，不走进人心的管理不叫管理"。这是做校长最难的地方，也是做管理最具挑战性的课题。其实，北大附小最让我骄傲和自豪的地方，就是我们团结凝聚、和谐温暖的学校氛围。作为校长，尊重、关爱、引导、激发、唤醒、鼓舞老师的内在动力，点燃他们的创新热情，是我一直以来的坚守，只有真爱，才有资格真说、真批评、真指导。

所以，我觉得，管理是一种实践，它的本质不仅仅在于知，更在于行。在这个过程中，校长可能要身兼多种角色，既是胸怀全局的领航者，又是脚踏实地的追梦人；既是统筹谋划的经营者，更是以人为本的粘合剂。

最后，我以一句话来表达我这 20 多年来担任正职校长的感受："办学就是要办出个温馨舒畅、贯通学与玩、融汇情和理的人文氛围。放飞孩子，是学校教育最终的理想。"

俞国娣

杭州市理想教育集团总校长，浙江省小学语文特级教师，正高级教师。曾任杭州市崇文实验学校党总支书记、校长，致力于"新班级教育"实践，实行"双师包班协同教学"，倡导小学全科教师，推行"儿童学习的时空重构"，秉持"让学生全面而有个性地成长"的理念，让崇文实验学校成为浙江省乃至全国有一定影响力的集团化办学名校。十余项教科研成果获省市一、二等奖，教学成果获浙江省特等奖、国家二等奖。

守望教师成长是校长的第一使命

杭州市崇文实验学校坐落于钱塘江畔，传承了 400 多年前西子湖畔崇文书院的文脉，全面实施"新班级教育"至今已 20 年。

2003 年我刚到崇文任校长不久，时任浙江省委书记的习近平同志来到崇文视察工作，并谆谆教导我们："新班级教育做得很好，要坚持下去，让更多的孩子受惠。"我们牢记习近平同志的嘱托，坚持"新班级教育"研究二十载，带领学校先后获得国家、省、市级荣誉 60 余项，得到了社会各界的广泛赞誉。

很多同行都羡慕我，在一所充满希望的学校深耕 20 年，何其幸运!

我相信我作为校长的所有管理行为、教育行为都源于个人的成长经历，包括学习和工作经历，父母和老师以及身边环境和好朋友的影响。回忆我的工作经历，充满着种种"戏剧性"。

一、我的成长经历：一往情深，无怨无悔

选择成为一名人民教师是阴差阳错——初中毕业，作为班里最优秀的学生，当时老师给我填了中师的志愿，就这样，我当了一辈子的老师；毕业后成为一名语文老师也是阴差阳错——其实当时我的意愿是成为一名数学老师，谁知道

当时杭州市天长小学的校长安排给我的却是语文教科书和课程表，就这样，我走上了语文教育之路，30 岁出头成为最年轻的省语文特级教师；当校长是不情不愿——30 年前的一天，不到 24 岁的我服从组织安排，伤心地大哭一场，硬着头皮奔赴陌生的学校，惴惴不安地走上"副校长—校长—书记"这条不归路。

30 岁出头的青春年华，我曾踌躇满志地带着几名天长小学的老师，创办了杭州市时代小学，也被宗庆后先生点名当过企业捐资建校的杭州市娃哈哈小学的书记、校长。2003 年 8 月，虽然还年轻，但也有过在四所学校校级岗位的历练经历，我走马上任，成为杭州市崇文实验学校党总支书记、校长，从此在崇文扎根。

回望我的成长岁月，一路走来，虽然有各种遗憾和不如意，但我走得一往情深，走得无怨无悔！同时，我也深切地体会到，一名新手型教师要成长，外界环境的支持和自身的努力同样重要。

在成长的关键期，我得到了很多前辈的帮助与指导。比如，杨明明老师带我走进天长小学的课题研究"小学生最优发展综合实验"，我开始知道什么是教育实验，什么是巴班斯基的"最优化"。于是我遍读教育名著，接触了苏联教育家的理论；认识了 20 世纪 80 年代教育学理论界的泰斗——原杭州大学教育系张定璋教授和华东师范大学杜殿坤教授。彼时，少壮派刘力老师敏锐的思辨力、留英访学回国不久的郑继伟先生的睿智，也指引着我，为我平凡的教师工作开启了不平凡的征程。

30 年的校长生涯尤其是在崇文的这 20 年，让我最难忘也最引以为傲的是我在教师成长、特别是青年教师成长方面做出的努力和成效。我深信：教师是学校发展的第一生产力！守望教师成长是每位校长的第一使命！

我的治校理念是"尊重教师，信任教师，发展教师"。我坚信教师推动学校发展。

二、温暖同行，学校是青年教师的第二个"家"

2002 年 10 月，崇文实验学校的新校舍正式落成并投入使用。尽管我们有教育专家的高位引领，但"新班级教育"改革刚刚起步，我们的教师队伍又趋年轻化，平均年龄只有 25.6 岁。学校地处百年老校杭州市胜利小学的学区，周边名校林立。这让崇文这所新生的民办学校招生危机重重。2003 年 8 月，我来到杭州市崇文实验学校担任校长，可以用"压力山大"来形容当时的境遇。但很快，我理出了学校发展的思路——一切从青年教师专业发展抓起。

（一）相约星期三

沿袭崇文书院文化传统，让我们的青年教师聚在一起学习、思考，面向崇文三年期内教师的"崇文书院读书会"就这样诞生了。从 2005 年开始，每周三晚上我都雷打不动地前往主持"崇文书院读书会"。青年教师们形象地称此活动为"相约星期三"。就这样坚持了五六年，由于校长日常事务越来越忙，我将这项工作移交给团支部。再后来，"崇文书院读书会"活动越来越丰富，科研处也一同加入，打造了专门为崇文新手教师量身定制的《0—3 年期教师专业发展与支持课程》。"崇文书院读书会"引领着新教师一起阅读、思考、成长。我还会想尽办法，邀请各界大咖，与新教师面对面，或是一起聆听优秀党员成长的故事，或是交流读书学习体会，或是撰写教学科研案例。一起学习就有氛围，时不时地会碰撞出教育的火花。青年教师们相互激励，常常会学习到很晚。

我始终把青年教师工作生活的方方面面记挂在心。考虑到这些青年教师们基本都是单身，很多还是从市外、省外慕名来到崇文，学校专门拨出资金装修"崇文青年教师公寓"，竭尽所能为青年教师们打造一个温馨家园。WiFi、热水、住宿，前三年都是免费提供，为解决青年教师们的晚餐问题，晚上教师食堂还在开放。为什么只提供三年免费呢？这也是有原因的，目的是让青年教师尽快成立自己的小家，我鼓励年轻人工作的时候，人生大事也要兼顾上。

就这样，崇文的青年教师从来不用担心工作晚了，错过末班车而回不了家。教室是他们的练兵场，常常晚上九十点钟，学校里还是灯火通明。从教学基本功、课堂教学技能、家校沟通技能到班级文化建设，实在是有太多问题值得研究了。他们如饥似渴地学习、成长着。渐渐地，崇文就成了青年教师的第二个家。

（二）搭台、赋能、成长

学习是螺旋式发展的，"崇文书院读书会"只陪伴青年教师三年。三年一到，我们会举行结业仪式。崇文很多青年教师是团员，于是我们又将崇文书院学员结业与团员老师的结业相结合，变成一项青年教师的传统节日。我们相信聚是一把火，散是满天星；离团不离心，青春不褪色。我们将仪式感拉满，在离团仪式上，由团委同志带领超龄离团青年教师重温入团誓词。作为党总支书记的我，逐一为超龄团员教师赠送书籍。

除了学习，我们还要验收学习成果，如"五四青年节"崇文青年教师基本功技能比赛和纪念"一二·九"崇文青年教师赛课就紧随其后。但这两项比赛不仅是面向青年教师的，而且是全校教师都参与的教学技能大比拼。学科组、师徒组、特级教师工作室等将近二分之一的人要参与磨课，还有近六分之一的专家型教师要做评委。正式比赛的那几天，教导处会专门排课，全校师生都在支持青年教师的成长。

（三）走出去感受广阔天地

光学习不行，还要带领青年教师走出学校，走出公寓，去运动，去攀登。于是，我又发起了"寻根溯源，不忘来时路，与青年教师一起重走徽杭古道"的活动。每一次我都带队为青年教师们鼓舞士气。以下片段是我校一位青年教师眼中的"徽杭古道毅行"：

自打 2016 年加入崇文，每次"徽杭古道毅行"我都参加。在我看来，"徽杭古道毅行"是一场寻根之旅，寻崇文的根，也寻自己的根。

徽杭古道上，镌刻着崇文人开拓进取、不断创新的精神。一众人站在古道最高处——蓝天凹时，心中的澎湃之感油然而生。俞国娣校长告诉大家："四百年前，徽商就是在这四十里山路上挑着扁担来杭贩盐，这种拼搏进取、吃苦耐劳的精神是崇文人的根；四百年前，叶永盛先生用实际行动诠释'有教无类'，这份责任与担当也是崇文的根。"寻根溯源，寻的是历史文脉，寻的是教育初心。

徽杭古道上，流淌着崇文人相互扶持、攻坚克难的品格。走过蓝天凹，还有三十里下坡路。都说上山容易下山难，初秋的山中露水深重，踩在湿滑的石阶路上，稍不留神就会跌跤。好在我们有同伴，登山经验丰富的男老师在前，年轻力壮的小伙子殿后，一前一后把整支队伍护得周全。伙伴们你拉着我，我拖着你，一路相互扶助，一路披荆斩棘。我们与同伴携手共进，这是崇文的教师信仰。

三、制度护航，"心有多大，舞台就有多大"

一所学校，需要各种各样人才。要有会上课的老师，要有会做科研课题的老师，还要有在幕后解决疑难杂症的老师。我发动所有的老师都参与到学校的各种活动中来，让各种各样的人才成长起来，真正实现发展每一个，让崇文的教师真正体会到"心有多大，舞台就有多大"。

比如，音乐老师陈瑛善于排练大型演出的各种舞蹈，我就给她一个舞蹈队，让她去打磨，没想到她带着孩子们一路跳到了悉尼歌剧院；体育老师季景国在学生体能训练方面有专长，我就给他一个体训队，体训队后来壮大成"崇文益起跑"，成为崇文体育种子选手的摇篮；数学老师邵建辉在科研论文上有建树，我就给他一个科研室，"新班级教育"成果在他手上梳理、出版了很多专著；语文老师虞大明上公开课很出彩，我就给他一个工作室，后来他带出了很多会上公开课的崇文名师。

但是，身为校长，我不能止步于这种基于个人眼光的挖掘，还要发挥制度的优势，用各种制度、措施，去激活每一位老师的个性特长，并助推他们的成长。我带领班子成员反复研讨、实践、修改，形成了一系列助推崇文教师专业成长的制度。

（一）导师制

从新手型到专家型教师发展的过程中，教师需要通过自己的能力掌握教育教学情境中的各种技能和知识，包括学科领域知识、启发策略、管理学生策略、学习策略等。而这些很难单从模仿、观察这样的途径来迅速掌握，需要在具体的教育实践中得到更高水平教师的指导。所以传统的一对一的"学徒－导师制"依然在学校里非常适用。为了使崇文的教师迅速成为站稳讲台并有独立学习能力的业务骨干，建设一支业务水平精良、职业道德高尚的师资队伍，为了更好更快地促进年轻教师的成长，崇文"导师制"应运而生。

基于"学习共同体"理念的崇文"导师制"培养的是一种以持续不断的学习力为核心，以师徒双方拥有共同愿景、价值观为前提，以合作交流、共享互助为活动形式，以平等、包容的氛围为支持，以解决教学实践和自身发展问题为落脚点的教师双向发展机制。实践至今，"导师制"实现了帮助完善新教师专业化理论研究、促进新教师的专业化成长和对"新班级教育"实践的深入理解；创设了合作性的教师文化团体，培养教师间互利互助的合作氛围；满足了入职初期新教师的教学、心理及情感需求；有效促进了教师之间的优势互补，实现了师徒之间的教学相长，助推每位教师的可持续发展。特别是在小学一二年级全面推进包班协同教学的情况下，将师徒结对与双师包班协同教学试验融合推进，帮助青年教师实现快速成长。

（二）学分制

作为管理者，我常常思考采用什么样的方式激励教师成长。教师教育活动是每天都会在学校发生的事情，学校如何对教师教育活动进行管理，既能促进教师积极参与教师教育活动，并对每一个人参与的情况及时给出评价，又能将活动过程中的宝贵资料保存下来呢？

2002学年，我们尝试的是学科组长评估制度，即由教导处和学科组长一同对教师参加教师教育活动的情况做一个综合的评定。但由于教师之间相互不完全了解、缺乏平时相关资料积累等方面的因素，这种方式的评价不能反映一个教师的真实情况。

2003学年，我们开始尝试最初的学分制度。首先是对教师参与的各项教师教育活动的形式做一个分类，并赋予了相应的学分分值，这样做的目的是将教师的各项教师教育活动转换成统一的学分，作为一个可衡量的量化标准。在期末的时候，教师根据分类填写本学期参与的各类教育活动，并统计形成分值，上交科研处审核。但在实际操作过程中，我们发现这样做有几个缺点：一是教师在期末的时候集中填写，工作比较繁琐，很多资料没有及时积累，且无法公开；二是科研处审核这些学分时工作量巨大，难辨真伪，统计分值也非常麻烦；三是教师学习的资料如一些好的听课反思、开课教案等无法共享。

2004学年上学期，在总结学分登记制的成败得失后，我决定利用学校网络设备运用的普及，改变传统的手工登记的方法，牵头自主开发了一套网上学分登记软件。教师们登陆后，可以很方便地在系统制定的栏目里登记教研和学习的内容，系统可以自动分类保存并自动统计学分。更重要的是，这项工作数字化、网络化后，实现了教研资料的保存和搜索。参加开课、教研活动的教师也可以在事后用这个系统，通过搜索获得他人对自己的反馈。但是在使用中，还是出现了一些问题：老师们平时不注意登记、有些内容在登记时会出现重复、不按要求填写、软件自身尚不完善等。

针对出现的问题，我们进行了相应的更新和完善：每个月底，科研处对本月教师登记的所有学分及内容进行反馈，内容包括总分、师带徒、课题研究等，会及时向全校教师推荐优质的成果并给予学分上的奖励。学科组长作为学分登记软件系统管理员，对本组内教师登记的内容进行审核，这成为一项日常工作。学科组长有责任在平时浏览本学科组内教师学分登记的内容，对内容不真实的或没有按要求登记的进行管理；科研处负责对所有学科组长的这项工作进行定期检查。

经过两年多的摸索和实践，学分登记已经成为教师的日常工作规范。教师每参加一项学习活动都可以获得学分，如开课、听课、听报告、写案例、写论文等，学分每月即时登记，期末汇总。教师的学分实时上传登记，成果（如撰写的案例、课堂实录等）都挂到网上，方便教师们相互浏览、学习。学校把教师学分的得分情况作为评价教师专业发展主动性的重要指标，是学校考核教师工作的一个重要方面。在每个学期期末对教师的学习情况进行考评并发放相关奖励时，学分是主要依据。

教师教育学分制，其实质是一种激励机制。实行以来，简化了学校管理，促进了教师教育的自我管理，提高了教师参与教育活动的主动性。

（三）各学科教学规范

我从来不以学生的成绩去考核教师。学校用制度表明，教师不要在成绩上和学生分分计较，应关注学生的课内外学业负担。2014 年，我制定了《崇文教师作业管理的细则建议》，之后通过《崇文各学科教学规范》；对作业做出规范，制定了《减负二十条》，对课堂作业时间和批改做出规定。2016 年，我校在全国率先推行家长"作业本上不签名"，并对老师的教学活动提出了高效、减量、提质的要求。

那么，崇文用什么来评价学生的成长呢？我们用"学生评价 3.0"改革，摒弃以分数论成败的单一标准，注重德智体美劳全面发展的评价。丰富非学科活动，施行一至六年级全程"免试生制度"。我还陆续编制了《免试生标准》《免试生研究型课程》《阶段学情反馈制度》。

（四）崇文标准

为进一步提升高品质办学的辐射面，推进教育公平与优质的均衡发展，我又着手从办学理念、育人目标、管理方式、质量标准、组织文化、品牌标识上进行了制度梳理，形成共四大本、59 章节、51 万字的《崇文标准》。

《崇文标准》包含了崇文办学方方面面的管理制度："科研与师训"标准体系包含学术研究标准、教师发展标准两大模块六个维度；"价值与文化"标准体系包含办学理念标准、校园文化标准、组织文化标准、集团荣誉标准四个模块

17 个维度；"管理与运营"标准体系包含人力资源标准、行政管理标准、智慧校园标准和后勤服务标准四大模块 24 个维度；"课程与教学"标准体系包含课程设计标准、教学实施标准、学习评价标准、德育课程标准四大模块 15 个维度等。

如果有人问，崇文的办学品质能不能复制？我的回答是肯定的，前提是你要先读一遍《崇文标准》。

四、以文化人，培育教师成长的精神土壤

我时常对班子成员说："要对学校里有个性的老师多一点宽容，多一些爱护。"在我看来，所有优秀的人都伴有个性。管理者不要用统一标准去要求每一个人。

崇文的青年教师中不乏有才华又极具个性的年轻人，小朱老师就是其中的一位"佼佼者"。他不仅长相阳光帅气，而且有自己的教学风格，在学生中人气很高。作为校长，为了更贴近一线教师工作，有几年我是和这位年轻的小朱老师搭班的。小朱老师的表现一直可圈可点，直到有一次在带学生外出军训时，他在未和学校任何人打招呼的情况下，就私自离开学生，前往国外，去完成他的某些个人追求。还好学校有完善的各项安全保障防线，学生最终安然无恙回到校园。但学校只能秉公办事，将小朱老师从教师队伍中除名。

谁知在学校手续办完的 20 余天后，小朱老师突然联系上我，反反复复向我表达了他"对学校孩子的想念""可以不要工资，以志愿者的身份回来教书"等诉求。他原来班级的家长也纷纷表示愿意让小朱老师再回来教他们的孩子。说实话，我的内心是动摇的，是否要再给小朱老师一次机会呢？也许他经历这次事件之后，会成长为一名优秀的教师，毕竟他的工作能力是有目共睹的。于是，我准备临时召开一次年级组长会议，想听听年级组长们的意见。一位年级组长提出质疑："学校非常需要优秀的老师，但这位老师眼里没有纪律，不把学生的安危放在第一位。如果学校还能接受像他这样的老师回来继续教书，那将来我

们的学生学了他这种不负责任的行为，又该怎么办？"

这件事让我对崇文需要怎么样的好老师，进行了深入思考。我想，首先，教师应该是学生人生路上成长的好榜样。教师的任务是教书育人，既开启学生的心智，又培育他们的心灵。教育过程是人的不断构建的过程，是受教育者的知识和能力不断构建、人格和行为不断构建的过程，是心灵不断美化的塑造过程。在这个过程中，教师是引路人，教师的言谈举止都会对学生产生潜移默化的影响，教师最大的力量就在于他们自身树立的榜样。

其次，教师应该是学生学习的激发者。教师要指导学生有效学习，围绕学生的特点和需要，创设适宜的学习条件和环境，激发学生的创新思维，增长学生动脑和动手的实践能力，不断提高学生自我教育能力的层次和水平。

学校需要什么样的老师，就需要为他们提供相应的文化土壤。

（一）培育教师文化

培育教师文化，其实质是一种教师管理，我们希望把学校建设成一个人人具有共同使命感和责任心的组织。教师文化的核心是共有的价值观，是教师的行为哲学。教师的价值观是学校兴旺发达的原动力。

要让教师认同学校的文化，光靠说是不行的，还要落实到教师的日常行动中去。我认为必须开发一些象征性的活动，来培育崇文教师文化。

于是，经过一番精心打造，校史教育、师生共同践行"崇文尚德"活动开展了起来。编绘校史读本，让教师带着学生，将学校发展与自身成长联系起来；设计校史窗帘，让师生抬眼就能看到"崇文春秋—根深叶茂—继往开来"；让每一届崇文毕业生带着崇文一年级的孩子，寻访崇文书院旧址，寻找学校文脉；让新教师做学校访客的接待者，和学生一起介绍学校的历史文化；开展"你是崇文好老师"活动，挖掘身边好老师的感人故事。

我相信这些"象征性文化活动"，只要坚持下去，就会变成传统，最后凝结成一种文化。

（二）形成教师发展支持系统

学校要为教师建立良好的工作氛围。我的做法是让崇文的老师们感到他们是在一个充满支持的环境中工作。比如，崇文专门为老师们设立休息室，在休息室里配备咖啡机，让老师们有一个休闲放松的空间。当然，还要为老师们提供良好的教学设施，足够的信息、培训和资源，确定合理的工作量，使老师们有更充分的自主权和更多的时间从事教学科研工作，赋予他们完成任务的权威。学校明确地告知老师，对他们的期望是什么，清晰地描述责任和期望，并采取较为有效的奖励机制来调动老师们的积极性，提供持续的反馈和成就的认同。

学校为教师团队的人际环境建设寻找支撑点。具体有以下做法：拓展训练，让教师体验到团队的需求；教师团辅，充裕教师内心的能量；崇文讲坛，聆听社会名流的报告，保持教育的初心；开展教师社团活动，发挥非正式组织的作用，让教师有多个组织交流；崇文春晚，宣泄情绪，诞生"明星"；民主生活会，是行政班子的作风建设，让教师做裁判。

（三）推行民主管理

培养教师的使命感、责任感，完善教师发展的制度建设，还要让教师参与到学校的民主建设中来，参与制度的讨论、制定以及重大事项的决策，充分尊重教师的话语权，健全学校的民主管理。

教代会是崇文教师参与学校管理的一个重要平台。任何与教师切身利益相关的制度，都不是由行政班子来决定的，而是先出方案草稿，然后交由工会，由教代会代表深入教师群体中广泛征求意见。比如，在制定2011年的教师课时津贴方案时，我们"三上三下"，几易其稿，座谈会开了十多场，参与座谈人数达教工数的70%，目的就是充分保证每一位教工的权利，最后以100%支持率通过方案。学校推优评优、等级晋升、学科带头人推荐、中层干部和年级组长竞聘上岗等工作，都需要经过全校教师无记名民主测评这一环节，确保公平，体现民意。

我校也很早就开始召开党政工团民联席会议。比如 2010 年 12 月，《教师等级评审》制度已经修订完毕且通过，但是在评审前教师们又普遍对外语水平测评方面反映了意见，因为很多教师已经达到了相当水平，没有必要再进行重复测评。学校立即组织党政工团民联席会议，进行了认真讨论，最后形成了《等级评审外语水平免试办法》，作为《教师等级评审》制度的补充，很好地反映了民意，提高了评审效率。

（四）坚持书记讲党课

办学至今，我始终高度重视全体教师的政治学习，一直坚持开展"书记讲党课"活动。经过多年实践，我将党课、党员教育学习活动与教师精神培育这一主题紧密结合，致力于培育"敬业爱岗讲奉献、教书育人有底气、团结协作有担当"的崇文好老师。就是这样不停地讲，不停地说，引领所有教师锻造"崇文精神"，培养"有理想信念、有道德情操、有扎实学识、有仁爱之心"的"四有"好老师。

我要求自己时刻关注教师的思想动态，能在教师的思想动态关键点上实时捕捉，论情说理，理顺大家的思想意识。每一期的"书记讲党课"，我都是根据学校发展阶段，在教师精神上面临困惑和挑战之时，审时度势，或做阶段性教师精神总结，或对可能出现的新情况进行提前心理干预，收到了良好的效果。

（五）锤炼工作细节

常言道：细节决定成败。教师的工作细节也必须重视起来。2014 年，在学校党组织的引领下，全体教师以"崇文教师应该是怎样的"为主题，展开了热烈讨论，最后制定出台《崇文教师的 78 个工作细节》。从教师形象、教师沟通、班级管理、教学常规等方面细化要求，锤炼师德师风，结合工作实际，每月推出三条细节，遵章考评。党员教师在"党员示范岗"上进行以教师细节为主要内容的"一句话承诺"。《崇文教师的 78 个工作细节》成为崇文教师践行"'四有'好老师"的自觉行动。

五、结语

　　回顾担任杭州市崇文实验学校的校长历程，我收获满满。我在崇文培养出了众多优秀教师，其中不乏国家名师、全国优秀教师、省特级教师、省教坛新秀。还有很多省级优秀教师、教改之星、"三八红旗手"标兵、优秀共产党员、教科研先进个人，各市区级教坛新秀、优秀教师、学科带头人等。教师的成长让我满心欢喜。

　　我想，成绩是次要的，最重要的是不忘教育初心。我要让崇文的教师在初心中成长，在改革中历练，由传统认知的"教书"转向本真回归的"育人"，以更大的格局、更宽的视野和更高的认知来从事教育这份事业。这也是崇文"新班级教育"20年所追求的。我们要重塑教育生态，激发出每位教师的主动性和创造性，重构儿童的学习生活，让教与学成为真正幸福和快乐的事情！为了完成这一使命，我会继续做教师成长的守望者。

詹大年

昆明丑小鸭中学校长，新教育理念践行者。1981年师范毕业参加教育工作，2011年创办昆明丑小鸭中学，专门招收那些家长管不了、学校没法管的"问题学生"，自封"问题孩子他爹"。出版教育专著《丑小鸭校长与白天鹅孩子》，撰写教育类文章1600余篇，在《人民教育》《中国教育报》《中国教师报》《教师博览》《中小学德育》等刊物和个人自媒体发表。

与孩子一起成长

昆明丑小鸭中学，是一所专门帮助"问题学生"的民办初中。自 2011 年开办以来，帮助了 2600 多名"问题学生"回归正常的生命状态。

我是这所学校的创办人。

我只希望守住教育的底线和良心。

一、搞定"问题学生"，只需三步

保护生命、化解情绪、规范行为、发展个性，是丑小鸭中学"搞定"问题学生的四步。但一个资深的"问题孩子"说，只需三步。

浩强从丑小鸭中学毕业后，顺利上了高中、大学。上大学后，浩强一到放假就回到丑小鸭中学待上几天。有一天早上，浩强跟我聊天："我如果不来丑小鸭中学上学，应该也坐牢了——我原来那帮兄弟惹事了，'老大'被判了 18 年——但其实在那帮人中间，他根本就不是'老大'，我才是'老大'。后来我来丑小鸭中学上学了，他才变成'老大'的。"

浩强对我说："其实，办丑小鸭中学一点也不难，没有什么诀窍，只需要简单的三步，就搞定了。"

"三步？简单三步？你也太小看我了吧？"我望着浩强，想看看这小子到底要说啥。

"是的。三步，就三步。第一步，新生来了，别惹他；第二步，让他吃好、睡好、玩好……"

说的也没错。这小子！我继续问："就这么简单？第三步呢？"

"其实也没有第三步。有了前两步，他自己就乖乖的了，就好了。这算是第三步吗？"

"噢。是。就这三步。"没想到，我管理丑小鸭中学这么多年的"秘诀"，被这小子就这么简单粗暴地说完了。

浩强说到的"新生"，其实跟别的学校的"新生"有些不一样。在普通学校，只有每学年开学，才有新生。在丑小鸭中学，差不多每天都有"新生"入校。这些孩子，在普通的学校里根本无法上学，有的把自己关在家里，有的离家出走。家长随时会把孩子送来学校。有的是白天送，有的是晚上送。这些孩子几乎是被家长骗过来的，或者是"绑"过来的。丑小鸭中学就像一个医院，随时接受着需要"抢救"的病人。这些"需要抢救的病人"就是"新生"。

浩强是丑小鸭中学办学最早期的"新生"。

浩强是被爸爸、叔叔、舅舅三个大男人"绑"来的。进校后，年轻的班主任老师把浩强带进办公室后，递给他一套干净的校服。浩强并没有接校服，而是飞起一脚，把老师踢到地上。老师爬起来，并没有"反抗"。或许是浩强心软了，情绪一下子就好了很多，自己把衣服从地上捡起来，穿上。

浩强在丑小鸭中学读完了初中二年级，成绩很好，还是学生会主席。

初三读了一个月后，浩强又逃学了。这一次，浩强不回家了。但浩强一直和我用QQ保持联系。他时常给我留言，叫我别担心，他不会跟那些人瞎混了，他在学做豆芽，每天就是做豆芽，卖豆芽。他只是不想回家，一回家就跟爸爸吵，他不想妈妈看着难过。他要在外面自己养活自己。

我经常鼓励他："能自己养活自己，很好。但你还不到15岁，要上学。你如果想上学，什么时候都可以回学校。"

一直到过年，就是新年的头几天，浩强突然给我打电话："校长，我想回学校。读书，考高中。"

"快，快回来。明天就回来！我等你。"我太激动了！浩强已经逃学快五个月了！居然想考高中。

大概是大年初四，浩强回学校了。他第一句就说："校长，我再也不会淘气了。我要上学，考高中。这半年，我不会回家，就只好好读书。"

"初中三年，初一你没上，初三的第一个学期基本没上，现在只有四个月了，你能考上高中吗？"我问。

"能！一定。校长，你相信我，我智商没问题，毅力也没问题。"半年不见，浩强的眼神里多了一种男子汉的味道。

孩子的眼里含着泪。我的眼里也热热的。

中考成绩出来了，浩强超过普高录取分数线51分。

我把浩强送到我的哥们当校长的一所普高。我知道，这孩子脾气不好，还会惹事的。我担心他读不完这三年高中。果然，高中刚刚上了一个月，国庆长假他又回到我身边，收假的时间到了，他却赖着不走了。他告诉我："校长，我回不去了，高中要开除我。"

原来，他在高中打架了。我了解到，这一次他没有错，纯粹是打抱不平，不过下手有点重，把一个欺负同学的大高个子打伤了。

"你想继续读书吗？"

"想！"

我一点儿也不意外。因为太熟悉这孩子了，我才把他送到哥们那里。

"你回学校去吧，现在就去，我会帮你处理好的。以后别惹事了——不过，有什么情况要随时告诉我。记住，你是个读书的料，别把自己废了。你已经离开丑小鸭中学了，离我也远，我管不到了，以后要靠你自己了。"

浩强大学毕业后，很快就做了一家公司的负责人。浩强妈妈回忆起不堪回首的那几年，对我说："现在好了，浩强都变成你儿子了。我们全家也把你当亲人了。说实在的，那几年，我好痛苦——甚至想过放弃自己。"

二、"跟你走，回丑小鸭"

很多时候，"问题孩子"其实不是与谁作对，只是想刷一下"存在感"。

小玉是个杭州女孩，眼睛大大的，十分迷人。初二的时候，她自己都不知道自己在哪所学校上学。她来到丑小鸭中学的第一天，就冲着招生的老师喊："学校可以开除学生的校规是哪一条，老子就犯哪一条。"

当时，我教初二的地理，还当校长。

第二天上课，教材的内容与"侵蚀性地貌"有关。刚好，离学校30多公里的陆良坝子就是侵蚀性地貌。我打算带着初二全部九个孩子开车去那里上课。

小玉刚刚来，又非常"不配合"，我后来还是决定带上她。但所有的同学和老师都反对。他们害怕小玉溜到哪里后找不到她。

到了野外，小玉确实心不在焉，但我一直陪着她。显然，小玉对我没有明显的恶意，至少我没有看出来。到了吃饭的时间，我请孩子们到一个餐馆吃烤鸭。我对小玉说："你刚来，是杭州来的客人，又是唯一的女同学，你去点菜，点你想吃的。我怕你不能吃辣的……"

"不，不，校长，我不会点菜……我怕我点的菜大家都不喜欢吃……我不点。"小玉说。

"你好善良……用不着管他们的。都是男同学，他们不敢说你的。"我鼓励她。小玉看着我，又望望那些男同学。

"你能乖乖吃饭，不瞎跑，不让我们满世界找你，就谢天谢地了。好吧……你点，你点，大家都服从。"男同学们都这么说。

那一堂课，大家都很轻松。

那一学期结束时，我教的地理课，小玉得了满分，我表扬了她。她偷偷对我说："不学好你的课，我觉得对不起你。"

放假了，小玉准备下学期回原来的学校上学。我对她说："你这个脾气，估计很多老师会受不了。我希望你可以好好上学，但估计有困难。你如果下学期不能正常上学，我就去接你回丑小鸭。"

第二个学期，国庆长假过后，小玉妈妈给我打电话，说小玉又有一个星期没去学校上学了。我开车来到小玉家里时，已经快中午了。小玉妈妈说："小玉昨晚玩得很晚才回来，还睡着呢。"

"先让她睡够吧，我在客厅等着。"我说。

或许是因为我们说话的声音吵醒了小玉，她打开了房门，吆喝着："谁呀？那么吵。"

"是我，小玉。"

"校长，你来了呀……"小玉出来了——高跟鞋，短裙，披肩的彩色头发。

小玉说："校长，你等我半个小时，就在这里，坐着别动，等我。我下楼把头发染回来，然后跟你走，回丑小鸭。嘻嘻，你终于来接我了。"

快毕业的时候，小玉选择读五年制大专。她的成绩其实很好，但她说估计受不了高中三年。她问我学什么专业好。我说："你说话做事干净利落，很有领导力，适合学人力资源管理。你眼睛闪闪的，很漂亮，戴什么首饰都有魅力，也适合学珠宝鉴定。"

三、任何时候，校长都会帮助你

"问题孩子"其实都是孤独的、无助的。他们的背后，如果有了支撑，就有了力量。

在丑小鸭中学的学生作业本封底，印着一行字：任何时候，校长都会帮助你。我的手机号、微信号、QQ都印在上面。我经常对孩子们说："进了丑小鸭校园，你们永远是我的孩子。别怕！任何事、任何时候，有我呢。我的手机号码不会变，任何时候，手机也不会关机——我怕你们联系不上我。不管是今天还是以后，不管是你走上了领奖台还是走到了监狱门口，只要你们需要我的帮助，打通我的电话，我就会帮助你。"我开玩笑地说："如果哪一天手机打不通了，那就说明校长已经不在这个世界上了，你们自己管自己吧。"

2022年4月的一个深夜，大概是凌晨两点多吧，我的电话响了："校长，我出事了！"

电话是雄子打来的。雄子是 2021 年从丑小鸭中学毕业的，毕业后考上了安徽的一所高中。刚入校参加军训时就当上了助教，入校后成绩很好，还当上了学生会干部。按理说，他不可能"出事"呀。

电话里，雄子给我的感觉是十分恐惧。原来，雄子的 QQ 被盗了。盗贼用雄子的 QQ 骗了 3000 块钱。公安部门找到了雄子，雄子有口难辩。

雄子说："我不敢告诉爸爸妈妈，我怕他们不相信我，还以为我又在玩 QQ，又变坏了。我更不敢告诉老师，我想一个人去流浪……但我记起一句话，'任何时候，校长都会帮助你'，所以，我这么晚给校长打电话了。因为我实在难受，不知道怎么对待这件事。"

"小事，小事。你把实际情况给公安人员说清楚。你一定要道歉——因为你没有管理好自己的 QQ。没有管理好自己的 QQ，是你唯一应该承担的责任。你把话说完，该承担什么责任就承担什么责任。我认为，你的责任很小，至少可以被原谅。你是未成年人，在这个事情上不会承担什么法律责任。至于爸爸妈妈那里，你先不要跟他们说。天亮后，我会打电话给他们。他们肯定会原谅你的。还有，如果需要钱，我先借给你。"

下午，雄子给我打电话，说是什么问题都没有了，他又照常上学了。

我说："我表扬你。因为你知道在关键时候给我打电话。以后，遇到问题要学会求助。"

四、一封"侮辱校长"的信

孩子解决问题的方式是多种多样的，只是有时候我们无法接受。教育，从接纳开始，任何一个孩子都不应该被教育"淘汰"。

园园一直跟单身妈妈生活在一起。15 岁了，园园不愿意去上学，也不愿意回家。妈妈不知道该怎么办了，就把园园送到了丑小鸭中学。

园园是个漂亮的女孩，集娇气与霸气于一身。

到丑小鸭中学的第三天，园园亲手交给我一张纸。这是一张普通的作业纸，纸上密密麻麻写满了字。其中开头是一句骂人的话。

我慢慢地读完了园园给我写的信，对园园说："好了，你的信我收到了，也读完了。我先走了。"

园园也上了教学楼。

接下来，我几乎每天都会去教学楼，也会去园园所在的教室，故意从她身边绕过。在校园里，见到园园，我也会打个招呼，好像根本就没有发生什么。

大概一个多月后，有一天，园园找到我："詹校，我错了。"

"你错了？错什么了？"

"我不该写信骂你。"园园一脸愧疚。

"你没有错——我觉得。第一，写信之前，你肯定是了解过的，你知道我是可以骂，你料定我不会拿你怎么样——我也真没有拿你怎么样嘛，说明你一开始就信任我。第二，我也确实可恶，让你离开了一个温暖的地方，你不骂我骂谁？你知道学校里校长最大，就骂校长啊。第三，你用最简单的方法解决了你内心的痛苦，多好。一张作业纸就发泄了情绪，成本很低嘛。现在，你很好，我也很好。有什么错呢？"

"那——校长，你把我的信还给我吧。"园园说。

"不还。凭什么还？当初，你说了借给我吗？哈哈……"

话说当初，有老师知道园园写了一封"侮辱校长"的信，为我抱打不平——一个小女孩竟敢"侮辱校长人格"！

我告诉他们：我一个老大爷，"人格"就那么脆弱？是一个小女孩侮辱得了的吗？她写信骂我只是发泄情绪，而不是为了侮辱我的人格。她自己的问题自己给解决了，为什么不可以呢？

五、我啃掉那半只苹果

相信种子，相信岁月。教育，某些时候就是"点燃"生命。

燕子三岁时，爸爸因车祸去世了。因为全家人的溺爱，燕子到初二时不但无法正常上学，还成了一条街的"大姐大"。后来，妈妈才把她送来丑小鸭中学。燕子经常调侃自己是丑小鸭中学"历史上最难搞定的学生"。燕子从丑小鸭中学毕业后，考入了一所职业院校，在这所学校做了三年的学生会主席。毕业后，燕子有了自己的事业，买了房子，结了婚，生了孩子。燕子在坐月子的时候，跟我聊天："詹校，你知道我从什么时候开始变乖的吗？"

"什么时候？"

燕子给我讲了一个故事——

燕子在丑小鸭中学的最后一个学期，有一天，和几个女孩在操场边吃苹果。我从她们身边经过，跟她们打招呼。燕子问："詹校，你吃苹果吗？""吃呀。"燕子顺手递过来被自己咬剩一半的苹果。我接过来，啃了。

燕子说："詹校，你知道吗？看到你吃苹果的那一刻，我哭了！我从小就没有爸爸……有哪个男人会把别人家孩子吃剩的苹果啃掉呢？这只有爸爸才做得到呀。那时我在想，你就是我爸爸。如果我还不听话，还算人吗？也就是从那一刻起，我就完全变了一个人。"

我真的不记得有这个情节，但我不怀疑有这个故事。

我只是用善良的方式回应了一个女孩的善良。

六、"你的学校可以谈恋爱吗"

要对话，不要谈话。倾听孩子的声音，延续与孩子的关系，这是对话的目的。让生命可以有滋有味地"玩"下去，这就是教育在发生。

可可是一位生活在珠三角地区的女孩，小巧玲珑，很有才艺，也很大胆。可是可可无法正常上学。去了没几天，学校老师就通知家长接孩子"回家反思"了。可可妈妈是我的一位网友。可可妈妈便经常把我的文章、视频推荐给可可看。可可妈妈说："詹校长是一个非常好玩的校长。"

2021 年暑假，妈妈把可可带到了丑小鸭中学。

可可妆化得很浓，完全是一个即将上台表演节目的感觉。可可在书吧见到我，认出了我就是她妈妈口中常说的那个"詹校"。

"校长，我想谈恋爱了。你的学校可以谈恋爱吗？"没想到，可可抛过来的这句话，其难度我从来就没有遇到过。

"哦？你想谈恋爱了？你不是今天刚刚来的吗？你刚来就看上谁了吗？"我感觉我这一句回答特别有意思，或许是我的脑袋瞬间开窍了。

"没有，没有，没有看上谁。"可可赶紧回答。

"那是谁看上你了？"

"不知道。"

"好吧。等哪一天，你看上谁了，或者是谁看上你了，你再来问我这个问题好吗？"我很得意地回应了可可。

"好，好。校长，再见。"可可蹦蹦跳跳地走了。在一旁的可可妈妈也很高兴地笑了："校长，还是你有办法。这孩子，天不怕地不怕的，真拿她没办法。"

七、《丑小鸭校长与白天鹅孩子》让孩子们当了作家

在教育过程中，信任的力量胜过一切。

丑小鸭中学的孩子几乎全是网瘾孩子。

然而，在办丑小鸭中学的第二年，我决定给孩子们建一间网络教室。那时候，我很穷，但我得到了真爱梦想公益基金会的支持。于是孩子们有了一间网络教室，有了20台电脑，每个孩子每周都有一个时间段可以自由上网。我把我的QQ号给了孩子们，希望他们加我为好友，并告诉他们："你们的想法，只要愿意说的，都可以留言给我。"

有一天，初二女生徐洁对我说："校长，我们上网的时候，很多同学第一时间都会打开你的QQ空间，看你写了什么。最有意思的是，你几乎每天都有更新，不让大家失望。早几天，有几个同学说'詹校的空间帮助了大家，大家能不能把詹校的空间里的一些文章编成书出版，这样可以帮助更多的像我们这样

的孩子'。"

"好主意！"我说，"谁来负责干这件事？"

"我。我组织一些同学。"徐洁回答。

我说："我给你们一间房间，作为临时的编辑部办公室。另外，我请你们的家长给你们配笔记本电脑。"

12 位同学报名加入编辑部。我甚至怀疑那几个"游戏大王"是"不怀好意"的。

徐洁做了编辑部主任，主管资料收集与编辑。王涛做了办公室主任，主管办公室日常工作，特别是编辑部的纪律。

两个月以后，第一稿拿出来了。

四个月后，第七稿也是最后稿终于磨出来了。

七个月后，新书《丑小鸭校长与白天鹅孩子》顺利出版。

资料是他们编的。封面、版式、插图都是他们设计的。校稿也是他们自己完成的。出版社的合同是他们谈的，也是他们签的。从一开始他们有编书的念头，到成功出版，我就没有管过，甚至没有过问，只是给他们当了几次"驾驶员"。

当他们拿到自己编辑的新书时，激动了——

"没想到，就这么轻而易举当了作家。"

"现在想来，玩游戏真的没意思了。"

"像我们这样，才配得上是玩电脑。"

"网上搜索一下就有自己的名字，真爽！"

孩子们在新书上签上自己的名字。有孩子说："珍藏，一直要珍藏到孙子读书的时候，告诉他'爷爷读初中的时候，就是作家了'。"

八、"不想上课"的孩子

除了教室里面的课桌凳，学校里应该还有一个让每一个孩子可以静静地待一会儿的地方。那地方，可以读书，可以涂鸦，可以胡思乱想，也可以什么都不想。所有的课堂，其实早都在孩子们的心里。

丑小鸭中学的第十届艺术节，亚斌回来当主持人了。亚斌是第一届艺术节的主持人。十年后，亚斌已经本科毕业，是名副其实的大哥哥了。

亚斌是我的小老乡。十年前，亚斌老是闯祸，爸爸十分无奈地把他交给我。

"校长，我不想进教室，你让我画画写字吧。"来校没几天，亚斌就跟我提要求了。

我给了亚斌一间小房子，还找来一张大书桌，说："你不想上课的时候就到这里，纸和笔我让你爸爸送来。"其实，亚斌并没有经常不上课，也只是每天都会在他的"书房"里画一会儿。

快要中考前的一段时间，我对亚斌说："打算考普高吗？"

"想是想，但我至少还差 200 分，不可能考上。"亚斌说。

"我来帮你算一算：英语你不喜欢，加分困难，就算了；语文、数学、物理、历史，你都可以加分的。你很聪明，很有后劲，500 分没有问题。"我给亚斌一门一门地分析。

"还真是！应该没有问题。校长，从今天起，你别管我。我会好好复习，拿500 分。你放心，我能！"

中考分出来了，亚斌 501 分，那年的普高录取线是 495 分。亚斌向爸爸炫耀："我说话算数吧——500，还多一分。"

第十届艺术节舞台上，亚斌回到学校客串了主持人。在台上，他讲述着自己的故事，泣不成声。突然他从台上飞身下来，抱住我，大声哭喊："你知道吗？那时候，我不想活了，后来，遇到了你。你给了我最特殊的照顾，我才想到这世界上还有人在乎我！……我想，今后没有什么可以难倒我了。"

九、学校，就应该把孩子们"种"在书里

没有自由的阅读，就没有自信的孩子。

丑小鸭中学开办的第一年，校园里是没有书的（想来，真的愧对那一届孩子）。第一，我没有购书的钱；第二，我认为对这些孩子来说，读书不是第一位的。

直到有一天，昆明市政协副主席汪叶菊来学校考察，对我说："只有读书，才可以改变孩子。"

汪叶菊老师给我找了第一批书，3000 多册。

孩子们特别喜欢这些书。后来，我便从各种渠道给孩子们找书。

一直到 2018 年，学校的书不断增多，除了阅览室，教室里都摆了书架。

2021 年，学校的书增加到 5 万多册（平均每人 500 多册）。我干脆取消了阅览室，把这些书摆在了孩子们可以伸手拿到的地方：教室里、走廊上、楼梯间、食堂里、寝室里、操场边……

全校都是书。不需要借，不需要还，随心所欲，想拿到哪里都行。在学校的各个角落，任何时候都可以看到手不释卷的孩子。

放假时，我甚至鼓励孩子们"偷书"回家。

在丑小鸭中学，没有图书室，只是把所有的孩子都"种"在了图书馆里。

在书里，找孩子。

十、我在学校弄了一个射箭场

孩子喜欢的，或许就是最好的课程。江湖，是"走"出来的。江湖的规则，或许就是德育。

2017 年，一次偶然的机会，我学会了射箭。射箭，讲的是规则、耐力，也让人特别有获得感。

我想，孩子们应该也喜欢。因为，青春期的孩子，大多喜欢攻击性项目。

我把建射箭场的想法告诉家长们时，一片反对声。

"这些孩子本来就不讲规则，这样的攻击性项目会不会出事？"这个问题是家长们讨论最多的，也是最害怕的。

"规则，是在生活中建立的。江湖，是'走'出来的。背诵出来的规矩对孩子毫无意义。"我不顾所有人的反对，建起了射箭场。

我自己当了总教练。刚开始，没有一个孩子会射箭。但训练不到两个月，有好些孩子的射箭成绩已经让我望尘莫及了。他们发现自己赢了校长了，别提有多爽了。

一年一代传人，到现在已经有好几代了。

因为有了射箭队的大胆尝试，学校的兴趣班、社团也慢慢办起来了。

阳光下，活动多了，运动多了，那些有抑郁症的孩子不知不觉也忘记了他们的抑郁。

在阳光下和孩子们一起成长，这就是教育的全部意义。

朱华伟

深圳中学校长，特级教师。博士，二级教授，博士研究生导师，美国加州州立大学高级访问学者。享受国务院政府特殊津贴专家，全国优秀教育工作者，全国五一劳动奖章获得者。深圳市政协常委、科教文卫委员会副主任。曾任第50届国际数学奥林匹克中国国家队领队、主教练，率中国队获团体冠军。在《人民日报》《光明日报》《人民教育》《课程·教材·教法》及国内外数学期刊发表论文100余篇，出版著作100余部。获国家级教学成果奖二等奖、首届国家教材建设二等奖。

上善之教，美美与共

　　我从 19 岁开始教书，到如今已经在教育领域走过了 40 多个年头。自学生时代喜欢数学，到从教后喜欢数学课堂、数学教育，延伸至喜欢教育，最让我幸福的是，40 多年来，我一直倾心并投身于自己热爱的数学与教育事业。

　　我的中小学时代是在"文化大革命"中度过的，那时几乎没有机会读书学习。"日出江花红胜火，春来江水绿如蓝"，1978 年是"科学的春天"，我也终于迎来了我学习生涯的春天。这一年，我读到徐迟的报告文学《哥德巴赫猜想》，数学家陈景润的故事让我激动不已，对我影响极深。1979 年高考填报志愿，我将四个志愿全都填成了汝南师范数学专业。

　　师范毕业后，我如愿以偿，在家乡一所农村高中担任数学老师，之后又到武汉读硕士研究生。毕业后，在武汉工作了九年，担任过三年市数学教研员和六年区教育局局长。2010 年 9 月，我从美国做访问学者回国。2001 年 7 月，我辞去武汉市江岸区教育局党委书记一职，从武汉到珠海，任人大附中珠海校区校长。2004 年 2 月，应张景中院士之邀，到广州大学计算机教育软件研究所，同年被评为研究员，接替张景中院士，担任软件所所长。张先生学高为师、德高为范，在做人做事上和数学研究方面都是我的榜样和楷模。在张先生的指导下，我的工作开展得有声有色。2014 年 1 月，受广州市教育局局长屈哨兵教授之邀，我担任广州市教育局教研室主任、广州市教育科学研究所负责人，负责筹办广州市教育研究院并担任创院院长。在教研院工作的三年间，对原教研室、教科所的工作进行了继承与整合，与国内外高水平学校有了深入的学术交流与合作，在班子建设、团队建设、学科建设及全国一流教研院建设等方面取得了一定的成绩。

一、定位高远：建设中国特色世界一流高中

2017年1月17日，我带着17岁就播种下的教育梦，带着自己在教育生涯里逐渐形成并酝酿已久的教育梦想——办一所具有世界影响力的中学，出任深圳中学校长。

2017年11月18日，基于"中国特色社会主义进入新时代"和国家加快建设"双一流"的时代背景，我在深中建校70周年纪念活动上，代表全校逾500名教职工和近4万名校友向社会庄重宣布："建设中国特色世界一流高中，培养具有中华底蕴和国际视野的拔尖创新人才。"当时的广东省省长马兴瑞、深圳市委书记王伟中发来贺信，勉励深中"加快建成中国特色世界一流学校"。

2018年5月2日，习近平总书记在北京大学考察时强调，"坚持办学正确政治方向""办出中国特色世界一流大学"。总书记的这番话，让我们更加坚定了建设中国特色世界一流高中的步伐：深中的"中国特色"教育必然是传承中华文化血脉、践行中国特色社会主义道路、服务国家发展的教育；"世界一流"的高中势必具有国际视野，能够为世界一流大学输送更多优秀学子，为国家、为人类培养更多杰出人才。

建设世界一流高中是一项伟大的事业，一定会遇到各种预想不到的困难和挑战。以深中新校区为例，2018年2月深中新校区（占地面积10.8万平方米，建筑面积17.5万平方米）工程动工。为了督促建设，我不顾工地机器的日夜轰鸣，租住在工地旁两年半，实时关注工程进展。在深圳市委市政府、市教育局的大力支持和深切关怀下，深中新校区于2020年9月正式开学。开学之后，为

了解决师生出行不便，以及大幅扩招带来的学生食堂餐位不够、教学空间不足、学生宿舍电梯运力小等难题，我们开通了 11 条通学定制巴士线路、临建新食堂澍园、重新调配教学区功能室并临建综合楼、加装学生宿舍电梯等，赢得社会各界一致好评。

为了加快建设中国特色世界一流高中，深中对标世界一流，制定出台了《深圳中学中国特色世界一流高中建设方案》（以下简称《建设方案》）等系列文件。围绕"学生综合发展"这一核心，《建设方案》的"发展内容"部分由管理、课程和师资三个维度组成，每个维度下面有四个行动计划，共 12 项行动计划（见图 1）。

·加强改进党的领导
·改善学校治理结构
·整合创新教育资源
·建设世界一流校园

·积极推动课程改革　　　　　　　　　　·改革人才引进体系
·打造资优生孵化器　　　　　　　　　　·促进教师专业发展
·提升国际竞争实力　　　　　　　　　　·完善教学支持系统
·完善综合素养评价　　　　　　　　　　·提升教育信息技术

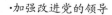

管理

学生
综合发展

课程　　师资

图1　《建设方案》内容框架

二、大美之美：一流教育事业吸引一流人才

《孟子·尽心下》有言："充实之谓美，充实而有光辉之谓大。"在孟子看来，个体通过不断提升自我修养，将善的本性扩而充之、使之盈满全身就称为"美"，充盈且能散发光辉就称为"大"。教书育人是修己达人之事业，不可不谓

为"大美"之业。我一直认为，要成就"大美"之业，办好一所学校，首先要有一个好校长，然后要有一批好老师。因此，加强师资队伍建设，是我2017年元月就任深中校长后立刻着手开展的关键工作之一。

教师对学生的一生有着重要的影响，学生越早遇到好老师，就越是人生的幸运；"好老师"的标准并不是唯一的，而是要"因校制宜"。一所学校致力于培养出什么样的学生，就需要引进什么样的老师。作为校长，我常常思考，世界一流的学校，培养出来的学生应该是什么样的？它的学生应该具备什么样的能力和品质？教育是为未来培养人的，科学精神与人文情怀、大胆质疑与批判性思维、好奇心与想象力、坚毅执着与锲而不舍、科学推理与合情推理、提出问题与解决问题、时间管理与科学规划、团队协作与领导能力等，是未来人才所应具备的主要素养，而培养未来优秀人才的工作一定是需要高学历、高水平的教师来胜任的。

近六年，深中引进了100余位名校毕业的博士，有北大、清华毕业生100余位，哈佛大学、麻省理工学院、牛津大学、剑桥大学等海外名校毕业生60余位。一方面，世界一流大学的毕业生往往拥有更广阔的格局和视野，以及更加丰富的学术资源，因此更容易培养出世界一流的学生；另一方面，越优秀的学生越需要优秀的老师引领，深中拥有全国非常优秀的学生，面对这样优秀的学生群体，我们有责任引进更多高层次的人才来引领他们向更高的平台发展。

深中之所以能吸引一大批高学历人才来校任教，主要有三方面原因：一是这些青年有教育情怀——他们热爱教育事业，为党育才、为国育才；二是深中提供了优质的发展平台——深中拥有深厚的历史积淀、先进的办学理念、开放的校园文化、一流的硬件条件、卓越的办学成就等，因而成为很多优秀人才的向往之地；三是深中对青年教师的培育与关怀——深中倡导"以人为本"的管理理念，在生活上关心他们，在工作上帮助他们，在思想上引领他们。

三、引育并举，助力青年教师快速成长成才

引进是基础，培育是关键。一大批高学历人才的加入，为深中的教育管理提出了新的命题和挑战。同时，深中也有责任在高学历教师培育方面为更多的学校身先示范。

当新老师站稳讲台之后，如何成长为学术型教师、专家型教师是教师职业发展必将面临的一个课题，而教师各项素养的发展需要在后期的教育实践中不断提高。深中制定了系统、科学、有效的教师培训体系，让他们本身已具备的学术形态较快转换为教学形态——学科组、备课组、"青蓝工程"、班主任专项培训等项目全员覆盖：各科组集思广益，集中备课，以缓解新教师经验不足的焦虑；为每一位青年教师一对一安排教学导师和班主任导师，以针对性提升新教师的教学水平和育人能力；每两周举办一次班主任工作主题探讨和分享活动，如"中学生心理危机的识别与干预""批评与表扬——鼓励学生的艺术"等。树人工作室、学科研究室、博士工作室等项目聚焦深度研究：青年教师自愿参与，以资深教师引领、团队互助等方式联合志同道合的老师在班主任工作和学科教学方面进行深入研究，为"教育家型教师"提供充分发展的平台。目前，深中成立了树人工作室 12 个，学科研究室 34 个，博士工作室 5 个。

蔡元培先生说："知教育者，与其守成法，毋宁尚自然；与其求划一，毋宁展个性。"学生发展如此，教师培养亦然。深中坚持开门办学，融合多种社会资源，与著名大学、企业共建 23 个创新实验室和创新体验中心，为教师提供多元教学资源与发展空间。丰富多元的资源和平台促使教师更好地将各自专业知识与高中教学相结合，开设多种类型、高层次的选修课，拓宽学生的视野，其中极具代表性的是以博士教师为主讲人的"深中博士讲堂"。讲座每周四一场，每位博士教师充分发挥所长，主题选择均聚焦于各自的研究领域，主要涉及数学、物理学、化学、生物学、语言学、医学、历史学等学科。

每周四下午，只要没有特别的安排，我都会去现场学习，每一次听完都心潮澎湃，为他们深入浅出、生动活泼的讲解所震撼，为学生在高中阶段就能及

时了解到世界科学前沿的技术、思想和方法而感到高兴。对于学生而言，"深中博士讲堂"的主讲人都是自己班级的任课老师，这在无形之中就拉近他们与科学的距离。而且，每周都能受到这样近距离、高品质学术盛宴的熏陶，学生不仅会在知识上获益匪浅，更重要的是，他们也许就借这样的机会发现自己热爱的领域，并有可能在未来将之发展为一生追求的志业，甚至他们有可能成为这个专业领域的科学家。

同时，我经常鼓励教师并积极带头在权威媒体发文发声，传播深中的教育经验和教育智慧。近年来，深中教科研成果喜人，2017—2021 年的教师教科研统计数据为：共发表论文 230 篇，出版著作 133 部，新立项课题 28 项，获国家级、省级教学成果奖 7 项。

在关注青年教师专业发展的同时，深中勇于打破传统的论资排辈，让能力突出的年轻人尽快到适合自己的管理岗位上发挥才干，实现个人价值。2017 年，深中启动"青年教师领导力培训"项目，依据自愿报名、双向选择的原则，安排青年教师进行行政跟岗实习，好多青年教师在跟岗的过程中获得了成长和锻炼。例如，2018 年入职的北京大学博士张佩值，曾任北京市学生联合会驻会执行主席，因在学生处跟岗期间表现突出，2021 年担任深中团委书记。

四、以人为本，营造和谐教师教育发展生态

一所学校的教师是否热爱自己的工作，是否将职业视为事业，与他从事这项工作时是否获得了幸福感密切相关，而教师在工作中有幸福感，则与学校管理密切相关。

作为校长，我要关心教师身心健康，营造宽松和谐的工作氛围；要真诚地尊重、善待、关爱每一位教职员工，用人之长、记人之功、容人之过、解人之难，全心全意为教师创造温馨和谐的工作、生活环境，让教师工作顺心、生活舒心、静心读书修己、安心教书育人，让教师在追求自己人生理想的过程中有尊严、有自由、有幸福感。

在每一位新老师入职的时候，我都会邀请他们到国际数学资料中心座谈交流，聊聊他们对学校的期待、各自的工作打算和设想等，会给他们签名赠送自己的著作，带他们参观我两万余册的藏书，激励他们好好读书、好好教书。每次在食堂吃饭遇到新入职的老师，我也会主动和他们聊天，问他们在学校有什么困难，有哪些收获，对自己的工作有什么想法等。由于有入校时的那次见面做铺垫，这些新老师都很愿意向我敞开心扉。人们对一个全新的环境难免会有陌生感、距离感，我希望通过这样的方式让每一位新教师在初次走进深中的时候，就能感受到家的温暖，从而尽快适应工作环境，融入深中，产生归属感。很多问题，我都是想在青年教师的前面，忧其所忧、解其所困，例如，为了让青年教师安居乐业，让他们在新入职期间能感受到家的温暖，我竭力向政府部门争取人才房，并不遗余力地推进完成学校教工宿舍的改造工程。

对一所学校而言，硬件设施的价值是可以估量的，但学校师生的整体精神状态所带来的价值则是无法估量的。校长尤其要重视对学校教师的精神引领，这不仅宏观地体现在对学校整体教育理念的认同上，更微观地体现在个体对教育事业的追求上。每年8月下旬，在新学年新教师培训的第一课上，我会结合个人的求学和工作经历，为新教师分享《漫谈青年教师成长》，从"教育梦想的追光人""塑造学生的大先生""学生心灵的工程师""终身学习的践行者""百折不挠的实干家"五个教师角色入手，鼓励他们仰望星空、脚踏实地，实现个人价值，追求教育理想。除此之外，我也会不定期为教师做专题分享，例如2021年7月，在深中全体教职工大会上，基于自己观看重大革命历史题材电视剧《觉醒年代》的切身感悟，分享了《从〈觉醒年代〉谈"校之大者"》，鼓励全体教师以蔡元培、陈独秀、李大钊、鲁迅等先贤为榜样，不断提高思想站位，心中存"大我"，立大志、有远见，忠于职守、甘于奉献，努力培养出为国家、为民族、为人类作出卓越贡献的栋梁之材。2021年9月，在第二期青年教师领导力培训工程启动仪式上，我结合自己多年的教育管理经验分享了《有境界，自成高格》，强调学校的后备干部在做人做事上一定要率先垂范，提高思想觉悟，提高思想站位，不要斤斤计较，切忌自私自利，如果事事都"以自己为圆心、以身长为半径画圆",就只能是作茧自缚,更不会有好的发展。此外,一名世界一流高中的教师,一定要提升思想境界,提升审美格调,做人做事的标准要匹配深中的格局和定位,要么不做,要做就要对标世界一流的水准,达到力所能及的最高水平。

润物无声,风化于成。让我尤为欣慰的是,通过近六年的努力,深中师生的精神风貌越来越朝气蓬勃,整个校园欣欣向荣,有着浓厚的干事、创业的氛围,全校上下心往一处想、智往一处谋、劲往一处使,大家齐心协力、只争朝夕,都在为实现世界一流高中的愿景而努力,都在深中的岗位上获得了集体荣誉感和自豪感。

五、各美其美:为学生搭建多元发展立交桥

著名社会学家费孝通说:"各美其美,美人之美,美美与共,天下大同。"常言道,"孩子是祖国的花朵""十年树木,百年树人"。我们无法用一个标准评判所有花朵的美丽,因为每一个孩子都有一张天使般的脸庞;我们无法用一把尺子限定所有树木的成长,因为每棵树必将勾画出自己的年轮,正如每一个孩子都有自己的成长轨迹。

正是在这样的教育哲学的指引下,我们一直以来努力营造"人人皆可成才、人人尽展其才"的良好环境,遵照"学校按需施教、学生按需选学"的课程观,充分尊重学生个体发展的同时,兼顾学生的差异性,为学生搭建多元发展立交桥:为不同发展规划的学生提供高考、竞赛和出国三个方向,为不同兴趣志向的学生提供涵盖科学精神、人文底蕴、学会学习、健康生活、责任担当和实践创新六个方面28个课程群360余门校本课程,为不同学习基础的学生提供不同层次的教学班级。学生基于规划选择方向,基于志趣选择课程,基于基础选择层次。

在"双新"背景下,深中基于建设中国特色世界一流高中的办学目标,结合自身办学特色与未来发展的需求,对课程实施统筹推进,制定实施新的选课走班方案,遵循以下三个原则。(1)实现全员生涯规划指导:科学精准实施生

涯规划指导（选科指导宣讲和个别指导结合），指导覆盖全过程（2 次预选和 1 次正式选科）；构建以教学班与行政班共存的师生教学发展共同体，增强学生未来发展规划的科学性和指导性。（2）充分尊重学生个性发展：立足促进学生全面且有个性的发展思路，以多样化的课程体系设置满足学生的课程自主选择权和个性化发展的需求。（3）科学高效配置学习资源：以学科方向分类和学业水平分层的管理方式，多维度、立体化推进课程实施，学生根据各自的基础选择适合的层次，而不是学校进行一刀切的统一安排。

在这样的课程建构下，深中学子拥有多元的发展道路，在高考、竞赛、出国等方向均成绩卓著、表现亮眼，每个学生在各自合适的舞台上都有出彩的机会。上善之教若水，水善利万物。深中不"唯分数"、不"专注应试"，取得的成绩皆是"尚自然"、水到渠成的收获。例如，2018 年以来共有 5 位学生获国际奥林匹克金牌；2022 年，无论是清北录取人数还是各高分段人数，深中均位居全省第一，U.S. News 美国大学排名前十的大学里，普林斯顿大学、耶鲁大学、斯坦福大学、芝加哥大学、宾夕法尼亚大学共录取深中学生 12 人，常春藤联盟学校录取 8 人。

六、张弛有度，真正的教育是学生自我教育

正如史蒂芬·李柯克在《我所见到的牛津》（Oxford as I see it）中所说，牛津大学的学生都是被教授的烟斗熏出来的："如果他有超凡的才能，他的导师对他特别注意，就向他一直冒烟，冒到他的天才出火。"办学特别需要好的文化氛围，拿"泡菜"打个比方，泡菜的味道决定于泡汤，泡菜水好，无论是白菜、萝卜、黄瓜，泡出来的味道都好。我认为深中取得成功的原因，就是把泡菜坛子的水调得好，一个人的成长，第一是需要天分，第二是受后天环境影响，深中就创造了一个非常好的环境。

苏霍姆林斯基说，"一个学生只有不把所有时间都花费在学习上，而是留下一些自由支配的时间，他才能顺利地学习""真正的教育是自我教育"。自由与

民主是深中的一大特色，学校搭建了丰富的平台，给予学生自由选择的空间，鼓励学生在实践中学会选择、学会承担，规划自我发展；鼓励学生独立思考，学会价值判断，培养公共事务的参与和对话能力。同时，深中倡导民主平等的师生关系，营造教学相长的良好氛围；倡导张弛有度，主动留白；培养学生的时间管理能力、学习能力，促进学生自我教育、自我管理和自我完善。

深中目前有 110 余个在校注册社团，依据兴趣爱好而自主创建的丰富多彩的社团让每一种兴趣都能发芽成长，让每一个学生都能成为主角。学校开展十余项校级大型活动，平均每月一个活动主题让学生尽展所长，如游园会、戏剧嘉年华、先锋中学生国际联盟峰会、模拟联合国大会、"校长杯"足球赛、"深中杯"篮球赛、体育嘉年华、十大歌手等。学校还设置了七大校级学生组织，包括学生团委、学生会、社团联盟理事会、学长团、学生活动中心、朋辈、COSMO 智慧校园平台研运中心，其中学长团是学校实践"同辈引领"最典型的代表。深中每年会在高二年级招募学生组成学长团，他们与低年级学生建立跨年级连接，为高一新生提供入学适应支持体系，在学生之间实现纵向的情感连接和生涯经验的传输。深中学生以能够加入学长团为荣，以成为一名优秀的学长为成长动力，学长团真正发挥了同辈示范引领的作用。

林语堂先生在《人生的乐趣》中写道："我们只有知道一个国家人民生活的乐趣，才会真正了解这个国家，正如我们只有知道一个人怎样利用闲暇时光，才会真正了解这个人一样。"我想说的是：我们只有知道一所高中的学生在课余生活中做什么，才会真正全面地了解这所高中。而社团生活与校园活动就是大部分学生在课余的主要生活，过好课余生活是有价值地度过高中生活的重要条件。

深中的学生课上严肃认真，课下生动活泼。在一代代深中学子中一直流传着这样一句话："深中的生活太精彩，以至于无论怎么过都是一种浪费。"

七、学生第一：像对待自己的孩子一样对待学生

一所好学校一定是一所有爱的学校，校长不仅要为学校谋划美好的发展蓝

图，更要切实关注校园里每个孩子面临的最现实的困难。

在 2017 年春季开学的第一天，我去学生宿舍时发现，学生宿舍的条件简陋，设备老旧，墙面钢筋外露、斑驳陆离，最突出的问题是热水供给不足，一遇寒冷天气，女生宿舍就没有热水洗澡。当看到女生宿舍条件如此艰苦的时候，我不禁感叹道："这让我想起 20 世纪 80 年代初武汉大学校长刘道玉视察女生宿舍的场景。没想到，在中国最富裕城市之一深圳的最好中学里，会有这么差的学生宿舍。"现场人员说："自 2012 年以来一直是这样，很难解决。"而且说了各种困难，结论就是无法解决。我当即反问："如果这里住的是我们自己的女儿，我们还会说无法解决吗？无论如何都要克服一切困难把女生宿舍热水的问题解决，我们现在不谈困难，只谈怎样解决问题。今天我们就站在这儿开会，找不到解决办法不散会。"最后，相关部门用一周的时间，克服重重困难，重新拉电缆，解决了积压五年之久的女生宿舍热水问题，将电热水器安装到每个宿舍。一天晚上我巡晚自习，看到有同学伏在教室外平台上，借着昏暗的走廊灯光认真学习。看着他们在这么差的照明环境下，却异常专注投入的神情，我特别心疼，随即安排相关部门按照校园照明标准，将走廊和楼梯的整体照明设备优化，这不仅保护了学生的视力，也满足了学生在教学区的任何角落想要学习、读书的现实需求。

为了从根本上解决学生住宿条件差的问题，此后两年时间里，我不遗余力对老校区进行改造提升——从建新宿舍楼，到新宿舍建成后监督选用实木家具、实时监控新宿舍各项检测指标，到带领家委会细心检查每个细节等，只为给学生们创造一个舒心满意的住宿环境。与此同时，为了从根本上解决老校区食堂条件简陋等问题，我着力推进新食堂的修建项目，并提出要对标一流标准，建设全国最好的中学食堂。2018 年初，新食堂"静园""和园"正式开餐，大幅提升了深中师生的就餐水准。老校区新旧图书馆的建设和改造，也是令我印象尤为深刻的项目。图书馆最能体现一所学校的文化气质，最能彰显一所学校的气象和精神，一定程度上也是学生最重要的"第二课堂"。深中原有的图书馆面积小、藏书少，室内采光和通风都不好，为此，我们先后修建了新图书馆、改扩建原图书馆，并连接通道贯穿两处，总使用面积从原有的 1400 平方米增至 3233 平方米。新扩建图书馆利用楼梯、高墙、曲折的动线，形成高大书墙和低矮空间，书柜沿着墙连绵，形成各具特点的格局与布置。空间的丰富性、环境的舒适性，增强了图书馆的吸引力，每一本精挑细选的图书，让图书馆成为学生的最爱，也成为老师们经常驻足的场所。

在为学生解决种种困难的时候，我经常对深中老师说的一句话就是："我们一定要像对待自己的孩子一样对待学生，我们希望自己的孩子在学校有什么样的学习状态、生活环境，就要尽力提供这样的环境给学生。"

八、心存大我：支撑我步步坚定向前的信念

1998 年，我在获评湖北省十大杰出青年时说："人应该有点精神，特别是作为人民教师、党员干部，要耐得住治学的寂寞，守得住生活的清贫，经得住外界的诱惑，用'苦'养德、养性，用'贫'励志、戒逸，永远保持共产党员的本色和奋进的锐气。"

回首过去 40 多年的工作经历——从一名农村中学数学教师、团委书记，到市教研员、区教育局长，再到中学校长、大学研究所所长、市教研院创院院长，一直到如今的深中校长，虽然我的工作岗位在不停变化，但我一直在做教育，从微观的数学教学，到宏观的教育管理；虽然我的工作环境在不停变化，但不变的是我对教育的无限热忱和对工作的全情投入。在 42 岁以前，我很少在凌晨两点前睡觉，我把时间看得非常宝贵。家人对我也很支持，让我一心一意读书、学习、教书、写作。在不同的工作岗位上，我都一直坚持阅读，而且是读各种各样的书，这对我来说意义重大。我认为，校长一定要广泛阅读，要阅读大量有关政治、经济、文化、教育、历史等各个领域的书籍，读书的过程就是向别人学习的过程。国内许多著名大学校长、中学校长关于办学的书我都读过，比如刘彭芝校长的《人生为一大事来》、唐盛昌校长的《终生的准备与超越》，对我的影响很大。另外，这些年来，在每个关键节点我都会遇到好人，都会有贵

人帮助我，包括朋友、长辈、老师、领导，我十分感恩。

九、结语

深中能有今天的成就，得益于深圳这座伟大的城市，历任校长、历代老师都作出了巨大贡献，现在接力棒传到我手中，我一定要跑好这一棒，力争多为深中做点有价值的事情。深中已经成为我生命中的一部分，为了学校的发展，我竭尽所能、夙夜在公、风雨兼程。希望今后能带领深中实现更大的发展，搭建世界一流平台、引进世界一流人才、干出世界一流业绩、办成世界一流高中，不负组织的培养、不负深中、不负深圳、不负这个伟大的时代。

教育兴，则城市兴；教育强，则国家强。从教育规律看，学校办学各有特色，学生天资禀赋各异，要为优秀的学生提供最适合的教育、最好的发展平台；从深圳乃至广东教育看，要先行先试，大胆创新，要有一所中学全国领先、与深圳乃至广东地位相匹配；从国家发展看，我们要不遗余力地培养拔尖创新人才，为国家屹立于世界民族之林贡献力量。这是深中担负的光荣使命，也是深中未来要走的追梦征途。

2022 年是深中建校 75 周年，我坚信，在全体深中人的不懈努力下，我们一定能加快建成中国特色世界一流高中，深中也必将在新时代新征程上赢得更大的胜利和荣光。

卓立

北京市东城区史家小学终身名誉校长、北京市润丰学校首任校长，北京市特级教师。曾任北京市政协委员、国家教育行政学院兼职教授、教育部小学校长培训中心兼职教授、中国教育学会教育管理分会副秘书长等。先后被评为首届全国十大明星校长、全国名校长、北京市杰出校长、北京市先进工作者、北京市德育先进工作者、北京市小学优秀党支部书记、改革开放30年北京教育功勋人物。获首届全国教育改革创新杰出校长奖、北京市关心青少年工作奖等。著有《探索和谐教育》《欢迎来到一年级》《小升初家长手册》等。

用心做教育，为国育英才

一、为了明天，不断领先

教育是一项为了明天的事业，为明天培养人才。教育不仅需要先进的办学理念，还需要先进的校园环境、办学条件、教育教学设施等。在我从教的 58 年里，不断追求创新，追求领先。我做了许许多多在教育战线上第一的事情，比如第一个校园升国旗制度、第一个校园红领巾电视台、第一个计算机教室、第一个具有各种专业教室的学校、第一个立体运动场、第一批校园网络、第一个多媒体学校、第一个普及普罗米修斯电子白板的学校、第一个有多功能触摸电视的学校、第一个每间教室都是互动课堂的学校……

1962 年，我高中毕业，来到史家小学当老师。学校旧址坐落在北京市东城区史家胡同，这里名宅鳞次，从晚清至当代，众多政商名流置地于此。明末将领、民族英雄史可法家祠位于史家胡同 59 号。这座传说中的家祠，院落三进，从 1939 年开始，成为史家小学的所在地。史家小学有着红色传统，新中国成立前是地下党组织活跃的学校。1959 年，时任北京市市委书记彭真为史家小学颁发"红旗学校"锦旗。

彼时的史家小学只有 18 间教室，能容纳 300 余名学生，教室是纸糊的棚顶、纸糊的窗户，窗户没有玻璃，每年都要糊一次。因为是由祠堂改建而成，校园很老旧，地面由碎砖头拼凑铺成。每次一推教室的门，两扇门就会"吱嘎"作响。

尽管条件艰苦，但史家小学的校风和教学质量特别好。老校长段乃武、赵香蘅治学非常严谨。这是一所很破的学校，但也是一所很棒的学校，我被分到这所学校觉得挺光荣。

我还能回忆起初入史家小学的情景：校长拿着废纸卷成的"纸筒"在礼堂院子里喊话，全体学生都站得笔直。那时候，全校只有电灯和电铃是用电的。我要做的第一件事情就是——建有线广播。

我买来三合板、布料，拿来弓锯，亲手制作供全校使用的音箱，还利用中学时学习的物理知识做成广播喇叭，并爬高上梯，把一根线一根线连接起来组装成广播网，建起了史家小学第一个有线广播系统——红领巾广播站。校长再也不用"纸筒"喊话了，只要在广播室一说话，全校师生都听得见！

1964年，学校民主选举校务委员会上，20岁的我被选为副主任（相当于副校长）。从那以后，我开始承担起史家小学的多种日常管理工作。

"文化大革命"结束后，我负责德育工作，要对学生进行爱国主义教育。我找来粗细不同的铁管子连接起来，在操场上竖立起一根国旗杆，建立起每天升国旗的仪式，成为第一个建立校园升旗仪式的学校。后来全国的各个学校都建立了升旗仪式。

1979年，当时黑白电视尚未普及，我就在想，如果学校每个班有台电视机该多好啊！于是，我去东北买了一个工业用的摄像头，到北京电视设备厂买了一些很便宜的黑白监视器，并在他们的废料堆里捡了好多废电缆，我亲手一根一根焊起来，组装了一个校园有线电视台，由学生担任台长、摄像师和主播。第一任台长是唐烨，后来做了导演，著名演员濮存昕也是我的学生，有的学生成了北京电视台或中央电视台的记者。这是全国第一个校园电视台——红领巾电视台。

也是在1979年，我们建起了全国第一个小学计算机教室，那时候不叫计算机，也不叫电脑，叫微处理机。当时没有计算机桌子，我们买来废旧的电冰箱门，焊上架子当桌子，专门开设了计算机课程，请来了学校对门无线电十四厂的工程师来当老师。学生们一边学习计算机的操作，一边学习计算机程序的编写，兴趣盎然。

20 世纪 80 年代末，我看到有的地方运用多媒体进行交流，我觉得如果运用到学校中应该可以发挥非常大的作用，可以在教育教学中促进师生的互动。它的投入和产出比是怎样的？值不值得？我计算了投影机灯泡的费用，以及需要更换的频率。经过仔细研究，我觉得这件事情可以做，便克服一切困难，为每间教室安装了多媒体。史家小学成为全国第一个使用多媒体教学的学校。那时我到美国访问，看到他们的每个学校还在使用胶片投影机，我告诉他们，在我们学校这些设备已经进了仓库，他们听后很吃惊。

20 世纪 90 年代，史家小学的所有教室都连接了网络，教师通过网络教学更加高效，孩子们通过网络拥有了更多获取知识的途径。我们还通过网络召开了网上家长会，这恐怕当时在全国也是少有的。

2000 年，在史家小学新校舍落成的同时，每间教室都安装了白板投影仪。

2003 年，全国遭遇了一场瘟疫危机——"非典"。学校是人群最密集的地方，为防止疫情蔓延，不少学校停课了。在这场与病毒斗争的"战役"中，史家小学的老师们通过多媒体在线上对学生教育教学。"非典"结束后，史家小学因空中课堂被评为"抗非典先进集体"。

2010 年，在润丰学校不断建设的同时，我们在每间教室都安装了大屏幕触摸屏电视，安装了路由器，形成了独立的 WiFi 环境，使得每间教室都成了互动课堂，这恐怕也是全国首创。

在我从教的 58 年里，在学校校舍的建设上，我也在不断追求着领先。在史家小学，我带领着老师们，不懈努力，一步步迈上校舍建设的第三个台阶。

由祠堂改建成旧校舍算是第一个台阶。后来，由于校舍太过老旧，好多房顶很危险，政府拨了 80 万资金用于修缮。但我们还是想建一个比较现代化的学校，于是在区政府的支持下，又追加了一些资金，索性把全校的老房子都拆了。

由于是临时建筑，地面只能盖两层，于是我们充分利用了地下，修建了各种专用教室，包括声乐教室、器乐教室、艺术排练厅、舞蹈厅、书法教室、美术教室等。就连操场也挖出地下建起体育馆和游泳馆，楼顶建起了楼顶操场，使学校有了立体运动场。这时学校迈上了第二个台阶，校舍虽然不大，但设施设备都非常现代。这里现在是学校的低年级部。

进入 21 世纪，国家要迎接奥运会，社会发展呼唤现代化教育。我跟老师们说，我们现有的校舍已经不能和时代匹配，我们必须建设一所更现代化的学校。由此，我提出了建造绿色校园、科技校园、艺术校园、和谐校园这四个设计方向。

第一，绿色校园。校园绿地要占校舍面积 30% 以上，要用环保材料建成，要符合节能概念，比如用太阳能发电系统、太阳能供热系统、风力发电系统、直饮水系统、中水处理系统等。我们把全校的地面铺了渗水砖，将雨水再利用。另外，还有人性化的照明系统、下沉式广场，所有的地下专用教室和各个体育场馆都有天光，节约大量能源。学校通过这些设施告诉孩子们什么是绿色，什么是节能，什么是环保，什么是低碳。

第二，科技校园。科技校园有三个概念：第一个概念是有最齐全、最完善的现代化设施，包括各种场馆、附属设施、专业教室。每个教室安装了普罗米修斯白板，都有洗手池。还建有厨艺教室、陶艺教室、木工教室、金工教室、器乐教室、阶梯式的声乐教室、舞蹈教室等。我要求所有的学生都要学会游泳，毕业的时候必须至少游 50 米。学校有游泳馆、乒乓球馆、健身房等体育馆，小剧场、演播厅、地下停车场等现代化设施。第二个概念是数字化校园，包括多媒体、高保真传输、远程教学系统、数字化管理模式、数字科技馆等。第三个概念是自动化、信息化管理，比如安防系统、消防中心、水处理中心、电处理中心、空调中心等。

第三，艺术校园。艺术校园突出后现代主义建筑风格，有和谐的色彩搭配，建设各种校园文化廊，包括音乐廊、美术廊、民族廊、国际廊、科技廊等。

第四，和谐校园。我们设计了这样一个和谐雕塑：一位女老师和一群孩子围着一棵树手拉着手欢乐跳舞，这是我们校园的主雕塑。同时，我们注意到人与环境的和谐，比如每个教室外面都设立了开放式书架，孩子们不管走到哪儿，都有书读，这是一个书香校园。史家小学迈上了第三个台阶。

2010—2020年，我主持筹建的九年一贯制的润丰学校是一所更加现代化的学校。比如，我们在学生图书馆里建了一个数字放映厅，利用学校各层走廊建立起有十多个展厅的校园博物馆，还建了自动录课室和VR实验室等。

我体会到，为了孩子们的未来，给他们创造现代化的办学条件，是很有必要的。比如，建一个小剧场，有明亮的灯光、优质的音响，拉开幕布，孩子们可以尽情表演，他们的组织能力、交际能力、表达能力、合作能力、应变能力以及写作能力等都会在表演中提升，这样培养出的学生的素质是不一样的。这半个多世纪在教育战线上耕耘，我致力于教育的现代化很有成就感。

二、全面育人，全方位发展

"三全三爱三服务"是我提出来的办学宗旨，即，使学生德智体美全面发展、面向全体学生、对学生全方位负责；爱事业、爱学校、爱学生；为学生服务、为家长服务、为社会服务。

"文化大革命"结束后，不少人谈到美育就认为是修正主义的，谈美色变。20世纪80年代初，我写了一篇文章《浅谈小学美育》，谈论了美育的重要性、美育在小学的实施方法和途径，告诉学生如何感受美、欣赏美、鉴别美、创造美。在我的倡导下，史家小学率先开设了舞蹈课，开设了课后十多项兴趣小组的活动，校园里一派生机盎然的景象。中央电视台为此专门拍摄并在全国播放了专题片《在兴趣的乐园里》，我的论文还获得了北京市东城区论文一等奖。

有一段时间奥林匹克数学竞赛盛行，不少学生和家长把许多精力放在了奥数上，有人甚至说史家小学的奥数成绩不如某某校。我说，我们不比这个，比的是学生的全面发展。我并不反对奥数，奥数对培养学生的逻辑思维能力有着非常大的好处，但每个学生的素养是不一样的，有的可能擅长文学，有的可能擅长体育，有的可能擅长艺术，有的可能擅长动手操作，如果让所有学生都在奥数上下功夫，就会有不少学生浪费许多宝贵的时间，有的甚至产生厌学情绪，这是得不偿失的，影响学生的全面发展。特别是让奥数与升学挂钩，让奥数功利化，这是完全错误的。我作为北京市政协委员，多次写提案反对将奥数与升学挂钩，在不少委员的努力下，这个意见被采纳了。未来社会需要全面发展的人，而不只是分数。

我认为，校长必须搞清楚四个观念才能面向全体学生，促进学生的全面发展，这四个观念是人才观、教育观、教学观和质量观。

"人才观"有两个方面的内涵：第一个是全方位、多角度、多规格和多层次地培养各类人才，为拔尖创新人才奠基。我坚决反对义务教育阶段把精英教育作为学校的培养目标，因为义务教育是面向全体学生的，不是说分数高的学生就是人才，很多长大之后有才华的人并不一定在小时候就是考试分数最高的，国际上的"十名现象"也说明了这个问题。第二个体现在有教无类，体现在平民化教育，让每个孩子享受均等的教育。所以我在学校里提出了这样一个观点：在义务教育阶段，不要过早地把孩子拴在分数的"战车"上，学生全面发展了，他们的应试能力也错不了。

"教育观"则有六个方面的内容：第一，把孩子由"自然人"培养成"社会人"；第二，重视学生潜能的开发，体现社会本位和人本位的和谐；第三，要全面育人；第四，要培养联合国教科文组织提出的教育四大支柱能力（学会认知、学会做事、学会合作、学会生存发展），要注重八大多元智能（语言智能、数学逻辑智能、视觉空间智能、肢体运动智能、音乐智能、人际智能、自我认知智能、自然认知智能）的培养；第五，要重视培养学生健康的心理品质（情绪、情感、性格、与人交往、意志、抗挫折能力、应变能力）；第六，教育需要学校、家庭、社会共同关注，这是大教育观。

"教学观"也有两个方面的内涵：第一个方面主要是指创新精神和实践能力的培养；第二个方面指探究性学习模式。在吃透、用好、用活教材的基础上，让知识超越教材；在充分发挥课堂主渠道作用的基础上，让教学超越课堂；在艺术地发挥教师主导作用的基础上，让学生超越教师。最终，学生生动、活泼、主动地发展。

"质量观"主要表现在两个方面：一是综合评价，二是因人而异看发展。要重视学生综合能力的提升，注重人格、品德、行为习惯、心理品质的养成，注重学习、研究、创新能力的培养，注重体魄、体能的锤炼，注重交际、合作、生存能力的奠定。

三、"和谐教育"的探索

1991年，北京市教委让我在全市教育大会上总结史家小学的办学经验，我把史家小学的办学思想归纳成"和谐教育"，并且把"和谐教育"的思想在教育教学和学校管理中的表现展现出来。之后，东城区教委又在史家小学举办了全国第一个小学校长"和谐教育"办学思想研讨会。我写了专著《探索和谐教育》，论述了教育就是在追求人与人、人与知识、人与自身、人与社会、人与自然的和谐。和谐的理念是个法宝，可以使许多问题迎刃而解。在我看来，和谐就是尊重和包容，和谐就是真诚地为学生、家长、社会服务，和谐就是让孩子们享受阳光般的关爱，和谐就是使孩子们得到全方位的发展。"和谐教育"有利于全面提高孩子的素养，有利于孩子的身心健康，有利于提高教育教学的效率和效益。

和谐教育，不仅要在学校的教育教学中贯彻实施，更要在学校的管理中贯彻实施。要使一所学校成为人民满意的学校，重要的是有先进的教育理念、有一支高素质的教师队伍。实施"和谐教育"是分层次的，最低层次是服从，往上一层是认同，只有上升到理念的层次，才算真正地把和谐家人落到实处。我认为"和谐教育"理念建立的标准有两个：一是把和谐教育的理念内化为教师的教育教学行为；二是教师会创造性地实施和谐教育，而不只是照着要求做。我还专门写了一本《和谐教育实施手册》，列出100个问题、100个答案，详尽论述了"和谐教育"的实施方法，非常具体，便于操作。例如，问：

学生发生伤害事故怎么办？答：三个"最"，即最好的医疗、最好的态度、最好的照顾。此外，我还描述了如何具体做到这三个"最"。老师们碰到具体情况，马上会想到这三个"最"，按照这三个"最"去办事，问题得到圆满解决，真是立竿见影。"和谐教育"不是抽象的口号，而是具体的行动，是可以看得见摸得着的。

我是这样给"和谐教育"下定义的：当校园的阳光和空气中都充满着和谐的味道的时候，才是真正的和谐教育。和谐是一种态度，和谐是一种情感，和谐是一种方法，和谐也是一种习惯。我更认为，和谐是一种思想，是一种信仰，是一种人生的追求，是教育的崇高境界。"和谐教育"致力于精心雕刻学生的心灵，努力培养学生的实际能力，用心挖掘学生的潜力，培养全面和谐发展的人才。培养的学生很大气、很开朗、很阳光，具有很高的学习热情和很强的学习能力。

"和谐教育"的实施，最重要的是看校长和干部。对于校长来说，除了具备基本的素质，我认为还要具有三种精神，即创新精神、科学精神和奉献精神。校长的人格魅力很重要，他不仅要做到敬业、干练、正直，还应该亲和、宽容、自省，要有扬人之长、念人之功、谅人之难、帮人之过的胸怀；不仅要正直，更要公正，要信任、欣赏和善待老师，对老师一视同仁，保持等距离；要有良好的精神面貌，还要学会做自己的心理医生；要有民主作风，创设和谐的校园风气。对于中层干部，我们特别强调管理的"2、3、4、5"，其中"2"指两个方法，即首问负责制（老师不管问到哪个干部，干部都不可以说这事不归我管，应尽力帮忙联系解决），大事化小、小事化了（这是干部的职能和能力，绝不可以把本来不大的事情越变越大）；"3"指三大境界，即无为而治（无为不是不作为，而是已经内化于心的行为）、无缝管理（干部之间互帮互助，没有管理缝隙）、无痕精细（学校各方面的工作都非常完美）；"4"指四种精神，即极致精神、担当精神、协作精神、创新精神；"5"指五项能力，即理解力、号召力、组织力、缜密性和零差错。

"和谐教育"的实施，不仅要依靠学校，还要依靠家庭、社会，形成一个共同的合力。学校方面有学校环境育人、课程育人、校风育人，家庭方面有家庭环境育人、亲情育人、身世育人，社会方面有社会环境育人、传媒育人、时代育人。具体的模型图可见图1。

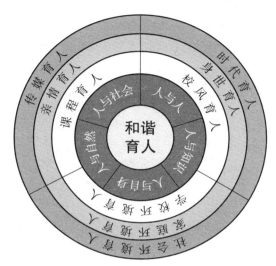

图1 "和谐育人"模型

和谐教育，一切为了孩子、一切为了明天，促进学生的全面发展，是我们不可动摇的信念；敬业、精心、求新、和谐、真诚、儒雅，是我们的坚守与追求。我们的学校正在一步步赢得学生、家长和社会的认可，成为一所充满勃勃生机的现代学府，成为莘莘学子向往的快乐天堂。

四、为中华之富强而读书

这些年来，中国的教育正处在一个大改革、大变化的阶段，一系列教育新政不断出现。为适应教育的发展，学校提出五大教育策略：一是争当"七星好少年"的德育策略，二是落实"七彩阳光"的课程策略，三是推进互动课堂的技术策略，四是实施高效课堂的教学策略，五是倡导和谐小组的学习策略。

（一）争当"七星好少年"的德育策略

10年、20年后，也就是21世纪30年代、40年代，现在的学生们在那时将要肩负起建设和保卫国家的任务，这是学生们应该牢固树立起的使命感与责任感。而这使命感与责任感绝不是到时候就会自动产生的，需要学生们从小就树立。为此，我们将"为中华之富强而读书"作为学校教育主题，引导大家从小就树立远大的理想，不虚度每一天的光阴，让学生们脚踏实地、确定目标、树立理想、实现追求。把我们的国家建成现代化的强国，不是说说、喊喊口号就能实现，它需要树立克服重重磨难、克服各种围追堵截，中国崛起，我辈当自强的思想。为中华之富强而读书，要做到"学求知、学做人、学做事"。

学求知，不等于简单地得到知识，而是能够掌握学习方法，形成自主学习的能力。具体的途径和方法是：

（1）途径：在课堂与生活中增长才干。

（2）方法：开动脑（明道理，有创新），长智慧；放开眼（多读书，多观察），长见识；竖起耳（多倾听，多了解），长学问；张开嘴（敢讲话，多交流），长胆识；动起手（会操作，会实践），长本事；迈开腿（进展馆，进社会），长阅历。

学做人，即做有志向的人、做自律的人、做友善的人。

做有志向的人：志向就是一个人的远大理想、人生目标。做有志向的人就是要从小树立自己的理想，并为之努力奋斗。成就不是一时兴起，更不是一蹴而就，而是需要从小就树立人生的理想，并为之努力、坚守，最终实现。

做自律的人：自律就是自己能够约束自己，自己能够管理自己。遵守学校纪律、遵守社会公德。管理自己就是克服随意性，提高自觉性，形成良好的行为习惯。

做友善的人：友善的人是懂礼仪的、有教养的、能与他人和谐相处的、孝顺父母的人。

学做事，即培养创新精神，学会交流合作，讲诚信、有担当。

我们必须在交流合作中向他人学习，在交流合作中利用集体的力量。讲诚信、有担当，自己做错的事，要勇于承认、勇于改正。不是自己主要做错的事情，也要勇于担责，帮助别人改正，并从中吸取教训。

学校进行了"七彩阳光"教育，建造了整座楼的七彩玻璃幕墙，修建了争做"七星好少年"的雕塑群像，设计并颁发给每个学生"七星好少年"手册。

看似单色的阳光，实际上是由红橙黄绿青蓝紫七种颜色组成，它反映出事物的普遍现象，即事物是由各方面的因素组成的。每一个人的素质也应由各方面的能力组成，所以"综合发展、全面发展"是教育的规律，也是教育的追求。

"七彩阳光"教育的第一个要义是全面育人的思想，学生必须全面发展，就像七彩阳光一样。学校对学生提出了七个方面的具体要求：讲文明、爱学习、勤锻炼、善文艺、会劳动、懂科学、乐助人。做得最棒的学生就是"明星"，学校把他们分别称为"文明之星""学习之星""体育之星""艺术之星""劳动之星""科技之星""助人之星"，七个方面都做到最好的学生，就是学校的"七星好少年"。

"七彩阳光"教育的第二个要义是让孩子们生活在七彩阳光下，因为阳光是明媚的、温暖的、和煦的、灿烂的，因此我们培养的学生也应该如阳光一般。教育学生应做到性格是活泼的、开朗的、自信的，和他人的关系是和谐的、关爱的，心态是积极的、进取的，成为享受成长快乐的少年。老师应做到关爱、尊重、激励、包容每一个学生，致力于精心雕刻每一个学生的心灵，成为享受人生幸福的教师。

（二）落实"七彩阳光"的课程策略

学校重视主渠道育人，将德育活动融入"七彩阳光"课程体系中，通过实施德育课程在全学科探索学科育德实践，落实全员全程育人。重视课堂教学对学生价值的引领和行为的规范，将学生价值观培养和习惯养成作为重要的学校课堂教学评价指标。指导老师们不仅要关注学生的学习成绩，更要重视学生的学习态度、学习习惯的培养和引领，使学生在课堂中既学到知识技能，也获得精神滋养。

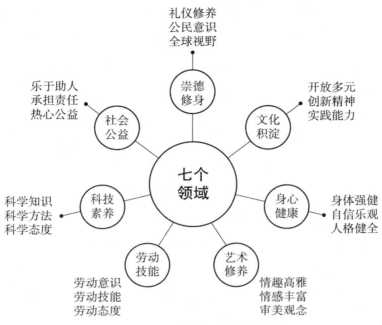

图2 "七彩阳光"课程的具体内容

实施"七星好少年"的评价机制有文明之星、学习之星、体育之星、艺术之星、劳动之星、科技之星、助人之星。学校"七星好少年"评价机制的评价点贯穿学生学习生活，标准随学生年龄的增长而逐渐提升。配合学生评价，学校设计推行《七星好少年评价手册》和"学生成长积分卡"记录机制，通过手册和积分卡对学生日常学习生活进行及时记录，将"七星好少年"与学生每日的学习生活紧密相连。结合"七星好少年"评价机制进行"七彩阳光"班集体和"七星"特色班集体的建设与评选，激发学生为集体贡献力量的主动性与积极性。通过评价导向的方式，引导学生树立理想信念，锻炼实践能力，提升社会责任感，争做"七星好少年"。

（三）推进互动课堂的技术策略

努力促进课堂教学手段的现代化。我们为全校安装了多功能触摸电视，大大提升了课堂教学手段的现代化。为了提升课堂教学时的师生互动，特别是加强对学生学习思维过程的指导和监控，学校陆续为每个班安装了AP（无线接入点），形成了班级局域网，每个学生可以带自己的平板电脑，与触摸电视进行互动，并记录学习的过程。学校真正实现了以学生为本的课堂教学，构建了具有教学生命力的智慧课堂。

（四）实施高效课堂的教学策略

我们提出了"构建和谐课堂，提高课堂效益"的发展目标。这个目标可以细化、解读为以下几点。（1）在"和谐教育"相关理论指导下，在教学活动中，力求使教学过程诸要素之间以及教学过程与教学环境之间始终处于一种协调、平衡的状态，从而形成一种合力，促进课堂教学高效运行，促进学生德智体美劳各方面和谐、全面地发展。（2）从新课标出发，强调"螺旋式上升"理念，注重"和谐课堂"的动态构建，在教学过程中，坚持马克思主义认识论的基本观点"由浅入深、由表及里、由近及远、由形象到具体、由特殊到一般"，使教学过程中各种要素从不和谐到和谐，又打破和谐到新的不和谐，循环往复，在更高的层次上达到一种新的和谐。（3）关注课堂质量的同时，关注课堂过程，使课堂呈现以下方面的和谐：一是人际关系的和谐，包括师生关系、生生关系的和谐；二是人与教材的和谐，包括教师与教材、学生与教材的和谐；三是人与教学设备的和谐；四是教法与学法的和谐；五是教学资源与心理年龄特征的和谐。

围绕这三个细化目标，我们开展了几项举措。（1）立足于学校实际，通过专家引领、读书启智的方式为教师搭建起专业学习平台。（2）立足科研，通过"科研工作坊"的引领，积极参加课题实践，推动"学、教、研"三位一体式的校本培训，提高教师自身素质，打造教师团队。（3）立足课堂教学，学校通过行政督导机制强化课堂教学的研究，每周一全体行政人员共同听小学、初中各一节课，围绕教学目标的制定、教学方法的使用以及教学效果进行评课。行政督导机制一方面促使全体行政人员提升评课能力，把大家的精力集中到课堂教学改革上；另一方面能够在第一时间把握某一学科、某一年级的业务水平、教学现状，方便学校从方向上给予把关与指导。每学期学校还通过评优课、教学片段交流、同课异构、教学设计比赛等形式提升教师教学实践能力，为教师搭建研究与交流的专业实践平台。

（五）倡导和谐小组的学习策略

我们把每个班的学生变成五六个小组，编组的原则有：均衡编组、自主命名、互帮互助、小组探究、导师引领、整体评价。在班级学习的过程中，不是只评价个人，而是更注重评价小组。这样做的结果是，学生的集体意识、互助意识、互动意识、合作意识大大增强，整体学习效率和学习成绩大大提高。

近60年的教育生涯告诉我，人的一生在义务教育这个阶段是多么重要啊！在这个阶段不仅打下了知识基础，更重要的是学会如何做人、如何待人、如何生活、如何掌握适应未来社会的本领。如果错过了这一最佳教育期，那么以后补上这一课，是很难的，也是很痛苦的。而我们这些看似平凡的教师正在做着为孩子们奠下人生基础的工程。这是我一生值得骄傲的岗位，我和教育同仁们正是坚守在这个岗位上的忠诚的战士。每一个孩子都沐浴着教育的七彩阳光，享受着成长的快乐，这便是我和教育同仁们的永恒意义和不变追求。

后 记

　　《中国著名校长办学思想录》出版八年多来，收到了广泛的好评，先后加印十余次，许多教育局和学校用来作为年轻校长的培训教材，也有许多校长把它作为自己的案头书。

　　我曾经说，希望这本书是一个开放的系统，条件成熟时可以不断增补，让它成为记录这个时代教育风云人物的史册，成为照亮教育路程的一盏明灯。

　　经过几年的积累，《平生就想办一所好学校——中国著名校长办学思想录（二）》就要出版了。在这本书中，既有吴颖民、李金初、卓立等"久经沙场"的老校长，他们把一生的心血和智慧都献给了自己的校园和学校的师生；又有斩获国家质量奖、基础教育国家级教学成果奖等殊荣的刘希娅、马宏、吴国平等"功勋"校长；还有不断开疆辟土、挑战自我、刷新教育记录、创造教育传奇的夏青峰、杨刚等"少帅"校长。的确，书中的每位校长都有自己的过人之处，都有自己的看家本领和"功夫秘籍"，但是他们也都有共同的特征——对教育、对学校、对师生的热情与热爱。

　　有人曾经对我说，校长、特级教师、班主任和局长的四个思想录是朱永新的"个人榜单"，其实，这句话只说对了一半。因为，有不少人本来在拟选名单之中，但由于各种主客观原因，未能如期提交稿件。我也不否认选择人选时有我个人喜好的因素，也有我个人视野的局限。好在，这套书仍然是一个开放的系统，诚挚地欢迎大家积极为我们推荐合适的人选，也欢迎优秀的校长、特级教师、班主任和局长"毛遂自荐"。希望不久之后，能够为大家继续呈现新的思想录。

感谢本书的各位作者，用不同的叙事方式讲述了自己从事校长工作的酸甜苦辣、经验教训，真实呈现了中国一线校长成长的过程。

感谢新教育研究院、新阅读研究所的同仁协助我做了大量的具体工作。

最后，特别感谢华东师范大学出版社北京分社的李永梅社长和杨坤老师以及本书的责任编辑，他们认真细致、不厌其烦的工作，为本书的顺利出版作出了重要贡献。

朱永新

2023 年 1 月 20 日写于北京滴石斋